人材マネジメントとアイデンティティ

—従業員の人材化とワーク・ライフ・バランス—

Human Resource Management and Employees' Identities:
Managing Employees as Human Resources and
Their Work-Life Balance

櫻井雅充 著

文眞堂

序　文

　なぜ，どのように，この目の前にいる人は，自分の状況を受け入れているの
だろうか。幼い頃から，近所の人や同級生，学校の先生などに対して，常にそ
うした疑問を抱きながら生きてきたように思う。このような視点がいつから身
に付いていたのかは定かではないが，気がつけば大学生となり，自然と「管
理」という言葉に惹かれるようになった。人々の状況を，おそらくかなりの程
度決定づけるものであると，当時はよくわからないままに感じ取ったのであろ
う。ただし，当初から私の関心は，「人々をどのように管理するのか」ではな
く，「人々がなぜ，どのように管理を受け入れているのか」にあった。
　大学入学後に経営学に触れ，大学院進学後に本格的に人材マネジメント（あ
るいは，人的資源管理）を学ぶようになると，「管理」そのものに関する研究
には蓄積があるにもかかわらず，そうした「管理のもとでの人々」には十分に
光が当てられていないことに気がつき始めた。そこで，主流となる研究ではな
いかもしれないが，自分はそのような「管理のもとでの人々」を対象にした研
究をしようと決意した。運も味方してくれたように思う。そのような決意をし
た頃，ヨーロッパを中心に，同様の研究関心をもつ研究群が存在することを
知った。それらの研究は，「管理のもとでの人々」が，そうした管理に基づい
て自らをどのように捉えるのかによって，管理を受け入れたり，あるいは反抗
を示したりすることを論じていた。キーワードは，「私（あるいは我々）は誰
か」に対する答えである「アイデンティティ」と，「制度」を基軸とした組織
による管理であることを知った。それ以来，私の研究関心は常に，特定の制度
に基づいた管理と従業員のアイデンティティ形成の関係にあった。本書は，そ
のような経緯の末に，私のこれまでの研究の1つの帰結として出版に至ったも
のである。
　以上のような個人的な関心を背景として，本書は，人材マネジメントとワー
ク・ライフ・バランスが絡み合う複雑な管理の影響のもとで，現代日本におけ

る従業員がどのようにアイデンティティを形成しているのかを理解することを目的としている。個人的な関心に基づいているとはいえ，このテーマは研究上，あるいは実務上の示唆をもつものであると考えている。というのも，「管理」そのものに焦点化してきた人材マネジメント研究は，管理者側が従業員をどのように捉えるのかを重視してきた一方で，従業員側が自らをどのように捉えるのかについては十分な注意を払ってこなかったためである。人々を管理する際には，まず相手を理解することが重要であることについて，読者の多くは賛同していただけるのではないかと私は思っている。しかし，そうした視点を欠いた上で，これまでの人材マネジメント研究は展開してきた。相手を理解することが即座により良い管理に結びつく訳ではないかもしれないが，それが相手を理解することを放棄する理由になる訳でもない。本書が提示するのは，いかなる管理においても，まずはその対象を理解することから始めることの重要性である。本書がその重要性を改めて認識することのきっかけとなれば，この上ない喜びである。

　本書は，2015年3月に提出した博士論文に大幅な加筆・修正を加えたものである。博士論文の執筆から本書の出版に至るまでには，実に多くの方々からご支援とご協力をいただいた。とりわけ，大学時代からの恩師である河野昭三先生（東北大学名誉教授，甲南大学名誉教授）から受けた学恩は計り知れない。河野先生とお会いすることがなければ，そもそも私が研究者を目指すことはなかった。東北大学経済学部にて河野先生の演習を選択して以来，研究のあり方や研究者としての姿勢など，大変多くのことを学ばせていただいた。大学院進学後も，度々ご馳走になりながら，研究について様々なことをお聞きするのが何よりの楽しみであった。お渡しした研究の草稿をいつも真っ赤になるほど赤入れしてお返しくださったことも，非常に励みとなった。本書の草稿に対しても，多くの貴重なご指摘をいただいた。心より御礼申し上げたい。

　大学院時代の恩師である上林憲雄先生（神戸大学）に対しても，同様に感謝を申し上げたい。私が上林先生とは異なる視座から研究対象を捉えようとしていたこともあり，ご指導の際には必要以上にお手を煩わせてしまったように思う。ただ，上林先生がそうした視座の違いに対しても理解を示そうとしてくだ

さったおかげで，私の研究を進展させることができた。私の怠慢ゆえに「博士論文は5年以内に出版するように」との約束に1年ばかり遅れてしまったが，本書の出版によって上林先生からいただいた学恩に少しでも報いることができればと考えている。

　本書の母体となる博士論文の審査をしてくださった原拓志先生（関西大学），松嶋登先生（神戸大学）のお二人にも，大変お世話になった。原先生は，修士論文の頃から審査をしてくださり，その都度私の研究の方向性を決定づけるようなコメントをくださった。博士論文の本審査の際に，松嶋先生とともに今後の研究テーマとしてワーク・ライフ・バランスを示唆していただいたおかげで，本書のテーマが決定したと言っても過言ではない。また，松嶋先生からは，博士課程後期課程からゼミに参加する機会をいただいた。そこでは，現在も一緒に研究を進めている多くの先輩・後輩とともに松嶋先生のご指導を受け，研究の視座について私の知見を拡げることができた。改めて御礼申し上げたい。

　また，定期的に研究会を開催していただき，その都度貴重なコメントをくださる小江茂徳先生（九州工業大学），矢寺顕行先生（大阪産業大学），浦野充洋先生（関西学院大学），今井希先生（大阪府立大学）にも感謝を申し上げたい。本書の内容の大半は，この研究会において定期的に報告してきた内容に基づいて執筆したものである。また，小江先生からは，本書の草稿に対する貴重なご指摘を数多くいただいた。浦野先生からは，本書の書名について貴重なご提案をいただいた。重ねて感謝申し上げたい。

　さらに，共同研究や研究会，および大学の合同ゼミなどを通じて，渡邉丈洋先生（中京大学），南雲智映先生（東海学園大学），尾形真実哉先生（甲南大学），厨子直之先生（和歌山大学），江夏幾多郎先生（神戸大学），柴田好則先生（松山大学），田中秀樹先生（同志社大学），上西聡子先生（近畿大学），西村知晃先生（多摩大学），余合淳先生（名古屋市立大学），福本俊樹先生（同志社女子大学），吉野直人先生（松山大学），小西琴絵先生（東海学園大学），中原翔先生（大阪産業大学），大曽暢烈先生（名古屋経済大学），土屋佑介先生（大阪産業大学）からは，多くの研究上の刺激をいただいている。記して感謝申し上げたい。

　本書では，4つの研究対象となる企業・自治体から，6つの事例を作成している。これらの事例は，調査対象者および関係者の方々のご協力のおかげで作成できたものである。本書の事例はすべて匿名事例であるため，残念ながらお1人ずつお名前を挙げてお礼を述べることはできないが，対象者および関係者の方々は長時間にわたる調査にお付き合いくださり，公刊に際しては多くの時間を割いて確認作業にもご協力くださった。ここで改めて御礼を申し上げたい。

　本書の出版を快くお引き受けくださった文眞堂の前野隆氏ならびに前野眞司氏にも，大変お世話になった。原稿の提出が予定よりも大幅に遅れてしまったことをお詫びするとともに，それにもかかわらず支援し続けてくださったことに心より御礼を申し上げたい。

　本書の内容の一部は，日本学術振興会の学術研究助成基金助成金（若手研究，JSPS科研費JP18K12863），および中京大学企業研究所働き方改革研究プロジェクトの助成を受けたものである。また，本書の出版に際しては，「中京大学経営研究双書」として出版助成を受けている。

　最後に，両親と家族に対しても感謝を述べたい。父・忠博と母・勝子は，研究者としての道を選んだ私の意思を尊重し，支援し続けてくれた。また，妻・未紀子による婚前からの支えによって，本書の母体となる博士論文を提出することができた。さらに，妻に加えて，娘・月子と息子・楠土との4人で過ごす時間が，本書の執筆の原動力となった。深く感謝するとともに，本書を両親と家族に捧げたい。

　　2020年12月

櫻井　雅充

目　　次

序文 ……………………………………………………………………………… i

序章　本書の主題 ……………………………………………………… 1

1．本書の問題意識と目的 ……………………………………………… 1
2．本書の視座 …………………………………………………………… 5
3．本書の構成 …………………………………………………………… 6

第Ⅰ部　日本の組織における人材マネジメントの展開と
従業員のアイデンティティ形成 …………………………… 9

第1章　日本の組織における従業員に対する管理の展開 ……… 11

1．日本的経営の成立と会社人間の生成 …………………………… 11
　1.1　日本的経営を支えた制度 ……………………………………… 11
　1.2　管理方式としての集団的経営 ………………………………… 13
　1.3　会社人間の生成 ………………………………………………… 16
2．日本の組織における管理方式と従業員の意識の変化 ………… 18
　2.1　日本的経営の人材マネジメント化 …………………………… 19
　2.2　従業員の WLB 志向の高まり ………………………………… 21
3．人材マネジメント化の文脈における WLB の推進 …………… 24
　3.1　日本の組織における WLB 推進の背景 ……………………… 25
　3.2　WLB を推進する施策とその課題 …………………………… 26
4．現代日本の組織における従業員に対する管理の実相 ………… 29
　4.1　人材マネジメントの影響 ……………………………………… 30
　4.2　WLB の影響 …………………………………………………… 31

4.3 現代日本の組織における従業員 ……………………………………… 32

第2章 人材マネジメント研究の展開と従業員の アイデンティティ形成へのアプローチ ……………… 35

1．人材マネジメントの特性 ……………………………………………… 35
1.1 人事労務管理と人材マネジメントの比較 …………………………… 36
1.2 人事労務管理の人間観 ………………………………………………… 42
1.3 人材マネジメントの人間観 …………………………………………… 47
1.4 人材マネジメントの特性に対する批判的考察 …………………… 52
2．人材マネジメントの戦略性 ……………………………………………… 56
2.1 初期の SHRM 研究 …………………………………………………… 57
2.2 SHRM の統計的検証とそれに対する批判 ………………………… 66
2.3 媒介変数としての従業員への着目 ………………………………… 73
3．人材マネジメント研究における批判的視座 ………………………… 77
3.1 Mainstream HRM 研究と Critical HRM 研究の対立 …………… 77
3.2 Critical HRM の背景にある CMS の視座 ………………………… 79
3.3 Critical HRM 研究の枠組みとその含意 …………………………… 81
4．管理を通じた従業員のアイデンティティ形成 ……………………… 85
4.1 アイデンティティの概念 …………………………………………… 86
4.2 アイデンティティに対する3つのアプローチ …………………… 88
4.3 アイデンティティへの批判的アプローチの枠組み ……………… 90
5．本書の立場と枠組み …………………………………………………… 95
5.1 本書の立場 …………………………………………………………… 95
5.2 本書の対象と方法 …………………………………………………… 98
5.3 本書の枠組み ………………………………………………………… 100

第Ⅱ部　日本の組織における人材マネジメントを通じた
　　　　従業員の人材化の事例 ··· 107

第3章　成果主義賃金制度導入による自律型人材生成のため
　　　　の管理実践 ·· 109

　1．人事制度改革に至る経緯 ··· 109
　2．改革以前の人事制度 ·· 110
　3．新たな人事制度の導入 ··· 112
　4．人事制度改革の効果 ·· 116
　5．事例に対する理解 ··· 117

第4章　ERP パッケージ導入による質の高い仕事を担う人材の
　　　　生成 ··· 119

　1．給与計算業務改革に至る経緯 ······································· 119
　2．改革以前の給与計算業務 ··· 120
　3．ERP パッケージの導入 ·· 124
　4．ERP パッケージ導入の効果 ··· 125
　5．事例に対する理解 ··· 129

第5章　プロジェクト組織の導入による
　　　　企業 DNA をもつ攻めの人材の生成 ························· 131

　1．各種プロジェクト設立に至る経緯 ································· 131
　2．初期のプロジェクト ·· 132
　3．後期のプロジェクト ·· 133
　4．各種プロジェクト設立の効果 ······································· 135
　5．事例に対する理解 ··· 140

第Ⅲ部　人材マネジメントの文脈における WLB 推進を通じた
　　　　従業員のアイデンティティ形成の事例 ……………………… 143

第 6 章　女性従業員の雇用形態に応じた WLB 実践 ……………… 145

　　1．α社の生産計画部署の概要 …………………………………… 145
　　2．A 氏の事例 ……………………………………………………… 146
　　3．B 氏の事例 ……………………………………………………… 152
　　4．C 氏の事例 ……………………………………………………… 157
　　5．事例に対する理解 ……………………………………………… 161

第 7 章　イクボスとしての内省 …………………………………… 163

　　1．Z 市役所におけるイクボスの育成・表彰の取り組み ……… 163
　　2．イクボスを取り巻く状況 ……………………………………… 164
　　3．Z 市役所におけるかつての管理方法 ………………………… 166
　　4．イクボス表彰の理由とイクボスとしての自分 …………… 169
　　5．イクボスとしての振る舞い …………………………………… 172
　　6．イクボスの育成・表彰の職場への影響 …………………… 173
　　7．イクボス自身の私生活への影響 …………………………… 175
　　8．事例に対する理解 ……………………………………………… 177

第 8 章　育児休業取得後の男性職員における変化 ……………… 178

　　1．Z 市役所における男性による育児休業取得の背景 ………… 179
　　2．育児休業取得のための準備 …………………………………… 179
　　3．育児休業取得中の心境 ………………………………………… 181
　　4．職場復帰後の行動の変化 ……………………………………… 183
　　5．職場復帰後の心境の変化 ……………………………………… 185
　　6．事例に対する理解 ……………………………………………… 188

第9章　事例に基づく議論 ……………………………………………… 190

1．従業員の人材化 …………………………………………………… 190

　　1.1　成果主義賃金制度導入の影響 ……………………………… 191

　　1.2　ERPパッケージ導入の影響 ………………………………… 191

　　1.3　プロジェクト組織導入の影響 ……………………………… 192

　　1.4　人材化による従業員のアイデンティティ形成 ………… 194

2．職場における生活者としての自覚 …………………………… 195

　　2.1　女性従業員による職場への働きかけ ……………………… 195

　　2.2　イクボスとしての管理職の葛藤 …………………………… 197

　　2.3　男性育児休業取得者による育児者志向の高まり ………… 198

　　2.4　人材かつ生活者としての従業員のアイデンティティ形成 …… 199

結章　結論と含意 ………………………………………………………… 201

1．本書の要約と結論 ………………………………………………… 201

2．本書の含意 ………………………………………………………… 206

3．残された課題 ……………………………………………………… 208

参考文献 ………………………………………………………………………… 209

初出一覧 ………………………………………………………………………… 218

索引 ……………………………………………………………………………… 220

序　章

本書の主題

　本書の目的は，現代日本の組織における従業員のアイデンティティ形成を理解することにある。この章では，次章以降の本論に入る前に，このような目的をもつに至った問題意識，本書の視座，および本書の構成について論じる。

1.　本書の問題意識と目的

　かつて人事労務管理（Personnel Management: PM）と呼ばれていた従業員に対する管理は，現代では人材マネジメント（Human Resource Management: HRM）あるいは人的資源管理と呼ばれている。人事労務管理が労働者を単なる労働力とみなすのに対して，人材マネジメントとは，従業員を人材とみなすことに特徴をもつ管理である。現在では，従業員に対する管理は人材マネジメントであることが世界的な共通見解となっている。

　そうした人材マネジメントが普及するなかで，日本の組織においては，従業員の仕事と生活の調和を実現するためのワーク・ライフ・バランス（Work-Life Balance: WLB）が取り組まれるようになった。2007 年の「仕事と生活の調和（ワーク・ライフ・バランス）憲章」の制定以降，WLB 推進は従業員の意欲を引き出すための報酬として位置づけられ，人材マネジメントにおける戦略として捉えられるようになっている（e.g. 中村，2017；佐藤・武石，2010）。

　本書の目的は，こうした人材マネジメントと WLB が絡み合う複雑な管理の影響のもとで，現代日本の組織における従業員がどのようにアイデンティティを形成しているのかについて考察することにある。こうした目的を掲げる背景には，日本的経営研究において論じられてきた会社人間としての従業員につい

ての議論がある。

　高度経済成長期の日本企業の成功の要因として，しばしば日本的経営と呼ばれる管理方式が指摘される。終身雇用，年功制賃金，企業別労働組合からなる三種の神器を通じて，従業員は企業との生涯にわたる関係（a lifetime commitment）を築いたとされる（Abegglen, 1958, p. 11）。日本的経営において，従業員は会社の一員としての自分自身を強く意識していくようになる。

　このような企業と従業員の関係は，日本企業に特徴的なものだとされる。その根底には，西欧人と日本人のアイデンティティ形成の方向性の違いが指摘される。西欧人が独立したアイデンティティ（separate identity）を確立していくのに対し，日本人は周囲の者を含めた包括的なアイデンティティ（inclusive identity）を成長させていく（Pascale and Athos, 1981, pp. 121-122）。こうした方向性の違いから，日本人は個人よりも組織の成員性を強く意識してアイデンティティを形成していくのである[1]。また，日本企業の従業員は，しばしば「うちの会社」という表現を好んで用いる（Clark, 1979, p. 180）。このような表現は，従業員が会社という共同体に対して過度に従属したアイデンティティをもつことの証左である。

　以上のように，日本企業の従業員のアイデンティティ形成は，企業とその管理に強く影響されているとされる。そうしたアイデンティティの現れの1つが，会社人間と呼ばれる従業員たちである。会社人間とは，会社に対して強く思い入れる従業員たちである（田尾, 1998, 8-9頁）。彼らは，組織に対して過剰に同調していることに気づかず，組織に対して異議も挟まない。日本企業においてこうした会社人間を形成する主要因が，集団主義のイデオロギーを背後にもつ日本的経営であった。日本的な賃金決定方式と日本的な能力主義の働かせ方は，日本企業の従業員を会社人間に仕立てる直接の要因になる（熊沢, 1994, 51-54頁）。そのため，日本的経営は会社と自我を区別できないような強いアイデンティティを調達するのに抜群の成功を収めた管理方式であるとされる（田尾, 1998, 70-71頁）。

　会社に従属する会社人間のイメージは，日本人の勤勉さによって支えられているとされる（間, 1996, 218-219頁）。しかし，こうした日本人の勤勉さは，日本人が本来的にもつ気質によるものではない。武田（1999, 159-164頁）は，

1880年代に日本を訪れた外国人による記述を例示しながら，当時の日本人が非常に怠惰で享楽を好む人々として描かれていることを指摘する[2]。こうした指摘は，日本人の勤勉さが本来的な気質として備わっている訳ではないことを示している。だとすれば，会社人間としての振る舞いは，日本人の気質によって支えられていた訳ではない。会社人間は，あくまで日本的経営という管理の影響によって生じた特異なアイデンティティが発露した存在だったのである。

　日本企業における従業員に対する管理は，長らく「人事」と呼ばれてきた。そうした「人事」は，日本的経営の特徴を色濃く反映している。人材マネジメントという用語が世界的に普及した今でも，日本では従業員に対する管理に対して「人事」という呼称を用いることが一般的である。その理由は，日本企業の「人事」が人材マネジメントの特性を持ち合わせていたからであるとされる（赤岡，2005，5-9頁）。特に，従業員を人材とみなす人間観は，日本では取り立てて新しい考え方ではなかった。むしろ，アメリカにおいて考案された人材マネジメントは，そもそも日本的経営を手本としたものだという指摘もある（上林，2011，26-28頁）。しかし，それがアメリカナイズされるなかで，人材マネジメントはとりわけ戦略性を強調し，市場志向を強めた管理として成立していったのである。

　ただし，近年ではそうした「人事」も，人材マネジメントの影響を免れない状況にある。日本企業の従業員に対する管理は，緩やかに市場志向へとシフトしつつあることが指摘されるためである（Jacoby, 2005, p. 260；清家，2003，24-26頁）。このシフトが行き着く先は，アメリカナイズされた人材マネジメントである[3]。現在の日本企業の従業員に対する管理は，市場志向の人材マネジメントとしての特性をもつものへと移行している。

　日本企業の従業員に対する管理が人材マネジメントへと移行することで，従業員の会社に対する考え方も変化していく。日本的経営においても従業員は会社以外の生活面を志向するようになっていたが，管理の移行に伴って従業員の意識は脱会社志向へと転換し，それと同時にWLB実現を志向するようになる（佐藤，1999，66頁；前田，2010，56頁；NHK放送文化研究所，2020，150-153頁）。現代日本の組織においては，会社人間的な働き方を前提としたマネジメントが成立しない状況となっているのである。こうした従業員の志向の変化に

対応するために，現代日本の組織は従業員の WLB 推進に取り組んでいる。すなわち，現代日本の組織における従業員に対する管理は，日本的経営から人材マネジメントへの移行に加えて，従業員の WLB を推進するという，複雑な状況を呈しているのである。

　このような実務における変化を，人材マネジメント研究は十分に捉えることができていない。人材マネジメント研究では，以前から管理の対象である従業員の存在を軽視していることが問題視されてきた（Bolton and Houlihan, 2007, p. 1）。人材マネジメント研究は，市場の観点から従業員を捉えることで，管理とパフォーマンスの結びつきを強調するようになった（Keenoy, 2009, pp. 462-465; Legge, 2001, pp. 32-33）。人材マネジメントとパフォーマンスの関係性が研究の焦点に置かれることで，人材マネジメント研究は従業員の変数化（数値化）できる側面を捉えようとし，彼らを非常に単純化して扱うようになった。変数化された従業員は，組織の期待を管理実践のうちから読み取り，その期待通りに行動する協調的な存在として捉えられている。

　こうした研究は，人材マネジメントをマクロな視点で捉えて経営全体のなかに位置づけていく上で，十分な学術的貢献を果たしている。しかし，その反面，人材マネジメントが従業員の感性に及ぼす影響は十分に議論されなくなったことも指摘される（Keenoy, 2009, p. 467）。人材マネジメント研究は，マクロな視点から管理を論じるようになったことで，従業員が意思と感情をもって相互作用する職場から離れ，従業員そのものに対する関心を低下させてしまったのである（守島, 2010, 71-72 頁）。

　以上のように，人材マネジメント研究は，従業員という存在に対する十分な配慮を欠いたまま展開している。そのため，現代日本の組織における従業員に対する管理と従業員のアイデンティティ形成の関係について，十分な研究蓄積がないままとなっている。従来の人材マネジメント研究は，管理との関係において，現在の従業員のアイデンティティ形成を捉えることができていないのである。こうした不足を補うために，本書では，特に人材マネジメントと WLB の 2 つの言説のもとでの従業員のアイデンティティ形成に着目して，現代日本の組織における従業員に対する管理の影響について考察する。

　以上より，本書では，現代日本の組織における従業員のアイデンティティ形

成について理解することを目的とする。なお，本書において検討する事例には，日本の企業だけでなく自治体も含まれる。日本の自治体で働く人は，一般的に「職員」と呼ばれ，「従業員」とは区別されるが，本書では簡略化のために両者を「従業員」として統合して表記する。ただし，第7章と第8章の事例，およびそれに対する理解や議論に関する箇所に関しては，限定的に「職員」との表記を用いている。

2.　本書の視座

　従来の人材マネジメント研究では，管理者側が従業員をどのように捉えるのかに関心が寄せられてきた。その一方で，当事者である従業員が自らをどのように捉えているのか，は不問のままとなっている。これは，「どのように管理するのか」を目的として，その管理をパフォーマンスと結びつけようとする視座に依拠してきたためである。こうした視座を，本書では管理主義（managerialism）と呼ぶ。管理主義は，実務において前提とされているだけでなく，多くの人材マネジメント研究においても，同様に前提とされている。しかし，管理の対象としての従業員を「どのように管理するのか」という視点から捉えようとした時，従業員の特定のパフォーマンスに結びつく側面のみが捉えられるようになり，それ以外の側面が捨象されることになる。そのため，これまでの人材マネジメント研究は，従業員という存在に対する十分な配慮を欠いたまま展開してきたのである。

　こうした問題に対する反省から，本書ではCMS（Critical Management Studies：クリティカル・マネジメント研究）と呼ばれる視座に依拠して，現代日本の組織における従業員のアイデンティティ形成について理解していく。CMSとは，既存の支配構造とそれがもたらす帰結の変容を促そうとする視座であり，あるいはそうした視座を提供する経営学の多方面にわたる知的な運動のことである（Alvesson et al., 2009, pp. 9-11；清宮・Willmott, 2020, 148頁）。CMSの特徴は，管理をパフォーマンスと関連づける視点に対して疑問を呈し，「どのように管理するのか」ではなく，「何が起こっているのか」を理解するこ

とを目的とすることにある。

　なお，本書では，CMS に立脚した Critical HRM（Critical Human Resource Management：批判的人材マネジメント）研究，および組織研究におけるアイデンティティへの批判的アプローチに基づいた枠組みによって，事例を理解していく。Critical HRM 研究は，特に従業員を変数化し単純化して扱ったとされる SHRM（Strategic Human Resource Management：戦略的人材マネジメント）研究に対する批判から生まれた研究群であり，組織的な管理・統制と従業員のアイデンティティ形成の関係性を対象とする研究である。また，アイデンティティへの批判的アプローチは，アイデンティティに対する規制に着目し，アイデンティティ形成のダイナミックなプロセスを捉えようとするものである。こうしたアプローチを用いて，本書では 6 つの事例を検討していく。

3.　本書の構成

　本書は，以下のように構成される。

　第 I 部は，先行研究レビューに該当する部分である。第 1 章と第 2 章のそれぞれにおいて，日本の組織における従業員に対する管理の展開，および人材マネジメント研究の展開に基づく本書の枠組みについて考察する。

　第 1 章では，日本の組織における従業員に対する管理の展開について考察する。日本的経営のもとで，会社人間という人間類型が登場した。こうした管理と従業員の関係は，日本的経営から人材マネジメントへの移行に加えて，そうした文脈で WLB が推進されることで，新たな局面を迎えている。この章では，そうした人材マネジメントと WLB が絡み合う複雑な管理がどのように生じたのかについて明らかにする。

　第 2 章では，これまでの人材マネジメント研究の展開について検討し，それに基づいて本書の枠組みを考察する。人材マネジメントに関する研究は，① 人材マネジメントの特性に関する研究，② 人材マネジメントの戦略性に関する研究，③ 批判的視座に基づいた人材マネジメント研究，の 3 つのフェーズに分類できる。このような人材マネジメント研究の展開を踏まえた上で，この

章では，組織研究における従業員のアイデンティティへのアプローチについて検討し，次章以降に検討する事例の方法と枠組みを示す。

　第Ⅱ部は，日本の組織における人材マネジメントの影響について，3つの事例を取り上げて検討する。第3章では住宅メーカーX社における人事制度改革の事例を，第4章では製造業Y社の地方工場におけるERPパッケージ導入の事例を，第5章では製造業Y社における各種プロジェクト設立の事例を取り上げる。各章では，人材マネジメントに関連するそれぞれの制度の導入事例を検討することで，従業員がいかに人材として自らを捉え直していくのかについての理解を試みる。

　第Ⅲ部は，日本の組織における人材マネジメントとWLBの影響について，3つの事例を取り上げて検討する。第6章ではα社の生産計画部署に所属する女性従業員3名の事例を，第7章ではZ市役所におけるイクボスの育成・表彰の事例を，第8章ではZ市役所における男性職員による育児休業取得の事例を取り上げる。各章では，人材マネジメント化に加えてWLBが推進された事例を検討し，人材として自らを捉えていた従業員が生活者としての立場との両立を迫られるようになることで，それに応じて職場におけるアイデンティティをどのように形成していくのかについて考察する。

　第9章では，第3章から第8章にかけて検討してきた6つの事例に対する理解について整理し，各章の事例における従業員のアイデンティティ形成について考察する。また，それらの考察を踏まえた上で，現代日本の組織における従業員のアイデンティティ形成についての考察を試みる。

　最後に，結章では本書の結論と要約について述べ，次いで本書から導かれる含意について論じる。そして，本書では十分に検討できなかった点を残された課題としてまとめ，今後の展望について述べる。

　以上のような構成に基づいて，本書では現代日本の組織における従業員のアイデンティティ形成を理解すること試みる。

注
1　同様に，Ouchi（1981, p. 47）も，日本企業の従業員の特徴は集団的価値観（collective values）に対する強い志向性にあると指摘している。
2　一方で，武田（1999, 164-167頁）は，農民や職人のなかには貧困ゆえに長時間の労働を強いられていた者がいることも指摘している。

3 ただし，Jacoby（2005, pp. 173-174）は，日米双方の従業員に対する管理が同じ市場志向へと収
　斂している一方で，二カ国間の格差が次第に拡大していることを指摘している。この指摘は，ア
　メリカ企業の従業員に対する管理が市場志向を強めていくスピードが，日本企業のそれと比べて
　遥かに速いことを示している。

第Ⅰ部
日本の組織における人材マネジメントの展開と
従業員のアイデンティティ形成

第 1 章
日本の組織における従業員に対する管理の展開

　日本の組織において，従業員に対する管理は戦後に限っても様々な局面を迎えている。この章では，特に高度経済成長期からの日本の組織の従業員に対する管理に焦点を当て，そうした管理方式と従業員のアイデンティティ形成の関係性，およびその変化について考察する。

1.　日本的経営の成立と会社人間の生成

　日本的経営は，戦後に形成された，多くの日本の大企業に共通する管理方式のことである。日本的経営においては，終身雇用，年功制賃金，企業別労働組合からなる三種の神器と呼ばれる制度が中心となる。これらの制度は，集団主義のイデオロギーを背景として，特徴的な管理実践を生じさせた。このような日本的経営は，従業員に対して会社人間としてのアイデンティティを形成したとされる。

1.1　日本的経営を支えた制度
　日本的経営[4]は，西欧的経営とは根本的に異なる経営方式だとされる（津田, 1977, 238-246 頁）。合理性の基準を原則とする西欧的経営では，従業員は厳格な自己抑制のもとで働くことを要求される。西欧的経営における従業員に対する管理は，従業員の非合理的側面（すなわち，人間的側面）を認めつつも，それを制御して合理性を貫くための手段として位置づけられる。これに対して，合理性に加えて非合理性（すなわち，人間性）も原理とする日本的経営では，経営体のなかに共同生活体をもつ。日本的経営における従業員に対する

管理は，合理性と非合理性の二重性のなかで協働の維持・発展を追求するものとして位置づけられる。

　こうした日本的経営を支えるのは，三種の神器と呼ばれる制度である。すなわち，終身雇用，年功制賃金，企業別労働組合である[5]。第 1 に，終身雇用とは会社が従業員を生涯にわたって雇用することである。終身雇用では，従業員も生涯にわたってその会社に在籍するとされる。ただし，実際には定年（戦前までは停年）に至るまでの間の雇用を維持する場合が多く，生涯にわたって雇用関係を維持することは例外的であった（野村, 2007, 109 頁）。第 2 に，年功制賃金[6]とは年齢や勤続年数に応じて賃金が毎年累積的に増加する賃金制度である。従業員の生活を保障するために定期昇給によって賃金が毎年一定程度上昇することから，その根底には生活給としての考え方が存在するとされる（松山, 2014, 150 頁）。第 3 に，企業別労働組合とは同一企業で働く従業員によって組織された労働組合である。企業別労働組合の存続は企業の存続に依存するため，労使協調主義が原則となる。以上の 3 つの制度は，日本的雇用システムとも呼ばれる（谷内, 2008, 5 頁）。雇用システムにおけるこれらの制度が誘因となることで，企業は従業員からの貢献を引き出している。日本的経営は，従業員の貢献を長期的に評価し，誘因と貢献に対して長期的なバランスを取ることを特徴としている（占部, 1978, 177 頁）。

　これらの雇用システムは，日本的経営組織によって支えられていた。日本的経営における組織構造は，職能別専門組織から事業部制組織へと移行したとされる（植村, 1993, 100-101 頁）。これらの組織構造は広義の官僚制組織として捉えられるが[7]，集団単位の組織編成と運営によって官僚制組織としては柔軟な構造となっている（植村, 1993, 103 頁）。こうした日本企業に特徴的な柔軟な官僚制組織を，本書では日本的経営組織と表現する。日本的経営はこのような組織構造によって支えられていたのである。

　日本的経営組織は，柔軟でありながらも官僚制組織であったため，専門化による職務の分担を前提としていた。そうした職務間のネットワークは従業員同士の直接的なコミュニケーションによって支えられていた（堀本, 2002, 192 頁）。日本的経営においては，従業員の配置転換によって社内の人的ネットワークが形成された。当時は情報システムが確立されていなかったため，そう

した人的ネットワークに基づく従業員同士の直接的なコミュニケーションを介して，日本的経営組織における分業が調整されていたのである。

　以上を整理すると，日本的経営は三種の神器と呼ばれる雇用システムと，組織構造としての日本的経営組織によって支えられていた。また，情報システムとしては確立していなかったものの，従業員同士の直接的なコミュニケーションによって職務間のネットワークが形成されていたのである。

1.2　管理方式としての集団的経営

　日本的経営の背後には，集団主義のイデオロギーが存在する[8]（宮坂, 1994, 29-57 頁）。こうした認識の背景として，集団主義の日本人と個人主義の西欧人という対比がしばしば前提とされる。個人主義とは，個人としての自由と平等に価値をおく考え方である。これに対して，集団主義とは個人の利害よりも集団の利害を優先させる考え方である。こうした対比から，日本人は西欧人とは正反対の集団主義者であるとされる。

　ただし，日本人の集団主義は個人主義と対立するものではない（濱口, 1982, 17 頁）。日本人は集団における関係性のなかで自己の欲求を満たし，集団としての福祉を確保しようとする。日本人は盲目的に集団に従属しているのではなく，集団に対するコミットメントが自らに利益をもたらすことを認識しているのである。後述するような日本企業における会社人間としての集団主義的な振る舞いは，会社に対して忠誠心を示すことでトクをするという「戦略的行動」の結果として生じるのである（山岸, 2015, 56-58 頁）。そのため，個人が集団に包括されるという受動的な側面だけでなく，個人が能動的に集団へと同化していく側面も見出せる。こうした主体的行為を含む概念として，間人主義（濱口, 1982, 21-23 頁）や，日本的集団主義（植村, 1993, 75 頁）が提示される。論者によって様々な名称が存在するが，本書では個人の主体的行為（集団への能動的な同化）を含んだものとして集団主義を捉える[9]。

　集団主義の形成要因には様々な説が存在する。田口 (1986, 12 頁) によれば，集団主義の形成要因には，① 地理的・民族的・自然的条件，② 社会関係，③ 労働者＝人間，④ 人間性と経営制度との複合，⑤ 経営制度，の 5 つが存在する（表 1-1）。これらの形成要因のうち，田口 (1986, 10-13 頁) は ⑤ を支持し，

表 1-1　集団主義の形成要因

形成要因		著者	著書
① 地理的・民族的・自然的条件		杉山和雄	「日本—集団主義的志向の国」
② 社会関係	家族制度・従業員福祉	間宏	『日本労務管理史研究』 『日本的経営』
	間人主義	濱口恵俊	『日本的集団主義』
	"ムラ"共同体を基盤とする 行動特性・心理特性	岩田龍子	『日本的経営の編成原理』
③ 労働者＝人間	集団主義的エートス	中村共一	「企業の日本的風土」
	生活共同体	津田眞澂	『日本的経営の擁護』
	企業カプセル	土屋守章	『日本的経営の神話』
④ 人間性と経営制度 との複合	社会環境	伊東淳巳	「日本的経営と経営学」
	人間主義的経営	占部郁美	『日本的経営を考える』
	日本的経営の特質を否定	小池一男	『職場の労働組合と参加』
⑤ 経営制度	終身雇用，年構成賃金， 企業別組合などの制度的要因	船橋尚道	『日本的雇用と賃金』
	擬似共同体	高橋洸	「大企業体制と『日本的経営』」

出所：田口（1986），12 頁に一部加筆・修正。

下請けや株式持ち合いなどの日本に特殊な経済的要因によって三種の神器など
の経営制度が形成され，それが閉鎖性の高い疑似共同体を形成し，その結果と
して集団主義が形成されるとする。

　このような集団主義は日本的経営における従業員の行動・心理特性を指摘し
たものであるが，実際には集団主義的ではない従業員も存在した。会社（とい
う集団）に同化するよりも，職人としての誇りを重視する会社から自律的な従
業員（後述する職業人）や，会社にも仕事にも深く関わろうとしない従業員
（後述する一般労働者）も，一定数は存在したのである。しかし，「日本人は集
団主義だ」とする経験的な事実の 1 つの側面が，いつしか「日本人ならばすべ
て集団主義者でなければならない」という規範へと転化するようになる（宮
坂，1994，49 頁）。それによって，集団主義は管理におけるイデオロギーと化
し，日本企業で働く従業員を他の人々に同調せざるをえない集団主義者にす
る。すなわち，集団主義は規範化したイデオロギーとして日本企業の従業員の
価値判断に組み入れられるようになり，それに規定される形で従業員行動が生

じるようになる。以上のような集団主義のイデオロギーは，日本的経営を支え
る制度や管理実践を通じて従業員に影響を与えていったのである。

　また，日本的経営の背後には，イデオロギーと化した管理主義（manage-
rialism）の視座を見出すこともできる。管理主義とは，管理をパフォーマン
スと関連づける考え方であり，管理そのものに固有の視座である。そのため，
日本的経営に限らず，どのような管理にも管理主義の視座を見出すことは可能
である。しかし，日本的経営には独特の管理主義の視座が存在する。後述する
ように，日本的経営は集団的経営とも呼ばれる管理方式である。そのため，日
本的経営における管理主義は，集団としてのパフォーマンスを要求するイデオ
ロギーとして作用していくのである。ただし，こうしたイデオロギーとしての
管理主義は，広義の集団主義に包含されるものとして考えることもできるだろ
う。

　集団主義のイデオロギーを背後にもつ制度は，日本企業に特徴的な管理実践
を生じさせた（宮坂，1994, 199-237 頁）。第1に，集団単位の職務・責任の付
与である。日本企業では，職務が個人ではなく集団によって担われており，専
門家の原理が徹底されていない。官僚制組織に見える日本企業の実体は，「集
団単位の組織編成と運営になっている」（植村，1993, 105 頁）のである。その
ため，個人単位の職務が明確化されておらず，同じ集団内の仲間を手助けする
行動が当たり前のものとなる。日本人は，個人責任の意識が希薄である一方で
集団としての連帯責任を強く意識し，集団に対して迷惑をかける行為に対して
も強く責任を意識するためである（岩田，1977, 87-102 頁）。それゆえに，日本
的経営においては，個人の職務に対する権限と責任も明確になっていない。

　第2に，集団の一員としての評価である。日本企業の賃金を構成する要素の
1つには，年齢や勤続年数などの属人的要素に対応して支払われる属人給があ
る。この属人給は年功的に運用されたことから，年功制賃金を支えるものと
なった。その後，働きぶりや能力の違いが賃金に反映されていないことに対す
る不満が生じたため，職務給[10]の導入を経て職能給が導入された。職能給に
おいて評価の対象となる職務遂行能力は，「特定の企業に長期的に勤続しては
じめて発揮されるあるいはその企業にとって意味がある（つまりその企業の目
的達成に貢献する）能力」（宮坂，1994, 235 頁）である。そのため，能力に対

する評価も年功的に運用される。日本的経営においては様々な賃金制度が導入
されたが，それらは共通して集団の一員として長期にわたって勤続することを
評価した。すなわち，個人のスタンドプレーによる貢献は評価されず，集団と
しての「和」を保ちながら貢献することが評価されたのである。

　以上の2つの管理実践をもつ日本的経営は，集団的経営ないし集団志向的経
営とも呼ばれる（植村, 1993, 79頁）。すなわち，管理実践においても，集団主
義のイデオロギーの影響が見出せるのである。

1.3　会社人間の生成

　士農工商が遥か昔に廃止されてからも，日本人のアイデンティティ形成にお
ける工業および脱工業の概念としての仕事とその役割は，日本社会において依
然として前面化されたままであるとされる（Matanle and Lunsing, 2006, pp.
4-5）。少なくとも明治時代以降，仕事は日本人のアイデンティティ形成の中心
にあったのである。かつての日本的経営においても，三種の神器を中心とした
日本的経営のイデオロギー・制度・管理実践が雇用の流動性を制限すること
で，会社人間の心性を形成することに貢献したとされる（田中, 2002, 105頁）。
そのため，日本的経営は，会社と自我を区別できないような強いアイデンティ
ティを調達するのに抜群の成功を収めた管理方式であるとされる（田尾, 1998,
70-71頁）。

　会社人間は，「経済大国を築き上げた企業戦士[11]のあとを受け継いで，安定
成長の達成を通して，日本を世界一の債権国に作り上げるのに，ペースメー
カーとして働いた勤労者」（間, 1996, 182頁）と定義される。こうした会社人
間の担い手は，男性のホワイトカラーであった。また，会社人間は，会社に対
して強く思い入れる従業員たちであり，日本的経営と密接に関わる人間類型と
しても位置づけられる（田尾, 1998, 8-9頁, 73頁）。ただし，会社人間という
表現が用いられる場合には，「比喩的に，そのメンタリティにいくらか健全さ
を欠く人たちである」（田尾, 1998, 74頁）というネガティブな含意が込められ
ている。このような会社人間としてのアイデンティティを形成した従業員は，
組織に対して過剰に同調していることに気づかず，組織に対して異議も挟まな
い存在となる。

　ただし，日本的経営によってすべての従業員が会社人間としてのアイデン
ティティを形成していた訳ではない。熊沢（1994, 38-46 頁）によれば，資本
主義の産業社会が生み出す労働者は，以下の 3 つに分類できる。

　第 1 に，クラフトマン（職人的熟練工）や専門職のグループからなる職業人
である。職業人は，特定の職種においてどの企業でも通用する技能をもち，ど
の企業においても同水準の報酬を受け取る。そのために，職業人は企業に対し
て自立的な立場にある。職業人は，仕事の面白さから仕事人間になる場合は
あっても，容易に会社人間になろうとはしない。

　第 2 に，一般職の女性や非正規労働者などからなる一般労働者である。一般
労働者は，どの企業・職種・職場で働くのかに関して偶発的な存在であり，単
純な業務を流動的に担う。一般労働者は，職業人ほどの技能をもっている訳で
もなければ，会社人間になることを企業から期待されている訳でもなく，仕事
にも会社にも傾斜しない。一般労働者は，企業に対して自立的でも従属的でも
ない曖昧な立場にある。

　第 3 に，内部労働市場における労働者としての広義の会社人間である。会社
人間は，生活時間に占める労働時間の比率が高く，企業における仕事・人間関
係・昇進・収入に関心をもち，企業の要請を何よりも優先させるという特徴を
もつ。会社人間は，長期的な雇用のなかでキャリアを展開し，それに伴って企
業特殊的な技能を獲得していく。そのため，職業能力の展開の場が特定の企業
に限られている。こうした職業能力は他の企業では通用しないことも多いた
め，主として経営者の裁量のもとで決まる労働条件にも従わなければならな
い。その労働条件は，能力主義的傾向が強まった人事考課によって決定され
る。会社人間は，そうした人事考課に対して「〈強制された自発性〉をもって
適応しようとする従業員」（熊沢, 1994, 40-41 頁）となる。

　日本企業においては，「トーナメント幻想で煽りながら，トーナメント崩し
で再扇動しつづける」選抜システムによって，勤勉さを要求される「サラリー
マン型人間像」が誕生し，高学歴者も「月給取り（サラリーマン）アイデン
ティティ」を形成していくとされる（竹内, 2016, 246-252 頁）。このようなア
イデンティティに基づいて発揮される強制された自発性は，それによって職場
における昇進を目指し，家族の幸福を実現するためのものでもあった。特に，

高度成長期からは，サラリーマンの問題がその家族まで含めた形で話題となっていたとされる（田中，2002，102頁）。会社人間としての従業員は，家族から目を背けていた訳でもなければ，自らの栄誉のためだけに仕事に専念していた訳でもないのである。しかし，会社人間としての従業員は，家族の幸福のために長時間労働をせざるを得ない状況となり，結果として家庭内で過ごす時間を確保することができず，家族との距離がかえって広がってしまった（佐々木，2011，165頁）。そのため，日本的経営は，多くのホワイトカラーに対して強固で永続的な権利を与える一方で，家族との生活に対して相当の犠牲を強いるものであったとされる（Hassard et al., 2009, p. 225）。こうした会社人間としての働き方は，男性が仕事を担い，女性が家事や育児を担うとする性別役割分業観を前提として成り立つものであった。

　なお，広義の会社人間は，少数のエリート的な典型的会社人間と，多数のノンエリート的な準会社人間に区別できる（熊沢，1994，46頁）。このうち，典型的会社人間とは，自らの価値観を企業目的へと全面的に統合させた従業員である。日本企業の特徴は，この典型的会社人間が準会社人間や職業人，一般労働者たちを主導し牽引していることにあった。

　以上のように，日本的経営に関わるイデオロギー・制度・管理実践は，会社人間（特に，典型的会社人間）を中心としたいくつかのアイデンティティを形成したと言える。

2.　日本の組織における管理方式と従業員の意識の変化

　日本的経営と会社人間の関係性は，管理方式としての日本的経営が変化していくのに伴って，次第に成り立たなくなりつつある。特に，三種の神器の中心となる終身雇用の存続を肯定できない状態となったことから，日本的経営における「集団管理による利点を活かした経営が変化してきている」と指摘される（馬場，1995，116-118頁）。こうした指摘は，日本の組織に特有の従業員に対する管理が変容していることを示している。また，そうした管理の変容に伴い，従業員の会社に対する考え方も変容していく。

2.1　日本的経営の人材マネジメント化

　1990年以降，株価や地価が下落に転じ，日本経済はバブル崩壊過程へと突入した。日本企業の経営状態は急激に悪化し，それに対応するための人員削減，いわゆるリストラが実施されるようになった。これにより，三種の神器の中心である終身雇用にも変化が生じた。終身雇用の対象とならない非正規労働者の雇用が増え，終身雇用の中心的な担い手であったホワイトカラーが人員整理の対象になった。

　こうした背景から職場の人間関係は希薄化し，集団主義のイデオロギーはかつてのような規範としての強制力を失っていった。集団主義のイデオロギーを生み出したのは，三種の神器と呼ばれる制度であった。しかし，そうした制度そのものが変容したのである。その背景には様々な要因が存在するが，本書ではそれらの要因のなかでも特に次の3つに着目する。

　第1に，市場主義の影響である。グローバルに新自由主義的な経済政策が採用されることに伴って，従業員に対する管理も市場の視点から理解されるようになる。こうした動向は日本の組織にも影響を与えており，日本の組織の従業員に対する管理も緩やかに市場志向へとシフトしつつあることが指摘される[12]（Jacoby, 2005, p. 260；清家, 2003, 24-26頁）。市場主義は，集団ではなく個人に対して特権を与える（Keenoy, 2009, p. 465）。すなわち，これまで集団の一員として評価されてきた日本の組織の従業員に対して，個人としての貢献が強く求められるようになる。これは，後述する人材マネジメントの新たな特質の1つである。このように，組織からではなく，市場から従業員に対する管理を発想するパラダイムチェンジがあり，そうして登場した新たな管理方式は成果主義と呼ばれることになる（石田・樋口, 2009, 43-45頁）。以上のような背景から，日本の組織では成果主義賃金制度が相次いで導入された。成果主義賃金制度では，目標管理制度によって個人ごとに目標が設定され，その目標の達成度合いに応じて賃金が支払われる。そのため，成果主義賃金制度は日本的経営のイデオロギーである集団主義とは相容れないものであった。

　第2に，ICT（Information and Communication Technology：情報通信技術）の影響である。ICT革命は，国際的な競争力を失った日本企業の組織だけでなく，従業員が取り組む仕事の質も大きく変容させた。一方では情報の入力・

処理作業を生み出し，他方では処理された情報を用いて問題を発見・分析・交渉・解決する仕事を生み出したのである（黒田，2018，185頁）。このICT革命は，日本的経営を根本的に見直すための救世主的な役割を期待されて登場したものであるとされる（長井，2002，66頁）。こうしたICT革命のなかでも，とりわけ重要視されているのがERP（Enterprise Resource Planning）である。ERPとは全社的な経営資源の計画・管理を行うための情報システムをパッケージ化したソフトウェアであり，ERPパッケージとも呼ばれる。実務界でのERPの導入は，1990年代の企業によるICTの利用における最大の進化であるとされる（Davenport, 1998, p. 122）。ERPでは，マニュアルによって業務が標準化されるため，個人単位の責任が明確になる。そのため，ERPも日本的経営とは相容れない技術特性をもつものであった（吉原ほか，2003，11-12頁）。

　第3に，フレキシビリティの確保の影響である。市場主義とICTの影響は，あらゆる国と企業にフレキシビリティの確保を要求したとされる（黒田，2018，186-187頁）。フレキシビリティとは市場の動向に対する柔軟な対応を意味しており，これが日本的経営組織に対しても要求されるようになる。日本的経営組織は，職能別専門組織や事業部制組織などを含む広義の官僚制組織とされることから，いわゆる逆機能が問題とされる。その1つが，他の部門に対して排他的となるセクショナリズムである。こうした問題点を克服するために組織変革が企図され，その手段の1つとして設けられたのがプロジェクト組織であった（植村，1993，139-145頁）。プロジェクト組織は，部門の垣根を越えて人材を集めて，期限内に特定の問題を解決するために活動する。そのため，プロジェクト組織も自らの所属する部門に固執する傾向にある日本的経営組織とは相容れないものであった[13]。

　以上のような3つの要因を背景に，日本の組織ではそれぞれに対応する新たな制度が導入されている。これらの制度は，アメリカを中心とした諸外国に端を発するものである。例えば，成果主義賃金制度はアメリカのシリコンバレーで働くエンジニアに対する報酬制度を参考にして導入された制度である（城，2004，20頁）。また，ERPを提供し始めた企業として知られるのは，ドイツのSAP社やアメリカのORACLE社などである。そして，プロジェクト組織も，

そのルーツは「NASAのアポロ計画の際に従事した航空宇宙産業の企業によって導入されたプロジェクト・マネジャー制」（奥村, 1980, 21頁）にある。こうした制度の導入によって，日本の組織における従業員に対する管理はアメリカにおいて考案された人材マネジメントへと移行していったのである。これを本書では，日本的経営の人材マネジメント化と表現する。

　日本的経営の人材マネジメント化によって，かつての三種の神器にも変化が生じている（Aoki et al., 2014, pp. 2562-2565）。第1に，雇用保障に関しては，コア社員に対しては終身雇用が保たれている一方で，非正規雇用の割合が増えており，近年では非正規労働者を正社員化しようとする揺り戻しの動きもある。第2に，報酬制度に関しては，管理部門の従業員に対する成果給の増加が認められた一方で，工場労働者は年齢と職務等級に基づいた報酬を受けている。第3に，労働組合に関しては，報酬や労働条件に関する交渉力は保持しているものの，カイゼンの実行に関しては現場のマネジャーやチームリーダーが権限をもったままである。

　このように，集団主義のイデオロギーを生み出したかつての制度が変容することで，日本の組織における従業員に対する管理のイデオロギーにも変化が生じるようになる。新たなイデオロギーを形成するのは，新たに導入された制度である。市場志向の強い人材マネジメントを可能とするいくつかの制度が導入されることで，日本の組織における従業員に対する管理の背後にあるイデオロギーまでもがアメリカナイズされていく。すなわち，人材マネジメントの背後にある特質が，日本の組織における従業員に対する管理のイデオロギーへと化していくのである。

2.2　従業員の WLB 志向の高まり

　日本的経営の人材マネジメント化によって，かつての会社人間であったミドルマネジャーは，家族的な企業の概念が破壊される近年の変化に失望しつつも，多少の反抗を伴いながら，しぶしぶその変化を受け入れているとされる（McCann et al., 2006, p. 101）。

　こうした変化を受容することを通じて，従業員の会社に対する考え方も変化していく。1970年代半ばから1990年代初めにかけて，従業員による会社に対

する帰属意識が維持されていた一方で，会社以外の生活面を志向する「会社への限定的関与の広がり」が大企業のホワイトカラー層にも増加していることが指摘される（佐藤, 1999, 66頁）。さらに，1995年以降になると，従業員の「会社中心主義の価値観が大きく変化し，働く人々の意識は確実に脱会社志向へと転換した」とされ，そうした転換がWLB志向へとつながったことが指摘される（前田, 2010, 56頁）。

　会社に対する考え方が変化する一方で，従業員の性別役割分業観や仕事観にも変化が生じている。NHK放送文化研究所（2020, 50頁）では，結婚した女性が職業を持ち続けるべきかどうかについて，① 結婚したら，家事に専念したほうがよい（《家庭専念》），② 結婚しても子どもができるまでは，職業をもっていたほうがよい（《育児優先》），③ 結婚して子どもが生まれても，できるだけ職業をもち続けたほうがよい（《両立》），の3つの選択肢から1つを回答者に選択してもらう調査を5年おきに実施している（図1-1）。1973年時点では，最も多いのが《育児優先》の42％であった。次いで，《家庭専念》が35％であり，《両立》は最も少ない20％であった。しかし，調査を重ねる度に《家庭専念》の占める割合は少なくなっていき，2018年時点ではわずかに8％しかない。また，《育児優先》も年々少なくなっている。一方で，《両立》の占める割合はどんどん増えていき，2018年時点では60％を占めるまでに至って

図1-1　結婚した女性が職業を持ち続けるべきか

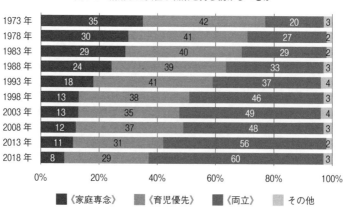

出所：NHK放送文化研究所（2020），50頁。

いる。この結果は，女性の社会進出を肯定的に捉える傾向を示すものであり，既存の性別役割分業観が薄れていることを示すものとして理解することができる。

　さらに，NHK 放送文化研究所（2020, 150-153 頁）では，仕事と余暇の望ましいバランスについても同様の調査を行っている（図 1-2）。調査では，① 仕事よりも，余暇の中に生きがいをもとめる（《余暇絶対》），② 仕事はさっさとかたづけて，できるだけ余暇を楽しむ（《余暇優先》），③ 仕事にも余暇にも，

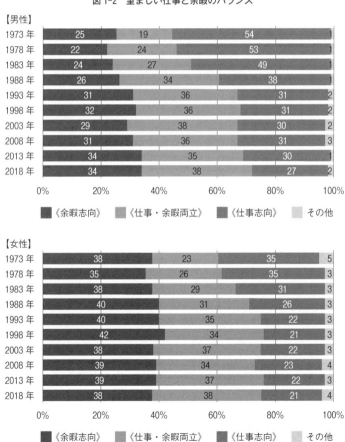

図 1-2　望ましい仕事と余暇のバランス

出所：NHK 放送文化研究所（2020），152 頁を基に筆者作成。

同じくらい力を入れる（《仕事・余暇両立》），④ 余暇も時には楽しむが，仕事のほうに力を注ぐ（《仕事優先》），⑤ 仕事に生きがいを求めて，全力を傾ける（《仕事絶対》），の 5 つの選択肢から 1 つを回答者に選択してもらっている。なお，NHK 放送文化研究所（2020, 151 頁）では，《余暇絶対》と《余暇優先》を統合して「余暇志向」型とし，《仕事優先》と《仕事絶対》を統合して「仕事志向」型としているため，本書では統合後の表記を用いている。

　男女別の集計結果を見てみると，まず男性については，1973 年時点では54％と過半数が《仕事志向》であった。これは，まさに会社人間としての志向が規範化していたことを示すものであると考えられる。しかし，2018 年時点では，《仕事志向》は 27％と最も少ない回答となっており，代わりに《余暇志向》が 34％，《仕事・余暇両立》が 38％となっている。男性の会社人間的な志向が低下する一方で，余暇に価値を見出したり，仕事と余暇の両立を志向したりする傾向が強まっていることがわかる。

　次に，女性については，1973 年から 2018 年にかけて《余暇志向》が最も高い割合を示している。むしろ着目すべきは，1973 年時点では 35％であった《仕事志向》が 2018 年時点では 21％まで低下したことである。これに代わり，1973 年時点で 23％であった《仕事・余暇両立》が 2018 年時点では 38％まで向上している。女性の《仕事志向》の低下に関しては解釈が難しい部分もあるが，少なくとも仕事と余暇の両立を目指す志向が高まっていることは指摘できる。

　以上の NHK 放送文化研究所（2020）による 2 つの調査は，会社人間を成立させていた性別役割分業観が薄れると同時に，男女ともに WLB 実現への志向が高まっていることを示している。

3.　人材マネジメント化の文脈における WLB の推進

　高度経済成長期には，男性が仕事を担い，女性が家事や育児を担うとする性別役割分業観に基づいた働き方が前提とされ，多くの男性が（典型的会社人間ではなかったとしても）会社人間的な働き方を要求されていた。しかし，そう

した働き方を当然だとみなす傾向も徐々に薄れていき，むしろ近年では男女ともに WLB 志向が高まっている。こうした志向の変化に対応するように，日本の組織も人材マネジメント化と並行して，WLB の推進に取り組むようになっている。

3.1　日本の組織における WLB 推進の背景

　仕事と生活の調和を意味する WLB（Work-Life Balance：ワーク・ライフ・バランス）は，元々欧米において提示された概念である。中村（2017, 1-4 頁）によれば，WLB の普及は 1980 年代のアメリカにおいて用いられていたワーク・ファミリーというフレーズが，企業によるファミリー・フレンドリー施策とともに広まったことに由来する。ワーク・ファミリーは家族支援を意味する用語であったが，1990 年代後半になると，家族支援も含めた個人のニーズを包括的に扱う WLB という用語が用いられることが増えていく。一方で，ヨーロッパにおける WLB に関する見解は，「すでに 1980 年代にはヨーロッパの精神的基盤であるカトリックの社会的対応の思想の中に現れていた」（前田，2000, 8 頁）とされる。このように，WLB に関する思想は，欧米においては少なくとも 1980 年代には存在していたと言える。

　日本の組織においても，従業員の生活面への対応は古くから存在していた。例えば，倉田（1993, 263-274 頁）は，「企業が従業員の職場外の生活（家族の生活も含める）を物心両面から配慮し，その安定・向上をはかるための施策」として従業員福祉を定義し，その起源は「明治期の紡績工場における女工に提供された寄宿舎や生活扶助のための諸制度」に遡ることができるとする。また，「会社人間化した成年男子の異常に長い労働時間によって，家庭生活，地域社会の質は極めて貧弱なものとなって」おり，「企業自身が従業員の生の総体を回復させる施策にとりくまなければならない」としていることから，日本において少なくとも明治期には従業員の生活面に対する配慮が存在し，1990 年代前半には従業員の生活面の重要性が論じられていることになる。

　日本において WLB が取り組まれるようになった直接の契機は，1989 年の合計特殊出生率が 1.57 と過去最低となった，いわゆる 1.57 ショックである（中村・平澤・熊, 2017, 214 頁）。その後，日本では女性による結婚や子育て

と仕事の両立が困難であることが出生率低下の要因とみなされたことから，WLB の必要性が認識されるようになったとされる（佐藤・武石, 2008, 3-4頁）。

　日本において本格的に WLB の考え方が普及し，その重要性がより一層強調されるようになったのは，2007 年に内閣府によって「仕事と生活の調和（ワーク・ライフ・バランス）憲章」が制定されてからである。この憲章において，WLB は「誰もがやりがいや充実感を感じながら働き，仕事上の責任を果たす一方で，子育て・介護の時間や，家庭，地域，自己啓発等にかかる個人の時間を持てる健康で豊かな生活」を実現するために必須のものであり，「仕事と生活の調和と経済成長は車の両輪」として位置づけられる [14]。

　この時期には，日本企業は WLB を人材マネジメントの戦略として捉えるようになったとされる（中村, 2017, 7 頁）。佐藤・武石（2010, 18-24 頁）によれば，人材マネジメントにおいて従業員の WLB 推進が重要となったのは，仕事中心ではなく「さまざまなライフスタイルを選択する社員」[15] に対して，「仕事への意欲を引き出すために，WLB 支援が不可欠な報酬」となったからである。企業にとっての WLB 推進は，従業員の生活の質の低下を防ぐことだけでなく，むしろ意欲的に仕事に取り組むことへの妨げとなる要因を排除することに主眼が置かれる。「仕事と家庭を両立しようとする際に生じる葛藤」（金井, 2006, 29 頁）として定義されるワーク・ファミリー・コンフリクトを極力減らすように企業が取り組むことで，従業員のパフォーマンスに関する機会損失を防ぐ効果があるだけでなく，優秀な従業員の確保にも効果が期待できるのである。

3.2　WLB を推進する施策とその課題

　人材マネジメントの戦略として位置づけられた WLB を推進するために，企業や自治体においても様々な施策が導入されている。内閣府（2006）では，WLB 施策を ① 休業制度，② 休暇制度，③ 働く時間の見直し，④ 働く場所の見直し，⑤ その他，の５つに類型化し，先進企業における取り組みについて論じている（表 1-2）。これらは，働く時間と場所の柔軟性を高め，長時間労働を前提とした会社人間的な働き方を改めるための取り組みとして位置づけら

表1-2　WLB 施策の類型

休業制度	育児休業
	介護休業
	休職者の復帰支援
休暇制度	看護休暇
	配偶者出産休暇
	年次有給休暇の積立制度
働く時間の見直し	勤務時間のフレキシビリティ（フレックスタイム制度／就業時間の繰り上げ・繰り下げ）
	短時間勤務制度
	長時間勤務の見直し
働く場所の見直し	勤務場所のフレキシビリティ（在宅勤務制度／サテライトオフィス制度）
	転勤の限定
その他	経済的支援
	事業所内保育施設
	再雇用制度
	情報提供・相談窓口の設置

出所：内閣府（2006），11頁。

れる。

　第1に，休業制度に関しては，先進企業において，育児休業・介護休業ともに法定を超える取得期間を設定している。また，男性による育児休業取得を促進するために，利用要件の緩和や社内での広報などが実施されている。さらに，面談やICT を利用したコミュニケーションによって休業からの復帰を支援している。

　第2に，休暇制度に関しては，法定の有給休暇以外にも，柔軟に休暇を取得できるように支援している。育児・介護休業法の改正によって義務化されている看護休暇だけでなく，出産に付き添う男性労働者に対する配偶者出産休暇，有効期限の切れた年次有給休暇を積み立てることができる積立制度など，先進企業においては様々な工夫がみられる。

　第3に，働く時間の見直しに関しては，先進企業において，短時間勤務制度，時差勤務制度，フレックスタイム制度，裁量労働制度などが導入されてい

る。これらのうち，短時間勤務制度については，労働時間が短縮している分だけ支給される給与も低くなる場合が多く，それに対応した業務量の調整などに関しては管理職の役割が重要となっている。また，長時間勤務を見直すために，残業や休日出勤の禁止，業務効率化のための研修，業務フローの見直しなどが実施されている。この長時間勤務の見直しに関しても，管理職をはじめとした従業員の意識改革が重要となる。

　第4に，働く場所の見直しに関しては，在宅勤務制度，サテライトオフィス制度，勤務地の限定（転勤の制限）などが導入されている。こうした施策は，対面での対応を必要としない情報サービス産業などで特に導入されやすい傾向がある。また，在宅勤務制度を導入する場合には，仕事と生活の区分や従業員間のコミュニケーション不足が課題となるが，これに対してガイドラインの作成や出社時のコミュニケーションの充実などによって対応している例もある。

　第5に，その他である。この類型に含まれるのは，経済的支援，事業所内保育施設，再雇用制度，情報提供・相談窓口の設置である。経済的支援としては，保育料等の補助に加えて，子どもの成長に応じた祝い金の支給や，自己啓発費用の助成，地域活動への参画に対する手当の支給などが実施されている。事業所内保育施設については，文字通り事業所内に保育施設を設けることで，乳児への授乳も可能になる。再雇用制度については，出産・育児によってキャリアを中断した女性従業員への対応や，配偶者の転勤のために退職した従業員への対応などが含まれる。情報提供・相談窓口の設置については，情報誌やイントラネットを通じた保育・介護サービス情報の提供，WLB施策に関するガイドブックやリーフレットの配布，相談センターやカウンセリングセンターの設置などがある。

　以上のようなWLB施策は，ファミリー・フレンドリー施策が出発点となっている。ファミリー・フレンドリー施策は，家族支援，とりわけ子育て支援を中心とした取り組みである。産後の育児休業の取得だけでなく，休業からの復帰支援，子どもの看護休暇などがこれに該当する。また，短時間勤務制度を中心として，柔軟な労働時間・勤務場所に関する制度もこれに関連する。こうした一連の施策は，女性従業員による出産・育児を支援するものである。

　しかし，既述のように性別役割分業観が薄れつつある昨今では，女性はより

仕事と生活の両立を志向するようになっており，こうした傾向は男性にも同様に見られるものとなっている。男女がともに WLB を実現していくためには，男性に対しても，女性と同等に家事・育児に取り組むことが要求される。ただし，実際には男性が家事や育児等に費やす時間は，女性と比べると格段に少ないままである。総務省統計局によると，日本の男性の家事関連時間は 2016 年で 1 週間当たり 44 分であり，同年の女性の 3 時間 28 分の 2 割程度しかない [16]。また，育児休業取得率に関しても，2019 年度には男性の取得率は 7.48％ と過去最高を更新したものの，同年の女性の取得率 83.0％ には遠く及ばない状況が続いている [17]。

　男性が女性と同等に家事・育児に取り組むことを可能とするためには，男性従業員による会社人間的な働き方を抜本的に改める必要がある。その第一歩として注目されるのが，男性従業員による育児休業取得である。厚生労働省が2010 年から取り組んでいるイクメンプロジェクトに代表されるように，企業や自治体においても男性従業員の育児参加を可能とする取り組みが推進されている。

　職場における従業員の WLB 推進に際しては，その上司である管理職の役割の重要性が指摘される（坂爪，2007，5 頁）。そのため，部下の WLB を推進する管理職の育成に取り組む企業や自治体も登場している。こうした管理職に対しては，「部下の業務遂行を把握し支援することができ，自分自身の生活にもコミットしてメリハリをつけた働き方をしている管理職」（高村，2017，186 頁）と定義される WLB 管理職や，「部下や同僚等の育児や介護・ワークライフバランス等に配慮・理解のある上司」[18] と定義されるイクボスなどのような呼称が用いられている。

4.　現代日本の組織における従業員に対する管理の実相

　日本的経営は，従業員に対して会社人間としてのアイデンティティを形成したとされる。しかし，現代日本の組織においては，日本的経営が人材マネジメント化し，そうした文脈において WLB が推進されるに至っている。以下で

は，日本の組織に対する人材マネジメントおよび WLB の影響について整理
し，本書で検討する事例の焦点を明確にする。

4.1　人材マネジメントの影響

　日本的経営の人材マネジメント化によって，日本の組織における従業員は，
人材たることを要求されるようになる。人材マネジメントとは，従業員を「未
開発の資源の宝庫」(Miles, 1965, p. 150) とみなすことに特徴をもつ管理方式
である。人材マネジメントにおける従業員は，価値ある目標の達成に効果的か
つ創造的に貢献したいと望み，職務以上の主導権・責任・創造性を発揮する能
力をもつ存在とされる。そして，人材マネジメントにおける従業員は，人材そ
のものとして理解される。

　次章において詳述するように，本書においては人材マネジメントの新たな特
質として，① 従業員の利害の一元化，② 個人としての貢献の要求，③ 管理主
義の強化の 3 つを見出している。日本的経営のもとで会社人間としての働き方
を要求されていたかつての従業員は，会社に対して過剰に同調しつつ集団主義
的に振る舞っていた。しかし，日本的経営の人材マネジメント化によって，従
業員は，新たに人材としての働き方を要求されるようになる。これは，従業員
に対して，経営者と同様の利害をもった上で，個人としてのパフォーマンスが
要求されるようになることを意味している。

　以上のような考察は，制度とアイデンティティ形成の関係について，いささ
か単純化し過ぎた理解であることは否めない。しかし，制度は，制度に基づく
役割を演じるように訓練することを通じて，人々を形成するとされる (Gerth
and Mills, 1953, p. 173)。また，社会におけるすべての役割は特定のアイデン
ティティを付与し，多くの場合，人々は演じる役割そのものになるとされる
(Berger, 1963, p. 98)。つまり，日本的経営の人材マネジメント化により，日
本の組織における従業員は，人材そのものとしてのアイデンティティを形成し
ていくと考えられるのである。

　ただし，従業員のアイデンティティ形成は，制度の変容によって即座に生じ
るような単純なものではない。人材としてのアイデンティティ形成には，そ
れに至る複雑なプロセスが存在する。例えば，人々は，付与された役割の通

りに振る舞うことで，それが自らにとって唯一可能なものと考えるようになるとされる（Berger, 1963, p. 87）。こうした理解に基づけば，従業員は付与された役割通りに振る舞うことを繰り返していくことで，そうした役割通りのアイデンティティを形成していくのである。このようなアイデンティティ形成を通じて，制度は個々の行為だけでなく行為者も類型化する（Berger and Luckmann, 1966, p. 51）。このような理解に基づくのであれば，人材マネジメントは，特定の従業員に対して人材としてのアイデンティティ形成を促すだけでなく，そうした従業員を他の従業員と区別する装置としても機能することになる。

4.2　WLB の影響

　日本的経営の人材マネジメント化に伴って，会社人間を成立させていた性別役割分業観が薄れると同時に，従業員の WLB 志向が男女ともに高まっている。こうした志向の変化に対応するように，日本の組織は WLB の推進にも取り組むようになった。ただし，こうした企業にとっての WLB 推進は，従業員の生活に配慮し，生活の質の低下を防ぐことだけを目的とした取り組みではない。むしろ，人材としての働き方を妨げる要因を排除し，人材化を促進することに主眼が置かれている。こうした WLB 推進の位置づけは，日本の組織における WLB 推進が，人材マネジメントの目的に沿って意味づけられていることを意味する。

　一方で，日本の組織における WLB 推進の取り組みは，人材として扱われるようになる従業員に対して，自らの異なる側面を強く自覚させることになる。それが，従業員の生活者としての側面である（天野, 1996；前田, 2000；松山, 2003; 2014）。生活者とは，「生活の全体性を把握する主体」であり，「静的な形態ではなく，「生活者」へと生き方をかえていく一つのダイナミックな日常的実践をさす」ものとして定義される[19]（天野, 1996, 14 頁）。生活者とは，「生産者」優位に偏りすぎてきた日本社会の仕組みに対する反省・疑問・不安・予感の入り混じった混沌のなかから生み出された新しい人間類型のラベルである（天野, 1996, 11 頁）。なお，天野（1996, 7-8 頁）では，生活者という用語について「どの辞典にもこの言葉を見つけ出すことはできない」としているが，本

書を執筆している 2020 年時点では，広辞苑 第七版において「生活という視点からとらえた，人」として登録されている。このように，生活者とは，労働者（あるいは生産者）や消費者と対置される存在であり，「生活面における自らのアイデンティティに基づいて振る舞う主体」として定義することができる。

　こうした生活面について考慮すれば，日本の組織における従業員は，働くことに意味を見出す存在でありながら，同時に家庭や地域生活を営む生活者でもあると言える（e.g. 前田, 2000, 11 頁）。特に，「仕事と生活の調和（ワーク・ライフ・バランス）憲章」の制定以降は，政府の主導のもとで WLB 推進がより重視されるようになっており，日本の組織において様々な WLB 施策が導入されている。これらの一連の施策・制度の導入により，従業員は自らの生活者としての側面を職場においても強く自覚させられることになる。

4.3　現代日本の組織における従業員

　以上の考察から，現代日本の組織における従業員に対する管理の実相は，個人としてのパフォーマンスを要求する管理と，従業員の生活領域の管理が同時に要求される，複雑な状況となっていると言える。このような人材マネジメントと WLB の双方が絡み合う複雑な管理のもとで，従業員は，人材としての振る舞いを要求されながらも，自らの生活者としての側面を自覚していくことになる。

　ただし，人材マネジメント化によって，従業員はより良いパフォーマンスに対する絶え間ない圧力を受けており，それを自らの生活に対する深刻な脅威と感じているとされる（Hassard et al., 2009, p. 225）。だとすれば，従業員にとっての人材マネジメントは，WLB とは相対するものとして位置づけられるものとなる。一方で，こうした複雑かつ相対する側面をもつ 2 つの管理は，従業員にとっては，自らの一連のキャリアを通じて連続して経験されるものでもある。だとすれば，従業員はそれらの管理に対して，その都度折り合いをつけながら，自らのアイデンティティを形成していくのだと考えられる。

　以上のような日本の組織における従業員に対する管理の変化に関して，既存の研究では，主にマクロレベルの制度変化に目が向けられてきた。一方で，そうした制度の変化に伴って個々の従業員が何を経験し，その経験をどのように

理解し，それによってどのような行為が生じたのかについては，十分に検討されてこなかった。そのため，既存の研究では，個々の行為者のエージェンシーが見過ごされてきたとされる（Aoki et al., 2014, p. 2555; McCann et al., 2006, p. 100）。そこで，本書では，①日本的経営の人材マネジメント化と，②人材マネジメント化の文脈におけるWLB推進，の2つの時期において，日本の組織における従業員がどのように自らのアイデンティティを形成しているのかについて検討する。

注

4　本書における日本的経営とは，戦後復興期に成立した管理方式だけでなく，その後能力主義管理が普及・定着していく時期までのものを含んでいる。黒田（2018, 25-29頁）は，戦後日本の人事労務管理を分析する際の時期区分を，第1期：戦後復興期（1945〜1955年），第2期：第1次高度成長期（1955〜1964年），第3期：第2次高度成長期（1965〜1972年），第4期：オイルショックと低成長期，バブル期（1973〜1991年），第5期：バブル崩壊と平成不況（1992年以降），の5つに分類している。この時期区分に従えば，本書で広義の日本的経営として扱うのは第1期から第4期までの管理方式であり，特に会社人間の生成の直接の要因となった第4期の管理方式に焦点を当てている。

5　この3つの制度を日本的経営の特徴として最初に指摘したのは，Abegglen（1958）であるとされる（Abegglen, 1958, 邦訳203頁，加護野忠男による解説）。また，これらを「三種の神器」と最初に命名したのは経済開発協力機構（1972, 1頁）の松永正男による「序」であったとされる（野村，2007, 95頁）。

6　三種の神器の1つとして，年功制賃金と年功制昇進を含めた「年功序列」を例示する研究も存在する（e.g. 松山，2014, 149-152頁）。しかし，本書では経済開発協力機構（1972, 1頁）に倣い，年功制賃金を三種の神器の1つとしている。

7　官僚制とは厳密には支配・統治システムであり，組織構造のみを指す用語ではないが，ここでは植村（1993）の用法に従っている。

8　日本的経営の背後にあるイデオロギーは，厳密に言えば集団主義だけではない。広義に言えば日本企業の存続の基盤となる資本主義の影響，特に近年では新自由主義の影響が指摘される（Keenoy, 2009, p. 457）。また，当時の政治的なイデオロギーの対立なども日本的経営には影響を及ぼしていたであろう。ただし，議論を複雑にすることを避けるために，本書ではそれらのなかでも従業員に対する管理に最も影響を与えたとされる集団主義のイデオロギーに焦点を当てている。

9　尾高（1984, 81-83頁）は，集団主義に類する様々な名称を提示した論者に対して，集団主義と全体主義を誤解していると指摘する。全体の必要を満たすことを至上命題とする全体主義とは異なり，集団主義の目的はもともと成員個々人の福祉の増大にあったとされる。

10　日本企業に導入された職務給も，結果的には年功制賃金との折衷型として運用されたとされる（宮坂，1994, 227-230頁）。

11　企業戦士とは，高度成長期に企業の中核を担う存在として働いた男性ホワイトカラーであり，会社人間への過渡的な人間類型である（間，1996, iv-v頁）。

12　従業員に対する管理が市場志向へと転換した背景として，人材マネジメント（人的資源管理）パ

ラダイムの存在を指摘する研究もある（上林, 2014, 6-7 頁）。

13　一方で，終身雇用である日本企業では，従業員が昇進を期待してプロジェクト組織に進んで参加するとの指摘もある（Kono and Clegg, 2001, p. 237）。

14　内閣府ホームページ「仕事と生活の調和（ワーク・ライフ・バランス）憲章」〈http://wwwa.cao.go.jp/wlb/government/20barrier_html/20html/charter.html〉（2020 年 11 月 23 日閲覧）。

15　佐藤・武石（2010, 18 頁）では，こうした社員のことを「ワーク・ライフ社員」と呼んでいる。ワーク・ライフ社員は，仕事中心の社員である「ワーク・ワーク社員」と対比的に扱われる。なお，佐藤（2011, 4 頁）では，ワーク・ライフ社員は「仕事に投入できる時間に制約のある社員」として，異なる定義を与えられている。

16　総務省統計局（2017）「平成 28 年社会生活基本調査―生活時間に関する結果―結果の概要」〈https://www.stat.go.jp/data/shakai/2016/pdf/gaiyou2.pdf〉（2020 年 11 月 23 日閲覧）。

17　厚生労働省（2020）「令和元年度雇用均等基本調査 結果の概要 事業所調査」〈https://www.mhlw.go.jp/toukei/list/dl/71-r01/03.pdf〉（2020 年 11 月 23 日閲覧）。

18　厚生労働省ホームページ「「日本総イクボス宣言プロジェクト!!」（ひろがれイクボスの輪）」〈https://www.mhlw.go.jp/ikubosu/〉（2020 年 11 月 23 日閲覧）。

19　松山（2003, 33 頁 ; 2014, 237 頁）は，天野（1996）の「生活者」の概念に基づきながら，「生活世界のなかで状況付けられた自己の全体性を把握し，それらを日常的実践として行動に結び付けられる人」として「生活人」の概念を提示している。

第2章
人材マネジメント研究の展開と従業員の
アイデンティティ形成へのアプローチ

　この章では，人材マネジメント研究がどのように展開してきたのかについて検討し，それらに基づいて従業員のアイデンティティを捉えるアプローチについて考察する。

　人材マネジメントに関する研究の展開は，大別すると以下の3つのフェーズに分類することができる。第1に，人材マネジメントの特性に関する研究である。これらの研究では，主に人事労務管理との対比によって，人材マネジメントの特性が考察される。第2に，人材マネジメントの戦略性である。これらの研究では，人材マネジメントが企業の戦略と関連づけて捉えられるようになることで，従業員の心理や行動のなかでもパフォーマンスと直結する側面に分析が焦点化される。第3に，人材マネジメント研究における批判的視座である。人材マネジメントの戦略性が強調されることによって捨象されてきた，人材マネジメントと従業員の関係の複雑性をより良く理解するために，人材マネジメント研究に新たな視座が登場する。

　以上のような人材マネジメント研究の展開を踏まえた上で，この章では，組織研究における従業員のアイデンティティへのアプローチについて考察し，次章以降の事例を理解するための本書の方法と枠組みを示す。

1.　人材マネジメントの特性

　従業員に対する管理は，1920年頃のアメリカにおいて人事労務管理（Personnel Management: PM）として成立したとされる（岩出，1989, 9頁）。また，

1920 年には人事労務管理に関する初めての教科書として Tead and Metcalf (1920) が公刊されている (Kaufman, 2007, p. 23)。この時期から，従業員に対する管理への呼称として人事労務管理が一般的に用いられるようになった。

　従業員に対する管理への新たな呼称として人材マネジメント (Human Resource Management: HRM) もしくは人的資源管理が登場したのは 1950 年代であるが，それが一般的な用語として普及したのは 1970 年代に入ってからであるとされる (石井, 2011, 53 頁)。人材マネジメントという用語それ自体はすでに新しいものではなくなり，現在では従業員に対する管理を表す一般的な用語として世界中に普及している (Guest, 1987, p. 503)。こうした普及に伴い，人材マネジメントはいまや従業員に対する管理の当然の考え方と見なされるようになっている。

　では，こうした呼称の変化に伴って，従業員に対する管理の性質はどのように変化したのであろうか。この問いに対しては，2 つの立場がある (Kaufman, 2007, p. 34；宮坂, 2010, 70 頁)。第 1 に，人材マネジメントは人事労務管理の単なる言い換えであり，名称が変化しても内容は同じだとする立場である。この立場では，人材マネジメントは人事労務管理の現代的な表現に過ぎないとされる。第 2 に，人材マネジメントを人事労務管理とは異なる新たな管理モデルだとする立場である。この立場では，人材マネジメントは伝統的な従業員に対する管理とは根本的に異なるものとされる。こうした 2 つの立場が存在していることそれ自体が，人材マネジメントと人事労務管理の間に多くの類似点と相違点が混在していることを示している。

1.1　人事労務管理と人材マネジメントの比較

　人材マネジメントは，それ以前の従業員に対する管理であった人事労務管理との比較によって，しばしばその特性が明らかにされてきた。例えば，Guest (1987) は，7 つの項目を設けて人材マネジメントと人事労務管理を比較している[20]（表 2-1）。この比較によれば，人事労務管理は管理者による統制と労働者による服従によって成立する，場当たり的な対応を中心とした管理である。人事労務管理では，多様な利害をもつ労働者が起こす問題に対して，人事

表 2-1　**人事労務管理と人材マネジメントのステレオタイプ**

	人事労務管理		人材マネジメント	
期間と計画の視座	短期	受動的 場当たり的 周辺的	長期	先見的 戦略的
心理的契約	服従，遵守		コミットメント	
統制システム	外部統制		自己統制	
従業員関係の視座	多元的	集合的 低い信頼	一元的	個人的 高い信頼
優先される構造／ システム	官僚的／機械的	中央集権的 公式に定義された役割	有機的	権限委譲的 柔軟な役割
役割	専門家／専門職		ライン管理者に広く統合	
評価基準	コスト最小化		最大活用（人的資産会計）	

出所：Guest（1987），p. 507.

の専門家が場当たり的に対応していく。

　これに対して，人材マネジメントは従業員による自己統制によって成立する，戦略的な計画に基づいた管理である。人材マネジメントでは，組織に貢献しようとする一元的な利害をもつ従業員が自らを統制しやすいように，現場の管理者が戦略的な視点から管理する。

　また，Storey（1992）は，27 項目に及ぶ比較を行っている（表 2-2）。この比較によれば，人事労務管理では労働者と書面をもって明確な契約を結び，明確なルールの下での相互関係を考案することが重要だと考える。多元的な利害をもつ労働者を手続きや規範などによって厳格に監視し，問題に対して事後的に処理することで，労働者から契約通りの成果を得ようとする。

　これに対して，人材マネジメントは従業員に契約以上の働きを期待し，ルールを超えた意欲的な態度を求める。従業員は組織に貢献することを望む存在であるとされるために，従業員に対する中央集権的な管理が可能になる。そうした従業員の価値を向上させるために，管理の焦点は育成に置かれる。また，ビジネス・ニーズに基づいた戦略性を強調し，組織全体として統合された管理を目指す。管理を担うのは，人事の専門家ではなく，トップからラインまでの管理者である。従業員は個人ごとに契約以上のパフォーマンスと連動した報酬を受け取る。また，人事労務管理と比べて，労使関係への対応にはあまり焦点を

表 2-2　人事労務管理と人材マネジメントの比較

諸側面	人事労務管理と労使関係	人材マネジメント
信念と仮定		
1　契約	書面による契約の詳細な記述	契約以上のことをするのが目標
2　ルール	明確なルール／相互関係の考案が重要	意欲的な態度：ルールに対する苛立ち
3　管理行為の指針	諸手続き	ビジネス・ニーズ
4　行動の準拠枠	規範／習慣と実践	価値観／使命
5　労働者に対する管理タスク	監視	育成
6　労使関係の性質	多元主義	中央集権主義
7　労使の対立	制度化される	強調されない
戦略的側面		
8　重要な関係	労使関係	顧客
9　主導権	ばらばら	統合される
10　企業計画	重要でない	中心をなす
11　意思決定のスピード	遅い	速い
ライン管理		
12　管理者の役割	業務処理	変革型リーダーシップ
13　重要な管理者	人事労務／労使関係の専門家	企業経営者，事業部長，ライン管理者
14　コミュニケーション	間接的	直接的
15　標準化	高い（同じであることが重要である）	低い（同じであることは適切ではない）
16　重要な管理スキル	交渉	促進
重要な手段		
17　選抜	切り離された重要ではないタスク	統合された重要なタスク
18　報酬	職務評価（固定された等級）	パフォーマンス連動型
19　条件	個別の交渉	格差是正のための調和策
20　労働管理	団体交渉による契約	個人契約へ
21　職場代表との関係の狙い	設備と教育訓練を通じた規則化	（改善のための交渉を除いて）最小化
22　職務分類と等級	多い	少ない
23　コミュニケーション	限られたやりとり	多くのやりとり
24　職務設計	分業	チームワーク
25　コンフリクトへの対応	一時休戦を目指す	風土や文化を管理する
26　教育訓練と開発	研修への参加を統制	学習する企業
27　介入の焦点	人事労務の手続き	幅広い文化，構造，人事の戦略

出所：Storey（1992），p. 35.

当てない。以上のような管理によって，人材マネジメントでは従業員から契約以上の成果を得ようとする。

さらに，Storey（1995）は，4つの項目において人材マネジメントモデルを描いている（表2-3）。ここでは，人材を競争優位の源泉として捉え，彼らのコミットメントを引き出すために戦略的な管理が要求される。また，そのような人材に対する管理は，人事の専門家でなく現場の管理者によって担われる。また，そのような管理者自身も管理の対象となる。このように，Storey（1995）では，① 従業員に対する信念と仮定（すなわち，人間観），② 戦略性，③ 管理者の役割，の3つに人材マネジメントの特性を求めている。また，それらの特性に伴って，手続きから文化へと管理の手段が移行するとしている。

最後に，日本においても，同様の研究が存在する。花岡・マクドナルド（1998）は，5つの先行研究を取り上げて，人事労務管理との比較から人材マネジメントの共通要素を抽出している（表2-4）。ここでは，① 人間重視，② 環境への適合組織文化，組織・システムの統合化，意思決定・ラインにおける

表2-3　人材マネジメントモデル

1. 信念と仮定
競争力をもたらすのは人材である。
目標はルールの遵守だけでなく，従業員のコミットメントとすべきである。
それゆえに，従業員はとても慎重に選抜・開発されるべきである。
2. 戦略的品質
既述の要因のために，人材に関する決定は戦略的に重要となる。
経営者の関与が不可欠となる。
人材に対する施策は事業戦略に統合されなければならない。
（施策は事業戦略に基づいて制定されるとともに，事業戦略に貢献する。）
3. 管理者の重要な役割
人材の実践は事業活動に不可欠であるため，人事の専門家だけに任せる訳にはいかない。
ライン管理者は，人材に対する施策の交付者かつ操縦者として密接に関与する必要がある。
管理者自身に対する管理に十分な注意が払われる。
4. 重要な手段
手続きやシステムの管理よりも重要となる文化の管理。
選抜，コミュニケーション，教育訓練，報酬，開発に関する統合された行為。
責任と権限を委譲するための改革や職務再設計。

出所：Storey（1995），p. 6.

表2-4　人材マネジメント概念の共通要素

	Pieper (1990)	Storey (1992), Guest (1989)	Armstrong (1992)	McKenna and Beech (1995)	Beaumont (1993)
① 人間重視	●人間尊重の経営哲学	●人間尊重は人材マネジメント概念Soft軸に位置づける ●人的能力や企業への参加意志	●競争的利点達成のための人的資産	●人材が企業目的達成に貢献することに集中化	●組織のなかに従業員管理のための諸関係をいかに築くかが大切
② 環境への適合組織文化 組織・システムの統合化 意思決定・ラインにおける人材マネジメント	●人事機能の戦略的管理への統合化	●人材マネジメント施策の組み合わせによる統合化	●システム・アプローチの一貫性 ●統合化された事業戦略と人材マネジメント戦略, 組織文化	●組織環境の変化への適合 ●組織分析・管理のためのシステム・アプローチ ●システムの統合化と組織方向の一致 ●人材マネジメントスタッフのトップ意思決定への参加	●環境変化への適合が人事労務管理から人材マネジメントへの引き金となった ●企業戦略・計画と人材マネジメント戦略の関係確立
③ 戦略性	●戦略性は多分に contingent でなければならない	●人材マネジメントと長期的視野	●企業戦略と人材マネジメント戦略の戦略的適合	●人材が企業目的達成に貢献することに集中化 ●人材マネジメントの戦略的機能を本質的に強化する	●企業戦略・計画と人材マネジメント戦略・計画との間の密接な相互関係の確立

出所：花岡・マクドナルド (1998), 91 頁に一部加筆・修正。

人材マネジメント，③ 戦略性，の３つの点が共通要素として取り上げられている。特に，① 人間重視に関しては，行動科学における人間重視主義の影響から，従業員の人間性が重視されることになったと論じる。ただし，人間重視は人材マネジメントにとって重要な視点である一方で，人事労務管理の段階から既に存在していた視点でもあった。このために，花岡・マクドナルド (1998, 92 頁) は，① 人間重視を人事労務管理から人材マネジメントへの移行の必要条件であったとは理解しにくいとしている。これに対して，③ 戦略性は人材

マネジメントの概念規定に当たって一番重要な構成要素になるとし，人材マネジメントの戦略性について紙幅を割いて論じている。

　しかし，花岡・マクドナルド（1998）で注目すべきは，① 人間重視の項目として従業員の人間性がどのように位置づけられているかである。表2-4で取り上げられたほとんどの先行研究において，従業員は組織目的（すなわち，競争優位の獲得）の達成に貢献する人材として位置づけられている。すなわち，ここでの「人間重視」には，従業員を人材（あるいは，競争優位の源泉）として位置づけることに強調点が置かれている。

　以上の比較研究は，必ずしも統一された見解を示している訳ではない。しかし，それらに共通する点について考察すると，人事労務管理と人材マネジメントの相違点は，以下の3点にまとめることができる。第1に，管理の前提となる人間観である。人事労務管理は労働者に対する統制を目的として，監視によって労働者を管理しようとする。これに対して，人材マネジメントにおける管理は従業員による自己統制を意味しており，育成によって従業員の価値向上を目指す。こうした管理の目的の違いは，それぞれの前提となる人間観の違いを反映している。人間観とは，管理対象である従業員の性質についての考え方である。人事労務管理は個々の労働者がそれぞれ異なる利害をもつことを理解しているものの，彼らを共通して仕事を嫌がる存在であるとみなし，監視による統制を強調する。反対に，人材マネジメントでは人材の戦略的価値が重視されており，従業員が組織に貢献することを望む存在であるとみなす[21]。

　第2に，管理に対する視点である。人事労務管理は，発生した問題に対して事後的に処理をする，という視点から管理を行っている。これに対して，人材マネジメントは，将来生じうる問題に対して先見的な視点をもつ。こうした先見性によって，人材マネジメントは企業の事業戦略との統合（あるいは，適合）を目指すようになる。

　第3に，管理の担い手である。人事労務管理では労使関係への対応が重要となるため，人事の専門家が従業員に対する管理の主な担い手であった。しかし，人材マネジメントでは管理の担い手が現場の管理者に移行する。現場の管理者が従業員に対して直接管理を行うため，個々の従業員の働きぶりに応じた管理が可能となる。

　以上の３つの共通点は，先行研究において見出された人材マネジメントの３つの特性として，以下のように言い換えることができる。それは，① 人間重視の人間観，② 戦略性，③ 管理者の役割である。そして，これら３つの特性のうち最も根底にあるのは ① 人間重視の人間観であるとされる[22]。これまでの比較研究に従って言えば，人材マネジメントとは，従業員の人間性を重視する考え方に基づいて，戦略性を強調しつつ現場の管理者が管理を担い，従業員のコミットメントを有効に引き出し・活用する管理である。従業員に対する管理は，こうした人間観の違いによって様々な特性を伴う独自の管理となる。そして，これまでの比較研究からも明らかなように，人事労務管理はしばしば従業員の人間性を軽視した管理として位置づけられている。

1.2　人事労務管理の人間観

　人事労務管理における人間観には，従業員（による労働）を生産要素の１つとして考えているという共通点があるとされる[23]。人事労務管理では，労働者は代替・調達可能な労働力であり，コストと見なされる。こうした人間観を検証するため，以下では人事労務管理の代表的な４つの研究を取り上げ，それぞれの人間観について論じる[24]。

　第１に，従業員の労働力としての側面を強調した代表的な研究は，Yoder（1948; 1956）である。Yoder の研究は，後述する Tead and Metcalf（1920）のような温情主義的な管理ではなく，「従業員を〈人的資源〉として把握する合理主義的管理」（三戸, 2004, 22 頁）を論じたものであった。

　Yoder（1948）は，労使関係（industrial relations），労働力管理（manpower management），人事管理（personnel management）の３つを厳密に区分して従業員に対する管理を論じている[25]。労使関係は３つの用語のなかで最も広い意味をもち，労使の関係および従業員と雇用システムとの関係を研究するものである。労働力管理とは，人的資源の計画，協力，指揮を含む機能のことである。人事管理とは，労働力管理のなかでも個人としての従業員に対する管理である。Yoder（1948）は，この３つのなかでも特に労働力管理を中心にして従業員に対する管理を論じている[26]。

　Yoder（1948, pp. 21-24）における近代的労使関係の基本理念の１つは，労

使利益の調和である。労使の利害は，労働者ができる限り多くの賃金を求め，使用者がコストである人件費の削減を求める限りにおいて，相容れないものとなる。一方で，使用者が生産能率を向上させることによって労働者の賃金を増大させれば，双方の利害は調和しうる。こうした考え方に基づいて，Yoder (1948) では，労使の利害は多くの場合共通であり，健全な管理によって労働者は得るものが多いとする。このように，Yoder (1948) は労働者の利害を多元的に捉えているとは言えず，むしろ労使関係の性質については中央集権的な捉え方をしている。こうした労使の利害の捉え方は，人事労務管理というよりも人材マネジメントに近い。

　1956 年に公刊された第 4 版の冒頭で，Yoder (1956, p. 1) は近代産業社会における従業員に対する管理の主題が人材の管理にあるとする。ここでの人材とは，「あらゆるタイプの，あらゆる仕事に従事している労働者 (The human resources are "workers" of all types and in all occupations)」と定義される[27]。さらに，「我々は労働力を最も価値ある資源と認識する (we recognize manpower as our most valuable resource)」とも論じている。こうしたレトリックは，人材マネジメントにも共通して見られるものである。第 4 版が出版された時期は人事労務管理から人材マネジメントへの移行期でもあるため，人間観や特性においてもそれ以前の版からの変化が見られる。

　さらに，第 4 版の Yoder (1956, p. 6) では，第 3 版の Yoder (1948) とは異なり，行動科学から影響を受けた人間観が提示される。まず，個人目標の多くは雇用を通じてのみ達成できるとし，雇用を通じて賃金だけでなく「社会に貢献するメンバーであることの満足感」を提供できることを強調する。第 4 版の Yoder (1956) における人間観は，こうした社会的欲求を強調していることに特徴がある。ただし，このような人間観は版を重ねるに伴って登場したものであり，少なくとも第 3 版の Yoder (1948) には見られない。

　また，Yoder (1956, p. 30) は労働者の自己統制による管理の重要性を説く。その前提として，Yoder (1956, p. 7) は労働者が自らの作業組織や管理者を選ぶことができるとする。このような考え方は，人材マネジメントと極めて類似した発想である。すなわち，管理において従業員の自律性を強調し，自己統制を要求するのである。ただし，こうした強調点はそれ以前の版では論じられ

ていない。Yoder (1956) は, *Personnel Management and Industrial Relations* というタイトル通り人事労務管理の研究であるが, 版を重ねるうちに人材マネジメントと同様の特性を論じるようになったと言える。

　以上のような Yoder (1948; 1956) の人事労務管理は, 特に第3版の Yoder (1948) において 従業員の労働力としての側面を強調したものであった。それゆえに, Yoder (1948; 1956) は *Personnel Management and Industrial Relations* というタイトルを用いながらも, 労働力管理 (manpower management) を中心として論じたのであった。しかし, 版を重ねる際に行動科学の影響を受け, 次第に社会的欲求をもつ人間観を論じるに至っている。

　第2に, Pigors and Myers (1947; 1956) である。Yoder (1948; 1956) と同じく人事労務管理に分類される研究のなかにも, 積極的に従業員の人間性を管理の対象とするものもある。そのうちの1つが Pigors and Myers (1947; 1956) である。Pigors and Myers (1947, p. 12; 1956, p. 12) では, 急速な技術の進歩のなかで従業員の人間性に十分な注意を向けてこなかったことへの反省から, 専門職能としての人事労務管理が発展してきたとする。そのため, 彼らの提示する人事労務管理は「ヒューマニズムの新しい経営倫理観」(Pigors and Myers , 1956, 邦訳 324 頁, 監修者である淡路圓治郎による解説) に基づいたものとなっている。

　Pigors and Myers (1947, p. 316) では, 従業員が働く目的は賃金だけではないとされる。従業員に対しては, 強制的に仕事を押しつけるよりも, 裁量を与えて自由に思考・行動をさせた方が良い反応を得られる (Pigors and Myers, 1947, p. 311)。こうした言及からも, Pigors and Myers (1947) の人事労務管理には, 従業員の人間性を重視した人間観が見出せる。

　さらに, 第3版である Pigors and Myers (1956) では, 初版の Pigors and Myers (1947) には存在しなかった新章として「第7章 チームワークと個人目標」が設けられている。この章において, 従業員は組織のなかで認められ, 有能でありたいと願う存在であるとされる (Pigors and Myers, 1956, p. 90)。さらに, 従業員が独創性, 精気そして忠誠心をもつ一方で, こき使われることや説教されることを嫌う存在であると強調する (Pigors and Myers, 1956, p. 390)。第3版の Pigors and Myers (1956) では, 初版の Pigors and Myers

(1947) においてすでに確立されていた人間観に加えて，社会的欲求や承認欲求を取り入れた人間観が提示されている。以上のような「人間尊重の精神」(Pigors and Myers, 1956, 邦訳 325 頁，監修者である淡路圓治郎による解説) に基づいた議論を展開しているところに，Pigors and Myers（1947; 1956）における人事労務管理の特徴がある。

　また，Pigors and Myers（1947, p. 27; 1956, pp. 31-32）では，労働者の利害を多元的に捉えている。労働組合への参加動機としては，賃金や昇進などの経済的動機の他に，意思決定への参加，会社に対する不満解消，組合員からの承認・尊敬，仕事への裁量権などの要求が想定されている。こうした多様な利害をもつ労働者を想定していることから，労使関係の性質に関しては多元的な捉え方をしていることがわかる。

　以上のように，Pigors and Myers（1947; 1956）は，従業員の人間性を尊重した人事労務管理を論じた研究である。また，労使関係においても労働者の多種多様な利害を想定していると言える。

　第 3 に，Pigors and Myers（1947; 1956）と同様に従業員の人間性を強調した研究として，Tead and Metcalf（1920）がある[28]。Tead and Metcalf（1920, p. 2）では，人事労務管理[29]について，「労働者にとっての真の幸福に対する敬意や最小限の努力と摩擦によって最大限の必要な生産を得ることを目的とした，あらゆる組織における人間関係の指揮・調整」と定義した上で，第 2 章において「産業における人間の価値」を論じている。これは，人の性質に対する理解が管理の内容を左右すると考えているためである（三戸, 2004, 21 頁）。

　Tead and Metcalf（1920, pp. 13-19）が不変の人の性質として列挙するのは，身体の健全さ，家族愛，創造的衝動，所有欲，好奇心の価値，結びつきへの欲求，承認欲求，正義への欲求，美への愛情，善への愛情である。そして，人の性質をこれらの相互作用が発露したものとして理解する（Tead and Metcalf, 1920, p. 19）。ここで，Tead and Metcalf（1920）が人の不変の性質として，創造的衝動や好奇心の価値を挙げていることは注目に値する。1920 年に公刊された文献であるにもかかわらず，後の人的資源概念において論じられる知的欲求や創造性が，人の性質として前提とされていたのである。そして，特に知的欲求の充足に関して，組織的な教育訓練の重要性が説かれている（Tead and Metcalf, 1920, p. 17)。

　また，こうした人の性質について論じた上で，Tead and Metcalf（1920, p. 21）は人が生まれながらに悪よりも善を好み，破壊よりも創造を好み，非難よりも承認を好み，憎悪よりも愛情を好み，不幸よりも幸福を好む存在であると認識されているとする。こうした性善説にも似た人間観は，人材マネジメントとの比較において論じられる人事労務管理の人間観とはまったく異なっている。Tead and Metcalf（1920）の人間観は，人事労務管理というよりはむしろ人材マネジメントにおける画一化された人間観に近い。

　以上のように，Tead and Metcalf（1920）における人事労務管理は，従業員の人間的側面を捉えて新たな論理を打ち出したものとして位置づけられる（岡田，2008, 179 頁）。心理学の成果を応用し，統合的な人の性質としてパーソナリティー概念を提示することで，労働者にとっての真の幸福を考慮した人事労務管理を展開しているのである[30]。

　第 4 に，人的資源概念を初めて定義した Drucker（1954）である。これまでの考察から，人事労務管理の人間観は研究者によって異なっていたと言える。Guest（1987）や Storey（1992; 1995）などによって抽出され単純化された特性は，ここで取り上げた複数の人事労務管理研究の人間観を正確に表したものにはなっていない。人事労務管理研究には，人材マネジメントと同等以上に従業員の人間性に着目した研究も存在したのである。しかし，人事労務管理研究は，労働者の福祉を考慮する規範的なスローガンとして従業員の人間性を重視する一方で，その経営的なメリットについて十分に論じてこなかった。

　これを受けて，人的資源という概念を初めて定義した Drucker（1954）が登場する。Drucker（1954, pp. 262-263）は，人間のもつ資源的側面として人的資源を定義した。ここでは，Human Resource が従業員そのものではなく，あくまでも人間のもつ側面の 1 つとして定義されていることに留意されたい。このことから本書では，従業員そのものとしての Human Resource を人材と訳出するが，Drucker による人間的側面を強調した Human Resource を人的資源と訳して区別する[31]。Drucker（1954, pp. 262-263）による定義では，人的資源とは「人間に託されたすべての資源のなかで，最も生産的で，最も万能で，最も機知に富むもの」とされる。人的資源はあくまでも人間がもつ労働力

に類するものであるが，調整・統合・判断・想像する能力をもつという点で単なる労働力とは区別される。そして，こうした人的資源の定義に基づいて，従業員は「全人（the whole man）」（Drucker, 1954, p. 262）として定義された。全人とは，人的資源を自らの自由意志によって用いる社会的な存在である。Drucker は，従業員を人的資源として捉える一方で，そうした従業員が倫理的かつ社会的な存在としての人間であることを強調する。なぜならば，人的資源として働くことについての意思決定は，人間である従業員本人によってのみ可能となるからである。Drucker は，従業員に対して企業の目標に自律的に貢献することを要求すべきだとする一方で，そうした貢献についての意思決定を人間である従業員本人が支配していることを主張する。このような理解の上で，Drucker（1954）は全人の管理として人事労務管理を位置づけようとしたのである[32]。Drucker（1954）にとっての人事労務管理は，従業員の自由意志の実現を目指したものであったと理解できるのである[33]（石井，2011, 57 頁）。

　以上の 4 つの代表的な人事労務管理研究における人間観は，必ずしも従業員の資源的側面だけを強調したものではない。むしろ，複数の研究者が従業員のもつ社会的欲求や自由意志を強調し，それに基づいた管理を提示していたのである。すなわち，人事労務管理における人間観は，すべての研究者がそうであった訳ではないにしろ，従業員の人間性にも十分に着目したものであったと言える。

　しかし，これまでの考察からも明らかなように，こうした人事労務管理の人間観は偏った理解に基づいて単純化・画一化されている。人事労務管理の人間観は一部の（かつ初期の）研究が従業員の労働力としての側面を強調したことを根拠に，あたかもすべての人事労務管理の研究において従業員の人間性が軽視されてきたかのように理解されてしまっているのである。

1.3　人材マネジメントの人間観

　人事労務管理に代わって人材マネジメントという用語が普及するにつれて，人材マネジメントの特性を明らかにしようとする研究が登場した。これらの研究は，従来の管理における人間観との違いから，人材マネジメントとは何かを明らかにしようとしたものである。その際に，既述のような人事労務管理の人

間観の偏った画一化が生じた。この点に関して，最も影響力をもつと考えられる研究が Miles（1965; 1975）である。

　Miles（1965）は，人間関係論との比較から人材を定義しようと試みた（表2-5）。人間関係論における従業員は，所属・愛・尊敬に対する一連の基本的欲求をもつとされる。そして，それ以上に，会社・部署・集団における有能な一部でありたいと願う存在として捉えられる。それらの欲求や願いが満たされれば，従業員は組織目標に従って快く協力する。そうした従業員に対する管理については，従業員に対して経営参加を促し，一定の自己決定・自己統制の裁量を認めることで，一連の欲求を充足させることを狙いとする。そのような管理によって，従業員のモラールが改善され，反抗も弱まることが期待される。

　一方で，人材マネジメントにおける従業員は，所属・尊敬の欲求に加えて，価値ある目標の達成に効果的かつ創造的に貢献したいと望み，職務以上の主導権・責任・創造性を発揮する能力をもつ存在とされる。そして，そうした能力をもつ従業員は，有効に活用されていない「未開発の資源の宝庫（reservoirs of untapped resources）」（Miles, 1965, p. 150）であると定義される。この定義における未開発の資源とは，主導権・責任・創造性を発揮する能力のことである。これらは，Drucker（1954）が人的資源の特徴として定義した調整・統合・判断・想像する能力とほとんど同義のものである。Miles（1965）は，こうした能力を未開発の資源として定義し，人材をそれらの能力の宝庫とした。また，ここでは人材に特有の能力が十分に開発されていないことを強調するために，「未開発の（untapped）」という表現が用いられている。Miles（1965）による人材の定義は，人材の開発可能性を特に強調したものとして理解できる。

　また，こうした人材としての従業員に対する管理は，主導権・責任・創造性を発揮する能力の開発が中心となる。そのため，人材を管理する際には，経営上の重要な意思決定への参加を促し，自己決定や自己統制の範囲を拡大することが求められる。そうした管理の結果として部門のパフォーマンスは改善し，その副作用として従業員の満足も充足されることが期待される。人間関係論とは対照的に，人材の管理には組織のパフォーマンス改善が期待されるのである。

表2-5　参加型リーダーシップの2モデル

人間関係論	人材マネジメント
従業員に対する態度	
1．我々の文化のなかで，従業員は一連の欲求（所属，愛，尊敬）を共有する。	1．所属や尊敬の欲求に加えて，我々の文化のなかでほとんどの従業員は，価値ある目標の達成に効果的かつ創造的に貢献することを望む。
2．従業員は個人的な承認を求めるが，それ以上に会社や作業グループ，部門における有能な一部でありたいと願う。	2．我々の労働力のほとんどは，現在の職務に要求・許容されているよりもはるかに多くの主導権，責任，創造性を発揮する能力をもつ。
3．これらの重要な欲求が満たされれば，従業員は快く協力し，組織目標に従おうとする。	3．これらの能力は，現在浪費されている未開発の資源に相当する。
参加の種類と量	
1．管理者に課せられた基本的な仕事は，それぞれの従業員に部門の有能かつ重要な一部であると信じさせることである。	1．管理者に課せられた基本的な仕事は，組織目標の達成のために部下がすべての能力をもって貢献できるような環境を創造することである。管理者は，部下の創造的資源を見出し，開発するように努めなければならない。
2．管理者は進んで自らの決定について説明し，自らの計画に対する部下の異論について議論すべきである。日常の問題において，管理者は部下に対して計画や問題解決への代替案の選択への参加を促すべきである。	2．管理者は，日常の決定だけでなく重要な問題にも部下が参加することを許容・促進すべきである。実際に，ある決定がその部門において重要であるほど，管理者は部門の資源開発に努めるべきである。
3．狭い範囲内で，作業グループもしくは個人としての部下は，計画実行における自己決定や自己統制の行使を認められるべきである。	3．管理者は，部下が洞察力や能力を開発・証明するにつれて，彼らが自己決定や自己統制を行使する範囲を拡大し続けるべきである。
期待	
1．部下と情報を共有し，部門の意思決定に参加させることは，彼らがもつ所属と承認の基本的欲求を満たすのに役立つだろう。	1．管理者が部門内で幅広い経験・洞察力・想像力を活用するにつれて，意思決定とパフォーマンスの総合的な質は改善するだろう。
2．これらの欲求を満たすことは，部下のモラールを改善し，公的な権威に対する反抗を減らすだろう。	2．部下は，自分が理解し設定に助力した価値ある目標の達成において，責任をもって自己決定や自己統制を行使するだろう。
3．高いモラールと反抗の減少は，部門のパフォーマンスの改善をもたらすだろう。それは少なくとも部門内の摩擦を減らし，管理者の職務を容易にするだろう。	3．改善されたパフォーマンスと，その改善に創造的に貢献する機会の副作用として，部下の満足は増大するだろう。

出所：Miles（1965），p. 151 に一部加筆・修正。

　さらに，Miles（1975）では，管理者がもつ管理理論として，伝統的モデル，人間関係モデル，人材マネジメントモデルの３つの代替的理論を提示している（表2-6）。伝統的モデルでは，従業員は金銭のために嫌々ながら仕事に取り組むことが仮定される。そのため，従業員に対しては詳細な手順・手続きに従うことが要求され，管理者はそれをもって厳格な監督・統制を行う。その結果として，一定水準の生産が期待されるのである。

　人間関係論モデルでは，従業員は所属や尊敬の基本的欲求によって動機づけられると仮定される。そのため，管理者には従業員と情報を共有し，異議申し立てに真摯に対応することが要求される。こうした管理によって従業員は基本的欲求を満たし，その結果としてモラールの改善と反抗の減少が期待される。

　人材マネジメントモデルでは，従業員は本来的に仕事を嫌がらず，自ら設定した目標には積極的に貢献したいと望むことが仮定される。そのため，管理者には未開発の人材の活用，すなわち人材の開発が要求される。管理者は従業員が極限まで貢献することに挑戦できるような環境を創造しなければならず，重要な問題に対しても参加を促す必要がある。その結果として作業効率が改善し，さらにその副作用として従業員の満足が充足されることが期待される。

　以上のような Miles（1965; 1975）による人材マネジメントのモデル化は，Drucker（1954）と同様に人材に特有の調整・統合・判断・想像する能力を強調したものと言える。ただし，両者の人的資源＝人材概念は，以下の２点において大きく異なる。

　第１に，人的資源＝人材としての従業員の捉え方である。Drucker（1954）が自由意志をもつ「全人」として従業員を定義したのに対し，Miles（1965）は開発可能性を強調するために「未開発の資源の宝庫」として従業員を定義し，人材そのものとして従業員を捉えている。この両者の定義から，従業員のもつ人間性と資源性のどちらを強調していたのかがより明確となるだろう。少なくとも Miles（1965; 1975）の人材マネジメントモデルにおいては，従業員が本来的に組織に貢献することを願う存在であるとされる。このモデルには，従業員の自由意志を尊重しようとする考え方もなければ，従業員の利害を多元的に捉えようとする姿勢もない。極論を言えば，人材マネジメントモデルにおいては，従業員が管理者に対して反抗しようとする利害すら無視されてしま

表 2-6　管理の代替的理論

伝統的モデル	人間関係論モデル	人材マネジメントモデル
仮定	仮定	仮定
1. ほとんどの従業員にとって，仕事は本来的に嫌なものである。	1. 従業員は自分が有能で重要であると感じたい。	1. 仕事は本来的に嫌なものではない。従業員は，自分が設定に助力した価値ある目標に貢献したいと望む。
2. 労働者の仕事そのものは，仕事から収入を得ることよりも重要ではない。	2. 従業員は所属し，個人として承認されることを望む。	2. ほとんどの従業員は現在の職務に要求されているよりもはるかに創造的で，責任をもって自己決定や自己統制を行使できる。
3. 創造性・自己決定・自己統制が要求される仕事を望み，それに対処できる従業員はほとんどいない。	3. 従業員を働くように動機づける際に，これらの欲求はお金よりも重要である。	
施策	施策	施策
1. 管理者に課せられた基本的な仕事は，部下を厳格に監督・統制することである。	1. 管理者に課せられた基本的な仕事は，それぞれの労働者に有能かつ重要であると感じさせることである。	1. 管理者に課せられた基本的な仕事は，「未開発の」人材を活用することである。
2. 管理者は，課せられた仕事を単純で反復的で容易に身に付けられる作業に細分化しなくてはならない。	2. 管理者は，部下に自らの計画を知らせ，それに対する部下の異論に耳を傾けるべきである。	2. 管理者は，すべての成員が能力の限界まで貢献できるような環境を創造しなければならない。
3. 管理者は，詳細な仕事の手順と手続きを設け，それを厳格かつ公平に実施しなければならない。	3. 管理者は，部下に対して日常の問題における多少の自己決定や自己統制の行使を許容すべきである。	3. 管理者は，絶えず部下の自己決定や自己統制を広げ，重要な問題に対する十分な参加を促さなければならない。
期待	期待	期待
1. 賃金が適正で上司が公平であれば，従業員は仕事に耐えることができる。	1. 部下と情報を共有し，日常の決定に参加させることは，彼らがもつ所属と尊敬の基本的欲求を満たすだろう。	1. 部下の影響力・自己決定・自己統制を拡大することは，作業効率の直接の改善をもたらすだろう。
2. 課せられた仕事が十分に単純で，厳格に統制されていれば，従業員は所定の水準で生産するだろう。	2. これらの欲求を満たすことは，モラールを改善し，公的な権威に対する反抗を減らすだろう（部下は快く協力するだろう）。	2. 部下が自らの資源を十分に活用することの副作用として，仕事における満足は改善するだろう。

出所：Miles（1975），p. 35 に一部加筆・修正。

うのである。ただし，こうした資源性の強調が人材マネジメントを発展させたという側面は否定できない。特に，後に登場する SHRM（Strategic Human Resource Management：戦略的人材マネジメント）においては，こうした人間観に立脚することで戦略との適合を目的とした枠組みが提示されることになる。

　第2に，人的資源＝人材の開発可能性である。Miles（1965）では，人材を「未開発の資源の宝庫」として定義し，その開発可能性を強調した。こうした定義から，自由意志を尊重しようとした Drucker（1954）と比べて，Miles（1965; 1975）では従業員に対する管理的志向が強まっていることが見出せる。すなわち，従業員の組織に貢献しようとする意欲を尊重し，それを促進することに管理の焦点が置かれているのである。人事労務管理から人材マネジメントへの移行に伴い，管理原則も統制から育成へと移行した。これに伴って，管理の目的も問題行動の抑圧から能力の伸長へと変化したが，むしろ人材マネジメントは従業員に対する期待を実現させようとする度合いを強めていると言ってよい[34]。人材マネジメントは，人事労務管理以上に従業員を経営的に望ましい存在にすることに焦点化された管理なのである。

　人的資源＝人材は，Drucker（1954）や Miles（1965; 1975）が定義したように，調整・統合・判断・想像する能力，またはそれをもつ従業員そのものとして把握された。こうした点で，人的資源＝人材は単なる労働力とは区別されるものとなる。一方で，Drucker（1954）が強調したような，自らの自由意志をもつ社会的存在としての人間という側面は軽視されるようになった。人材の開発可能性が強調されることによって，従業員の人材としての側面のみが焦点化されるようになったのである。こうして，人材マネジメントにおける従業員は，人材そのものとして理解されるようになる。この理解には，Miles（1965）による「未開発の資源の宝庫」という定義の影響が色濃く残っている。そして，このような人間観に立脚することで，人材マネジメントの特性がより鮮明に強調されることになる。

1.4　人材マネジメントの特性に対する批判的考察

　人事労務管理との比較では，人材マネジメントの特性が単純化されて抽出さ

れていた。それは，① 人間重視の人間観，② 戦略性，③ 管理者の役割である。こうした単純化された特性のうち，最も根底にあるのは ① 人間重視の人間観である。そのため，人材マネジメントの人間観は従業員の人間性を強調するものとして把握される。

　ただし，これまでの考察からも明らかなように，人事労務管理と人材マネジメントには多くの類似点を見出すことができる。なかには，人間重視の人間観のように，人材マネジメントの特性として論じられるものにすら類似性が認められる[35]。こうした状況から，人材マネジメントは「新しいボトルに入った古いワイン（old wine in new bottles）」（Legge, 1995, p. 36）と揶揄される。

　一方で，両者がまったく同じ理論ではない以上，いくつかの決定的な相違点も認められるだろう。こうした相違点は，一般的に論じられる人材マネジメントの特性を批判的に考察することによって明らかになる。本書の批判的な考察によって見出される人材マネジメントの新たな特質[36]は，① 従業員の利害の一元化，② 個人としての貢献の要求，③ 管理主義の強化の3つである。

　第1に，人材マネジメントの人間観においては，従業員の利害が一元的に扱われている。人材マネジメントは，従業員を「組織のニーズと矛盾しない欲求をもつ資源とみなす」（伊藤, 1992, 117 頁）ことに特徴がある。こうした人間観において，従業員は経営者と同じ利害をもち，同じ目標を協調しながら達成しようとする。また，このような人間観に伴って，人材マネジメントでは施策が正しく設計・運用される限りにおいて，経営者にも従業員にも利益がもたらされることになる。

　こうした従業員の利害に対する理解の背景には，労使関係の変化がある。人材マネジメントの登場によって，労使関係は集団的なものから個別的なものへと移行した。それは同時に，敵対的な労使関係から協調的な労使関係への移行を示している。人事労務管理においては，労働者の多様な利害が想定されていた。そのため，多様な利害をもつ労働者集団を経営側と対置させて，敵対的な関係のなかから交渉によって妥協点を探り合うことに焦点が置かれていたのである。一方で，人材マネジメントにおいては，従業員は経営者と同様の利害をもつ存在とされ，協調的な労使関係が強調される。こうした焦点の移行に対しては，「「暴力」によらない「組合つぶし戦略」の展開」（長谷川, 1998, 14 頁；

黒田, 2006, 5頁）であるとの理解もある[37]。

　いずれにせよ，すべての従業員が経営者と同じ利害をもつ存在であるとする一元的な理解は，「未開発の資源の宝庫」としての人間観を前提とすることで成立するものである。すべての従業員が経営者と同じ利害をもつのだとすれば，経営者との利害の対立が生じないばかりか，従業員同士が組織に対する貢献度合いを競い合う状況が生まれる。従業員は，自らの人材としての程度を競い合うことになるのである。人材マネジメントにおいては，従業員の人間性が強調されるものの，そこで強調される人間性は，あくまでも組織のパフォーマンス向上に関連するものに限られる。結局のところ，「人材はその資源性に対して価値を見出されるのであって，人間性に対してではない」（Keenoy, 2009, p. 467）のである。すなわち，人材マネジメントの人間観は，従業員の人間性を強調する一方で，その人間性に資源的価値を見出そうとする点に特徴をもつのである。

　第2に，人材マネジメントの管理原則においては，従業員に対して個人としての貢献が要求される。人材マネジメントでは，利害の一元化に基づいて「管理の力点が集団から個人に比重が移行する」（黒田, 2006, 7頁）ようになる。同一の利害をもつと仮定された従業員に対して，管理者は彼らを個人単位で管理することによってそれぞれの貢献に報いることができるようになる。こうした個人単位での管理を通じて，従業員は個人としての貢献が強く求められるようになる。そして，個人単位の管理と人間性を重視した人間観が相まって，従業員は自己責任で成長し続けることを期待される存在となる。

　Keenoy（2009, p. 455）によれば，人事労務管理では，「受け身的で集産化された労働力に対する直接的な統制」が管理者に求められた。しかし，人材マネジメントでは，「より反応の良い個人化された労働資源を従事させ，動機づけること」が求められるようになる。すなわち，人材マネジメントによって従業員は「個人としての遂行性（individualized performativity）」（Keenoy, 2009, p. 467）が求められるようになるのである。以上のことから，人材マネジメントの管理原則として，個人としての貢献の要求を見出すことができる。

　第3に，人材マネジメントは，実務・研究の両面において，管理主義の志向が強化される。人材マネジメントは，人事労務管理以上に従業員に対する期待

を実現させようとする管理である。管理主義とは，管理をパフォーマンスと関連づける考え方であり，管理そのものに固有の視座である。そのため，どのような管理にも管理主義の志向は存在する。人事労務管理にも，管理によって集団としてのパフォーマンスを求める管理主義を見出すことができる。これに対し，人材マネジメントでは，集団から個人へと焦点が移行したことに伴って，管理主義は個人としての貢献（＝パフォーマンス）を要求するものとなった。また，従業員の人間性に資源的価値を見出し，組織のパフォーマンスに関連する人間的側面をも管理の対象とした。こうした傾向は，実務において相対的に従業員に対する管理主義が徹底・強化されているものとみなすことができる。

　また，こうした実務上における管理的志向の強化は，研究においても管理主義を強化した。人事労務管理研究においては，実務が管理主義の志向を強めるのに対して，研究は従業員に対する管理の捉え方を問う知的関心をもつものとして位置づけられていた。人事労務管理における研究は，従業員に対する管理をどのように分析すべきかを議論の出発点にしていた。そうした研究関心の背後には，従業員に対する管理を正しく理解することでよりよい管理が導かれるとの期待があった。しかし，人材マネジメントにおいては，実務と研究の双方が管理主義の志向を強化するようになる[38]。管理主義の視点から，人材マネジメントの研究は，従業員をどのように動機づけて統制するのかを議論の出発点にする。このように，人材マネジメントの登場は，従業員に対する管理に関わる研究のあり方を変容させた。従業員に対する管理を扱う学問領域は，知的問題から管理的問題を重視するものへと再構成されたのである[39]（Keenoy, 2009, p. 465）。

　研究のあり方の変容に伴って，人材マネジメント研究は，従業員に対する管理に関わる問題を一手に引き受けた研究領域となった。また，こうした研究対象の拡大によって，人材マネジメントは「あらゆる管理的人事（all managerial personnel）を含んでいる」（長谷川，1998，18頁）用語として世界的に普及した[40]。現在では，従業員に対する管理に関するあらゆる問題が人材マネジメントという用語に内包されるようになっている[41]。

　また，従業員に対する管理に関するあらゆる問題を内包するようになった人材マネジメント研究は，それらの諸問題を1つの理論的枠組みに統合すること

を目指すようになる。その際に強調されたのが，戦略性であった。また，人材マネジメントに対しては，戦略性が強調されることで，その結果生じる組織的なパフォーマンスが要求されるようになった[42]。すなわち，研究における管理主義は，戦略性とそのパフォーマンスを要求することでSHRMの発展の土台を築いたのである。

　その一方で，研究における管理主義は，幅広いコンテクストと利害を周辺に追いやることにもなった（Keenoy, 2009, p. 465）。人材マネジメントは，その特性として人間重視の人間観をもつものとされていた。しかし，管理主義に立脚した人材マネジメント研究は，従業員の人間性を把握するために必要なコンテクストや利害を見過ごし，従業員の戦略的な資源性を重視した枠組みを提示するようになる。このことから，人材マネジメント研究では，資源的価値を見出しにくい従業員の人間的側面をも対象とした管理についての理論構築が課題として残されたままとなった。しかし，この課題はSHRMの登場によって，研究関心をもたれなくなる。

2.　人材マネジメントの戦略性

　第1節で考察した通り，人材マネジメントの人間観の特徴は，従業員の人間性を強調する点ではなく，従業員の人間性に資源的価値を見出そうとする点にあることが明らかとなった。しかし，人材マネジメントという用語の普及に伴って，こうした特徴的な人間観も疑問視されなくなり，人材マネジメント研究において従業員は操作可能な対象と見なされるようになる。

　このような傾向を推し進めることになった一因は，SHRM（Strategic Human Resource Management：戦略的人材マネジメント）の登場である。SHRMとは，人材マネジメントの理論的土台を戦略との関連によって論じる枠組みである。この枠組みでは，人材マネジメントの特性である戦略性が強調される。また，それに伴って，従業員の人間性に資源的価値を見出そうとする人間観は，ますます自明視されるようになる。

2.1　初期の SHRM 研究

　人材マネジメントの理論的基礎となったのは，人的資本理論（Human
Capital Theory）と行動科学（Behavioral Science）である（岩出, 1989, 98
頁；岡田, 2008, 142-144 頁）。人的資本理論では経済的資源として人を捉え，
行動科学では成長欲求をもつ存在として人を捉える。この 2 つの理論を背景
に，人材マネジメントは「経済資源としての人間重視」と「人間的存在として
の人間重視」という二重の意味での人間重視の理念を含むものとなったとされ
る（岩出, 1989, 134 頁）。

　その後，人材マネジメントの戦略性を強調する理論的枠組みとして SHRM
が登場する[43]。この SHRM の土台となった研究には，Miles and Snow（1978;
1984）と Galbraith and Nathanson（1978）がある。Miles and Snow（1978;
1984）と Galbraith and Nathanson（1978）は，どちらも組織の環境適応につ
いて論じた研究である。両者に共通するのは，環境適応における組織過程とし
て人材マネジメントシステムの重要性を強調したことである。

　Miles and Snow（1978; 1984）は，組織の環境適応において，組織の戦略，
構造，過程，および管理理論が，相互にどのような関連を示すのかについて論
じたものである。これらの関連を示すために，戦略的選択（strategic choice）
が中心的概念として用いられている。経営者による戦略的選択は，組織と環境
の関係を規定する。Miles and Snow（1978）は，企業の戦略とそれに適合す
る組織構造・過程を，防衛型，探索型，分析型の 3 つに類型化する[44]。さらに，
Miles and Snow（1984）はそれら 3 つの類型について人材マネジメントシス
テムを含めて考察している（表 2-7）。ここでの人材マネジメントシステムは，
人材戦略，採用・選抜・配置，人員計画，教育訓練，業績評価，報酬の 6 つの
項目によって構成されている。

　また，Miles and Snow（1978）では，既述の Miles（1965; 1975）による人
材マネジメントモデルに基づき，3 つの戦略類型と管理理論の関連について論
じている。表 2-6 にあった管理の代替的理論のうち，伝統的モデルと人間関係
論モデルは防衛型（および受身型）との関連が，人材マネジメントモデルは分
析型と探索型との関連が見出される。伝統的モデルあるいは人間関係論モデル
の管理理論をもつ経営者は，探索型の組織を効率的に率いることは困難とな

表 2-7　事業戦略と人材マネジメントシステム

		防衛型	探索型	分析型
組織や管理の特徴	製品・市場戦略	限定的，安定的な製品ライン 予測可能な市場 市場浸透による成長 強調点：「深い」	広い，変動的な製品ライン 変動的な市場 製品開発と市場開発による成長 強調点：「広い」	安定的な製品ラインと変動的な製品ライン 予測可能な市場と変動的な市場 主として市場開発による成長 強調点：「深い」と「広い」
	研究開発	主として製品の改良に限定的	広範囲，「市場への1番目」を強調	集中的，「市場への2番目」を強調
	製品	大量，低コスト 効率性とプロセス工学を強調	カスタマイズされた，原型的 効果性と製品デザインを強調	大量，低コスト，いくぶん原型的 プロセス工学と製品もしくはブランドのマネジメントを強調
	マーケティング	主として販売に限定的	市場調査に集中的	広範囲のマーケティング・キャンペーン
	組織構造	機能的	部門的	機能的かつマトリックス
	管理過程	中央集権的	分権的	主として中央集権的，しかしマーケティングとブランドマネジメントに関しては分権的
	実力者連合	最高経営責任者 製造 財務／会計	最高経営責任者 製品調査と開発 市場調査	最高経営責任者 マーケティング プロセス工学
	経営計画の順序	計画→実行→評価	実行→評価→計画	評価→計画→実行
人材マネジメントシステム	人材戦略	人材の構築	人材の獲得	人材の配分
	採用・選抜・配置	強調点：「つくる」 新卒以外の採用を控える 望ましくない従業員の排除に基づく選抜	強調点：「買う」 すべてのレベルにおける精巧な採用 採用前の心理テストを含む選抜	強調点：「つくる」と「買う」 混合された採用と選抜のアプローチ
	人員計画	公式的，広範囲	非公式的，限定的	公式的，広範囲
	教育訓練	技能の構築 広範囲な訓練プログラム	技能の識別と獲得 限定的な訓練プログラム	技能の構築と獲得 広範囲な訓練プログラム 限定的な外部からの採用
	業績評価	プロセス指向の手順（決定的な出来事や生産目標など） 訓練への要求に対する認識 個人／グループパフォーマンスへの評価 時系列的な比較（前年度のパフォーマンスなど）	結果指向の手順（目標管理や利益目標など） 配置への要求に対する認識 部門／企業パフォーマンスへの評価 横断的な比較（同時期の他企業など）	主としてプロセス指向の手順 訓練と配置への要求に対する認識 個人／グループ／部門パフォーマンスへの評価 主として時系列で，いくぶん横断的な比較
	報酬	組織ヒエラルキーにおける地位指向 組織内部の一貫性 現金指向が強く，上司／部下の賃金差に強く駆りたてられる全体的な報酬	パフォーマンス指向 組織外部との競合性 インセンティブ指向が強く，採用への要求によって強く駆りたてられる全体的な報酬	主としてヒエラルキー指向で，いくぶんパフォーマンスを考慮 組織内部の一貫性と組織外部との競合性 現金とインセンティブによる報酬

出所：Miles and Snow（1984），pp. 48-49.

る。一方で，人材マネジメントモデルの管理理論をもつ経営者は，分析型と探索型だけでなく，防衛型の組織を率いることができる。このような Miles and Snow（1978）による考察は，人材マネジメントモデルの優位性を強調したものとして理解できる。

　Galbraith and Nathanson（1978）は，戦略と組織構造・過程の適合において，戦略の実行プロセスとしての人材マネジメントシステムを論じた研究である（Tichy et al., 1982, p. 48）。Galbraith and Nathanson（1978）では，コンティンジェンシー理論が組織における組織構造以外の側面を十分に論じてこなかったとして，組織過程に強調点を置く。そのため，組織デザインの変数として戦略と組織構造だけでなく組織過程も取り上げ，それら3つの適合が達成されれば有効な財務実績が導かれることを強調する。ここで組織過程として論じられるのが人材マネジメントシステムである（表2-8）。この表では，5つの組織タイプごとに，適合関係にある戦略，組織構造，組織過程（人材マネジメントシステム）が取り上げられている。

　Galbraith and Nathanson（1978）は，マクロな視点からそれぞれの組織タイプにおける適合について論じたものであるため，人間観について詳細に論じている訳ではない。ただし，それぞれの組織タイプの適合関係に人材マネジメントシステムを含めていることから，Galbraith and Nathanson（1978）は従業員レベルの成果を通じて組織パフォーマンスがもたらされることを暗黙裡に想定していると考えられる。すなわち，Galbraith and Nathanson（1978）における従業員は，人材マネジメントシステムというインプットに対して，組織パフォーマンスに結びつく何らかの成果をアウトプットとしてもたらす存在として捉えられているのである。

　Galbraith and Nathanson（1978）の研究を土台として，Tichy et al.(1982)および Fombrun et al.(1984) が登場する[45]。これらの研究は，ミシガン大学の Tichy を中心とした研究だったことから，ミシガン・グループ（もしくは，ミシガン学派）による研究と呼ばれる（伊藤, 1991, 70頁）。

　Fombrun et al. (1984) では，企業戦略・組織構造・人材マネジメントの適合を強調し，人材マネジメントを戦略的経営の構成要素の1つとして位置づけている（表2-9）。この表は，Galbraith and Nathanson（1978）の人材マネジ

表 2-8　5つの組織類型

特徴＼類型	単純組織	職能部門制	持株会社	事業部制	グローバル
戦略	単一製品	単一製品と垂直統合	非関連事業の買収による成長	関連する製品ラインへの多角化，買収による内部成長	多様な国での多様な製品
単位間および市場との関係	□→□→	□→□→□→市場	（図）	（図）	（図）
組織構造	単純な職能制	集権的な職能制	製品事業部についての分権的な利益センター，小さな本社	分権的な製品（エリア）事業部の利益センター	世界的な製品（エリア）事業部の分権的な利益センター
研究開発	制度化されていないランダムな探索	製品・プロセス改善の制度化	新製品・改善の制度化された探索，分権的な事業部	新製品・改善の制度化された探索，集権的な指導	専門知識に集権化・分権化された新製品の制度化された探索
業績測定	個人的接触，主観的	コスト・生産性に基づいて非個人的，しかしまだ主観的	投資収益率・収益性に基づいて非人格的	投資収益率・収益性に基づいて非人格的，全体への貢献には主観的	製品・国ごとの投資収益性・利益などの多様な目標に対して非人格的
報酬	忠誠心に基づいて非体系的，温情主義的	生産性・生産量などのパフォーマンスと関連	投資収益率・収益性に基づく公式的ボーナス，株式報酬	利潤実績に基づくボーナス，持ち株会社より主観的，現金報酬	多様な目標に基づくボーナス，より裁量的，現金報酬
キャリア	単一職能のスペシャリスト	職能スペシャリスト，若干のゼネラリスト，職能間の移動	職能横断的，ただし事業部内	事業部門での職能横断的，本社と事業部間の異動	事業部間，子会社間，子会社と本社間の異動
リーダーのスタイルと統制	戦略・業務の決定をトップが個人的に統制	トップの戦略的決定，業務・計画・手続きを一部委譲	既存事業の戦略・業務をほとんど完全に委譲，間接的な統制，資本調達と経営者の選抜	間接的な統制による業務の委譲，既存事業内で戦略の分権化	計画に従う間接的な統制による業務の委譲，国・既存事業内で戦略の一部を委譲，一部の政治的委譲
戦略的選択	所有者の要求 vs. 企業の要求	統合の程度，市場占有率，製品ラインの大きさ	多角化の程度，事業の種類，買収目標，事業への参入と退出	事業ごとの資源配分，事業への参入と退出，成長率	事業・国横断的な資源配分，事業・国への参入と退出，所有権の程度と国家の関与の種類

出所：Galbraith and Nathanson（1978），p. 118.

表 2-9　人材マネジメントと戦略，組織構造との関連

戦略	構造	人材マネジメント			
		選抜	評価	報酬	開発
① 単一製品	職能制	職能的指向：主観的基準を使用	主観的：人格の接触を経由した測定	非体系的で温情主義的な方法による配分	非体系的，主として職務経験を通じて：単一の職能に焦点を置く
② 単一製品（垂直的に統合）	職能制	職能的指向：標準化された基準を使用	非人格的：コストと生産性データに基づく	パフォーマンスと生産性に関連	職能的専門家といく人かのゼネラリスト：たいていはジョブ・ローテーションを通じて
③ 非関連事業の買収（持株会社）による成長	独立した自己充足型の事業	職能的指向だが事業の体系化の方法によって変化	非人格的：投資収益率と収益性に基づく	基本原則に基づき，かつ投資収益率と収益性を含む	職能横断的だが事業横断的ではない
④ 内的成長と買収を通した製品ライン関連型の多角化	複雑事業部制	職能的指向とゼネラリスト指向：体系的な基準を使用	非人格的：投資収益率，生産性，そして企業全体への貢献の主観的評価に基づく	大きなボーナス：収益性と企業全体への貢献の主観的評価に基づく	職能横断的，事業部横断的，そして企業／事業部間横断的：公式的
⑤ 多数の国における多数の製品	グローバル組織（地理的中心と世界規模）	職能的指向とゼネラリスト指向：体系的な基準を使用	非人格的：投資収益率や，製品と国に合わせた利益のような多数の目標に基づく	ボーナス：適度のトップ・マネジメントの決定権をともなう多数の計画された目標に基づく	事業部横断的，親会社―子会社間横断的：公式的かつ体系的

出所：Fombrun et al.(1984), pp. 38-39.

図 2-1　人材マネジメントサイクル

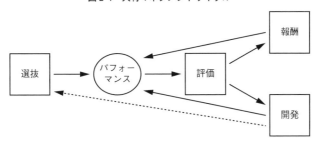

出所：Fombrun et al.(1984), p. 41.

メントシステムを，人材マネジメントサイクルに基づいて構成し直したもので
ある。人材マネジメントサイクルとは，すべての組織において人事担当者が
行っている一般的な機能であり，人材マネジメントがパフォーマンスに結びつ
くプロセスを概念化したものである（図2-1）。この図では，人材マネジメン
トを選抜・評価・報酬・開発の4つの機能に分類し，その機能間の相互作用に
よってパフォーマンスが得られるとしている。この図にあるパフォーマンスは
4つの機能の従属変数として位置づけられ，個人レベルと組織レベルの両方を
含んだ概念として扱われている（伊藤, 1991, 74頁）。

　Tichy et al.(1982) および Fombrun et al.(1984) は，戦略実行のツールと
して人材マネジメントシステムを位置づけた研究である。これらの研究でも，
従業員は人材マネジメントというインプットに対して，個人・組織レベルのパ
フォーマンスをアウトプットとしてもたらす存在として位置づけられている。
その一方で，Tichy et al.(1982) および Fombrun et al.(1984) の人間観には，
行動科学の影響が見出せる。例えば，これらの研究において従業員に対する報
酬として考えられているのは，金銭・昇進・雇用保障だけではない。キャリア
の機会，フィードバック，幸福感，責任，同僚からの賞賛や尊敬，同僚との親
交なども，従業員に対する報酬に含められている。こうした報酬の概念から，
成長欲求や社会的欲求をもつ人間観が前提とされていることがわかる。

　以上のようなミシガン・グループと比肩する研究として，ハーバード・
グループ（もしくは，ハーバード学派）の研究がある。これは，Harvard
Business School の MBA 課程における必修科目の新設のために，同校の研究
者らがリーディングス（Beer and Spector, 1985），ケース・ブック（Beer et
al., 1985），テキスト（Beer et al., 1984）の教材3部作を完成させたことに由
来する（山口, 1992, 267頁）。

　Beer et al.(1984) は，ゼネラル・マネジメントの視点から人材マネジメン
トシステムの統合を論じた研究である。かつての人事労務管理は人事担当者に
よって担われており，従業員の管理にゼネラル・マネジャーの視点は含まれて
いなかった。そのことに対する反省から，Beer et al.(1984) では，ゼネラル・
マネジメントの視点から人材マネジメントを論じている。この研究で提示され
た枠組みは，ステークホルダーの利害と状況要因に影響を受けた人材マネジメ

ント施策の選択が，従業員レベルでの成果を経由して組織に長期的な成果をもたらすというものである（図2-2）。ゼネラル・マネジメントの視点に立脚すれば，人材マネジメントの活動は従業員の影響力，人材フロー，報酬システム，職務システムの4つの領域に分類される。この4つの領域間に適合が保たれることで，社会的資本（social capital）としての従業員（＝人材）の成果を引き出すことが可能となる。

　この図において，人材マネジメント施策の決定要因はステークホルダーの利害と状況要因の2つである。ゼネラル・マネジャーは，この2つの要因と適合するような人材マネジメント施策を選択しなければならないとされる。その結果，人材レベルの成果（コミットメント，能力，調和，コスト効果性）と，長期的な成果（個人の福祉，組織の効果性，社会の福祉）がもたらされることが仮定される。

　また，人材マネジメント施策については，3つの適合タイプが示されている（表2-10）。この表では，それぞれのアプローチごとに人間観が示されている。官僚主義的アプローチでは，従業員は組織の権威に従属する部下として捉えられる。市場的アプローチでは，従業員は自らの利益を追求する契約者として捉えられる。家族的アプローチでは，従業員は共有された信条・価値観や高いコミットメントをもつ組織のメンバーとして捉えられる。これらの3つのアプ

図2-2　人材マネジメント施策の概念マップ

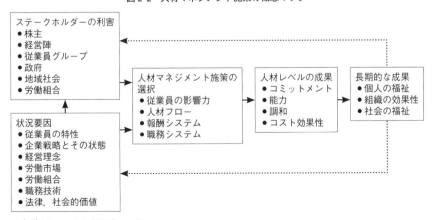

出所：Beer et al.(1984), p. 16.

表 2-10　人材マネジメント施策のマトリックス

人材マネジメント施策の領域	雇用関係の性質		
	官僚主義的アプローチ（従業員は部下として参加）	市場的アプローチ（従業員は契約者として参加）	家族的アプローチ（従業員は組織成員として参加）
従業員の影響力	命令系統を通じた上昇	随意契約	相談と同意（例えば，品質管理サークル）
人材フロー	最下層から参加し，職能内で能力水準まで昇進	出たり入ったりの雇用（すなわち，社内公募）	上へと横への異動を伴う長期雇用
報酬システム	職務評価に基づく賃金	成果に基づく賃金（すなわち，出来高給もしくは経営陣への賞与）	年功，技能に基づく賃金とも利益分配
職務システム	命令系統によって統合された細かい分業	グループもしくは個人による契約	同僚からの圧力によって動機づけられた内部調整を伴う全体の課業

出所：Beer et al.(1984), p. 183.

ローチのうち，高いコミットメントをもたらす人材マネジメントシステムを用いる家族的アプローチの有用性が高いとされる。ここでは，高いコミットメントが高い生産性をもたらすことが仮定されている。一方で，そのような高いコミットメントをもたらす人材マネジメントシステム（もしくは，家族的アプローチ）は，ステークホルダーの利害や状況要因と適合することで効果を発揮するものであり，他の2つのアプローチと比べて絶対的に優位なシステムではないとされる。

　Beer et al.(1984) は，アメリカ企業の競争力回復の手段として人材マネジメントシステムを位置づけている。従業員を社会的資本と捉え，そのメンテナンスが不十分であれば質が低下するとしている。また，従業員がもたらす影響について設計・管理することを中心に据えている。ただし，この研究において従業員はモノと同一視されているとされる（岡田，2008, 264-265 頁）。従業員個々の目標や欲求の多様性に対する配慮もなく，従業員の人間性は軽視されている。この傾向は，図 2-2 にも見出せる。この図では，従業員をステークホルダーの一員とみなす一方で，彼らを一括りの存在として扱っている。これらのことから，Beer et al.(1984) の人間観は，従業員の人間性に資源的価値を見出そうとする人材マネジメントの人間観と同様のものであると指摘できる。

　以上のミシガン・グループとハーバード・グループの研究によって提示された枠組みは，その後の人材マネジメント研究に対して大きな影響を及ぼしている。これらの枠組みに共通する構成要素は，戦略，人材マネジメントシステム，パフォーマンスである。また，この 3 つの要素間の関係は，戦略→人材マネジメントシステム→パフォーマンスという線型的な因果関係として捉えられている。すなわち，戦略とそれによって規定される人材マネジメントシステムとの適合関係が達成されれば，（個人レベルと組織レベルの両方を含む）高いパフォーマンスがもたらされることが仮定されているのである。また，それぞれの枠組みにおいて，人材マネジメントシステムを構成する施策間にも適合関係が仮定されている。そして，それぞれの組織タイプやアプローチごとに適合関係にある施策が例示されている。

　また，SHRM を構成する要素のうち，パフォーマンスについては 2 つのレベルが想定されている。1 つは従業員個人レベルのパフォーマンスで，Beer et al.(1984) では 4 つの C（コミットメント，能力，調和，コスト効果性）が取り上げられている。もう 1 つは，組織レベルのパフォーマンスである。これに関しては，Galbraith and Nathanson（1978）では財務実績が，Beer et al.(1984) では 3 つの長期的な成果（個人の福祉，組織の効果性，社会の福祉）が取り上げられている。この 2 つのレベルのパフォーマンスの関係性は，従業員レベルのパフォーマンス（の集積）が組織レベルのパフォーマンスを規定すると考えられている。

　以上のような戦略，人材マネジメントシステム，パフォーマンスの関係性から，SHRM は以下の 3 つの特徴をもつ枠組みであると定義できる（小林，2014, 65 頁）。第 1 に，戦略と人材マネジメントシステムとの適合である。これは垂直的適合（vertical fit）あるいは外的適合（external fit）と呼ばれ，戦略が人材マネジメントシステムを規定する関係が前提とされる。第 2 に，人材マネジメントシステム内における施策間の適合である。人材マネジメントシステムを構成する様々な施策の間にも適合が前提とされる。これは，水平的適合（horizontal fit）あるいは内的適合（internal fit）と呼ばれる。第 3 に，パフォーマンスへの寄与である。SHRM では，垂直的適合と水平的適合を達成することで組織パフォーマンスが向上するとされる。

　この３つの特徴のうち，第３の特徴はとりわけ重要となる。SHRM は人材マネジメントシステムをマクロ的アプローチによって捉える枠組みであるため，人材マネジメントシステムが影響を及ぼす対象を必要とする。その対象となるパフォーマンスは，SHRM の枠組みの存在理由に関わるものであるとされる（岩出，2013，73 頁）。

　以上のように，SHRM においては，戦略，人材マネジメントシステム，（従業員レベル，組織レベルの）パフォーマンスの３つが主要な構成要素となる。これらの構成要素は，戦略を筆頭に，人材マネジメントシステム，従業員レベルのパフォーマンス，組織レベルのパフォーマンスの順に影響が及んでいく。このような人材マネジメントシステムをマクロ的アプローチによって捉えるところに，SHRM の最大の特徴がある [46]（岩出，2002，59 頁）。

　また，SHRM の枠組みでは，従業員の人間性に資源的価値を見出そうとする人材マネジメントの人間観に立脚して従業員を捉えている。この枠組みにおける従業員は，同じ利害をもつ一括りの存在として扱われ，人材マネジメントというインプットに対するアウトプットとして個人・組織レベルのパフォーマンスをもたらすことが所与とされる。従業員がインプットに対して期待されるアウトプットをもたらすかどうかは，２つの適合にかかっている。すなわち，垂直的適合と水平的適合を満たした人材マネジメントシステムによって，期待通りの個人レベルのパフォーマンスがもたらされると仮定されるのである。

　このように，SHRM の枠組みにおいて，従業員は過度に単純化された存在として扱われている。また，従業員が期待された（個人レベルの）パフォーマンスをもたらすかどうかは２つの適合にかかっているとされるため，従業員の存在感はますます小さくなっている。一方で，従業員個人レベルのパフォーマンスとその集積としての組織レベルのパフォーマンスの存在が強調される。

2.2　SHRM の統計的検証とそれに対する批判

　1980 年代に SHRM が登場して以来，戦略→人材マネジメントシステム→パフォーマンスという因果関係が人材マネジメント研究の前提とされるようになった。その後，1995 年頃を契機として SHRM の枠組を統計的に検証する研究が登場した（e.g. Arthur, 1994; MacDuffie, 1995; Huselid, 1995; Delery and Doty, 1996)。これらの研究の争点は，①垂直的適合，②水平的適合，③パフォーマンスへの寄与の 3 つを検証することにあった。

　そのなかでも，とりわけ影響力のある草分け的な研究が Huselid（1995）である（Kaufman, 2010, p. 287）。Huselid（1995）は，ハイパフォーマンスをもたらす作業システム（High Performance Work Systems: HPWS）の有効性を検証しようとした研究である。Huselid（1995, p. 643）は人材マネジメントがパフォーマンスに対して与える影響の大きさを主効果（main effect）として，その検証に取り組んだ（Kaufman, 2010, p. 293）。この研究では，①垂直的適合，②水平的適合，③パフォーマンスへの寄与の 3 つに応じた仮説が設けられ，アメリカの上場企業 968 社を対象として検証が行われた。検証の際には，従業員の技能と組織構造および従業員の動機づけの 2 つの因子に分類されるHPWS，水平的適合，垂直的適合が独立変数とされた。また，離職率，生産性，財務実績（トービンの q，総資本利益率）が従属変数とされた。その結果，HPWS は離職率・生産性・財務実績に対して正の影響を与えていることが確認された。また，水平的適合や垂直的適合の尺度は開発途上であるものの，少なくとも Huselid（1995）の検証ではそれらの適合とパフォーマンスの関係性は十分に確認されなかった。すなわち，これらの結果は HPWS の有効性を支持する結果となったのである。

　Huselid（1995）の他にも，同様の検証を行った研究がある。Arthur（1994）はアメリカにある 30 の小製鋼所を対象として，2 つの人材マネジメントシステムとパフォーマンスの関係性を検証した。検証の際には，コミットメント型とコントロール型の 2 つに類型化された人材マネジメントシステムや離職率が独立変数とされた。また，製造パフォーマンスとして労働時間と鉄くず発生率が従属変数とされた。その結果，コミットメント型の人材マネジメントシステムは製造パフォーマンスに対してコントロール型よりも有意かつ高次の影響を与えていることが確認された。

　さらに，MacDuffie（1995）は，世界各国にある 62 の自動車組立工場を対象として，人材マネジメント施策の束とパフォーマンスの関係性を検証した。検証の際には，バッファーの使用と作業システムと人材マネジメント施策の 3 つを独立変数とした。また，労働生産性と品質を従属変数とした。さらに，こ

の3つの指標に基づいてクラスター分析を行い，生産組織を大量生産型，移行型，フレキシブル生産型の3つに類型化した。その結果，人材マネジメント施策は個別の時よりも束となった方が組織パフォーマンスに与える影響が強いことが示された。また，チームを基準とした作業システムとハイ・コミットメント型の人材マネジメント施策を採用するフレキシブル生産型の生産組織は，他よりも常に高いパフォーマンスを示すことが明らかとなった。

　216の銀行を対象とした Delery and Doty（1996）は，垂直的適合と水平的適合に関する3つのパースペクティブの有効性を検証した。3つのパースペクティブとは，① 特定の人材マネジメント施策が常に他よりも高パフォーマンスをもたらすと考える普遍的（universalistic）パースペクティブ，② 垂直的適合を重視するコンティンジェンシー・パースペクティブ，③ 垂直的適合に加えて水平的適合も重視するコンフィギュレーショナル・パースペクティブである。検証の際には，内部昇進機会，教育訓練，成果に基づく評価，雇用保障，経営参加，職務記述書，利益分配制度が独立変数とされた。また，ROAと ROE が従属変数とされた。その結果，成果に基づく評価と利益分配制度は，ROA・ROE にそれぞれ正の影響を与えていることが示された。また，雇用保障は ROA に正の影響を与えていることも示された。以上の検証結果は，3つのパースペクティブのなかでも普遍的パースペクティブを支持している。この検証によって有効性が確認された成果に基づく評価，利益分配制度，雇用保障は，ハイ・コミットメント型の人材マネジメント施策と共通するものでもある[47]。

　以上の統計的検証におけるそれぞれの人材マネジメントシステムとパフォーマンスは，次のように整理できる（表2-11）。この表からも明らかなように，初期の統計的検証はそれぞれが独自の尺度を用いていた。これらの検証において独立変数に用いられる人材マネジメントシステムは，大まかにはハイ・コミットメント型に分類される。しかし，測定項目はかなり多様であり，これらを統合して扱うことは難しい。また，従属変数となるパフォーマンスには，さらに多様な尺度が用いられている。例えば，製造業の企業・工場を対象にした Arthur（1994）と MacDuffie（1995）では，作業組織における労働生産性と鉄くず発生率，品質がパフォーマンスとして扱われている。これに対し，銀行

表2-11　人材マネジメントとパフォーマンスの連関を検証した代表的な研究

研究	人材マネジメント （独立変数）	パフォーマンス （従属変数）	主な検証結果
Arthur (1994)	人材マネジメントシステム (0＝コントロール型，1＝コミットメント型) ●投資，開発，作業フローの決定，データの監視に非管理者が関わる度合い ●集団問題解決のための訓練を受けているか，生産や品質の問題についての小集団，合同労働組合，雇用管理委員会などに参加している従業員の割合 ●即座に仕事に直結しない訓練が行われている程度 ●全従業員に占める整備員と職人の数 ●管理者1人当たりの生産労働者数 ●年間に親睦会が開催される数 ●公式の手続きを通じて処理された苦情の割合 ●従業員1人あたりの平均的な人件費 ●総人件費に占める福利厚生費用の割合 ●総人件費に占める特別賞与や奨励給の割合 ※以上の10変数からコントロール型とコミットメント型の2つのクラスターに分類し，それをダミー変数化している。	労働時間 鉄くず発生率	コミットメント型人材マネジメントシステムは，コントロール型よりも，鉄くず発生率が低く，労働能率が高い（労働時間が少ない）。
MacDuffie (1995)	バッファーの使用 ●最終組立修理作業のための空間の割合 ●仕掛品として保持される自動車の平均値 ●8つの主要部品在庫品の平均レベル 作業システム ●公式の作業チームに参加する従業員の割合 ●従業員参画グループに参加する従業員の割合 ●従業員1人当たりの生産関連の提案数 ●生産関連の提案が実行された割合 ●ジョブ・ローテーションの程度 ●生産労働者が品質管理の課業を実行する度合い 人材マネジメント施策 ●生産労働者，ライン管理者，技術者を選抜する際に用いられる採用基準 ●報酬システムがパフォーマンスに依存する程度 ●管理者と労働者の間の地位による障壁の程度 ●生産労働者，管理者，技術者に対して最初の6カ月間に提供される訓練のレベル ●経験豊かな生産労働者，管理者，技術者に提供された進行中の訓練のレベル	労働生産性 品質	バッファーの使用が少なく，多技能な作業システムを採用し，ハイ・コミットメント型の人材マネジメント施策を用いているほど，労働生産性と品質が高い（ただし，品質に対しては，バッファーの使用による複雑な影響がある）。

研究	人材マネジメント （独立変数）	パフォーマンス （従属変数）	主な検証結果
Huselid (1995)	従業員の技能と組織構造（HPWS の因子 ①） ●公式の情報共有プログラムに含まれる従業員の割合 ●公式の職務分析に従った職務を担う従業員の割合 ●内部から充足された非新卒向けの職務の割合 ●定期的に意識調査を実施されている従業員の割合 ●QWL プログラム，QC サークル，労務管理参画チームに参加する従業員の割合 ●奨励給制度，利益分配制度，節約賃金分配制度を利用できる従業員の割合 ●過去 1 年間に従業員が受けた訓練の平均時間 ●公式の苦情処理手続きや苦情解消システムを利用できる従業員の割合 ●採用前に採用テストを実施された従業員の割合 従業員の動機（HPWS の因子 ②） ●報酬の決定に業績評価が用いられる従業員の割合 ●公式の業績評価を適用される従業員の割合 ●最も用いられる昇進決定基準が，(a) 成績や達成度の評定のみ，(b) 成績が同等の場合のみ年功，(c) 最低限の成績要求を満たした従業員間で年功，(d) 年功 ●最も頻繁に採用する 5 つの職について，1 つの職当たりの資格を満たした平均応募者数	離職率 生産性 財務実績	HPWS が採用されているほど，離職率は低く，生産性は増大し，財務実績は向上する。
Delery and Doty (1996)	内部昇進機会 教育訓練 成果に基づく評価 雇用保障 経営参加 職務記述書 利益分配制度	ROA ROE	成果に基づく評価と利益分配制度は，ROA と ROE に正の影響を与えている。雇用保障は，ROA に正の影響を与えている。

出所：櫻井・浦野（2014），99 頁に一部加筆・修正。

を対象とした Delery and Doty（1996）では，ROA や ROE などの財務実績を
パフォーマンスとしている。また，多業種の上場企業を対象とした Huselid
（1995）では，財務実績に加えて離職率と生産性がパフォーマンスとして扱わ
れている。

　これらの従属変数に共通しているのは，数値化されやすい尺度が用いられて
いることである。ここでパフォーマンスとされているのは，労働時間，鉄くず
発生率，労働生産性，品質，離職率，財務実績（ROE や ROA を含む）であ
る。これらは，組織の効率性という観点から「多ければ多いほど（あるいは，
少なければ少ないほど）良い」ことが明確な尺度であり，研究者が自ら測定す
る必要のないものである。

　初期の統計的検証は，人材マネジメントシステム→パフォーマンスという因
果関係を検証することを目的の 1 つとしていた。確かに，以上の検証結果を広
義に捉えて集約すれば，これらの研究は共通してハイ・コミットメント型の人
材マネジメント施策が多様なパフォーマンスに対して正の影響をもつことを示
していたと言える。しかし，それぞれの尺度が異なるために，これらの研究に
おける検証結果を単純に比較することは難しい。また，それぞれの検証に用い
られていた重回帰分析では，因果関係を確定するような論拠を得ることが困難
となる[48]。そのため，これらの研究が提示できたのは，人材マネジメントシス
テムとパフォーマンスの因果関係というよりも，むしろそれらの相互の関連性
についての論拠であったとされる（Guest, 2011, p. 3）。

　以上の検証結果は，① 垂直的適合，② 水平的適合，③ パフォーマンスへの
寄与の 3 つの争点のうち，特定の人材マネジメントシステムによる③パフォー
マンスへの寄与を支持していた。そのため，人材マネジメント研究の関心は，
人材マネジメントシステムとパフォーマンスの関連性に向けられることになっ
た[49]。

　Huselid（1995）に代表される統計的検証が登場して以来，人材マネジメン
トシステムがパフォーマンスに与える影響（HRM–Performance link）は，人
材マネジメント研究の中心的な研究課題となった（Purcell and Kinnie, 2007）。
しかし，その研究課題の検証は，以下の 3 つの問題を抱えている。

　第 1 に，概念の定義とその測定方法が曖昧なことである。まず，人材マネジ

メントシステムに関しては，システムを構成する施策についての認識が統一されていない。表2-11にもあるように，親睦会の開催数や従業員構成，提案が実行された程度，定期的な意識調査や採用テストの有無など，それぞれの検証において独特な尺度が用いられている。また，パフォーマンスに関しても，作業組織レベルでのパフォーマンス（労働時間，鉄くず発生率）や企業レベルでの財務実績が等しく従属変数として扱われている。また，従属変数には，労働生産性，品質，離職率などのように，従業員個人レベルの成果との区別が難しい尺度も含まれている。以上のような多様な尺度が，同じ人材マネジメントシステムおよびパフォーマンスとして扱われている。そのために，当該概念に含まれるべきものが何で，それがどのように測定されるべきかについて合意が形成されていないのである（Legge, 2001, p. 25）。

　第2に，人材マネジメントシステムとパフォーマンスの因果関係を特定する方法が確立されていないことである。人材マネジメントシステムとパフォーマンスの因果関係は相関から推論されたものであって，技術的に検証されている訳ではない（Legge, 2001, p. 28）。よって，因果の向きが逆に機能していると推論することもできる。例えば，企業は高パフォーマンスになるほどハイ・コミットメント型の人材マネジメントシステムを導入する傾向にあるという解釈も成立するのである。また，検証においては，客観性の尺度として財務実績が用いられることも多い。しかし，企業の財務実績は人材マネジメント施策以外の要因にも大きく左右されるものであり，人材マネジメント施策のみによって影響を受ける訳ではない（木村, 2007, 71頁）。実験室での実験とは異なり，人材マネジメントシステムとパフォーマンスの因果関係は他の要因の影響を制御して検証することが困難である。また，どの時点の財務実績をデータとして用いるべきかの判断が難しいという問題もある。人材マネジメント施策が財務実績に結びつくまでには，数カ月から数年におよぶ歳月を要すると考えられるためである。

　第3に，分析レベルと対象に関する合意が得られていないことである。検証結果から得られる知見は，調査対象を工場レベル，事業（単位）レベル，企業レベルのどれに設定するのかによって異なる（Legge, 2001, pp. 27-28）。工場レベルでは企業としての財務実績に与える影響を検証することはできない一方

で，企業レベルでは個人レベルのパフォーマンスとの関係性を検証することが
できない。すなわち，すべての問題を解消できる分析レベルが存在しないので
ある。また，パフォーマンスに対する影響が検証の焦点となったために，様々
な要因が分析対象から除外されたことも問題視されている。例えば，特定の人
材マネジメント施策の普遍的な有効性が支持されたことで，管理に伴うコンテ
クストの違いは問われないままとなっている。また，人材マネジメント施策の
有無のみが検証の対象とされたために，従業員や従業員同士，あるいは上司と
部下の間などに生じるコンフリクトが強調されなくなっている（Janssens and
Steyaert, 2009, p. 145）。

　以上の3つの問題のために，人材マネジメント研究は，人材マネジメントシ
ステムがパフォーマンスに影響を与えている（もしくは，それらの間に因果関
係がある）と言える立場にはまだないとされる（Guest, 1997, p. 274）。しか
し，だからといって人材マネジメントシステムとパフォーマンスの間に因果関
係が存在しないと断言することはできない。統計的手法では因果関係を厳密に
特定できないのと同様に，人材マネジメントシステムとパフォーマンスの間に
因果関係がないことも証明できないからである。このように，統計的検証はい
くつもの困難な問題を抱えているのである。

2.3　媒介変数としての従業員への着目

　以上のような統計的検証に関する様々な批判を受けて，人材マネジメント研
究の研究課題は，人材マネジメントシステムがパフォーマンスに影響を与える
メカニズムの解明へと移行した。このメカニズムをブラックボックスに見立
て，この研究課題はブラックボックス問題（black box problem）とも呼ばれ
る（Becker and Gerhart, 1996, p. 793; Paauwe, 2009, p. 131; Wright et al.,
2003, p. 21）。

　人材マネジメントシステムとパフォーマンスの間の因果関係は厳密に証明す
ることができない。しかし，パフォーマンスに至る経路を特定できれば，それ
らの関係を説得的に示すことができる。そのため，人材マネジメント研究で
は，人材マネジメントシステムと財務実績を媒介する変数を特定することが要
求されるようになった。その際に着目されたのが，これまで軽視されてきた従

業員の存在である。これまでの検証では，従業員はまったく無視されるか，個人レベルのパフォーマンスとして変数化されるかのどちらかであった。しかし，ブラックボックス問題の解明に研究関心が移行するのに伴い，人材マネジメントに対する従業員の反応に分析の焦点が当てられることになった（Guest, 2011, p. 5）。

　Boxall and Purcell（2003）は，AMO（Ability, Motivation, Opportunity）モデルとして知られるアプローチを提唱した。AMO モデルとは，従業員個人レベルのパフォーマンスを能力，動機づけ，（表現の）機会の３つの関数として説明するものである。このモデルをブラックボックスのなかに当てはめることで，Boxall and Purcell（2003）は人材マネジメントシステムとパフォーマンスの間のメカニズムを説明した。AMO を高めるために設計された人材マネジメントシステムは，従業員の潜在能力と自発的な努力を高め，従業員の努力に対する組織的な対応を改善する。そして，それが結果的に従業員個人レベルおよび組織レベルのパフォーマンスを改善するのである。

　Bowen and Ostroff（2004）は，媒介変数として風土の強さ（climate）を提示した研究である。この研究では，人材マネジメントシステムのメタ特性として人材マネジメントシステムの強さという概念を導入し，それが強い風土を生み出すとする。風土の強さには，従業員個人にとっての心理的風土と，そこから生じる組織風土が含まれる。強い風土において，従業員は何が重要でどのような行動が期待されているのかについての理解を共有する。この研究の含意は，風土の強さに着目することで，ブラックボックスのなかにコンテクストと従業員の知覚を取り込んだ説明図式を提示したことにある。風土の強さは，従業員間の知覚のバラつきを弱める効果をもつコンテクストとして仮定される。Bowen and Ostroff（2004）は，人材マネジメントシステムとパフォーマンスの間のブラックボックスに，（コンテクストとしての）風土→従業員の知覚→従業員行動というメカニズムを提示したのである。

　Purcell and Hutchinson（2007）は，媒介変数としてリーダーシップ行動に着目した。この研究では，人材マネジメントシステムとパフォーマンスの間のメカニズムに６つの段階を設けた。それは，意図された人材マネジメントシステム→実行された人材マネジメントシステム→知覚された人材マネジメントシ

ステム→従業員態度→従業員行動→（ユニット・レベルの）組織パフォーマンス，というものである。この6つの段階のうち，現場のマネジャーによるリーダーシップ行動は実行された人材マネジメントシステムの段階に相当する。すなわち，人材マネジメントシステムに込められた意図と，それに対する従業員の知覚を媒介する変数として，リーダーシップ行動を提示したのである。

　以上のようなブラックボックスのなかの様々な論点を内包して，Purcell and Kinnie（2007, p. 544）では，人材マネジメントシステムがパフォーマンスに影響を及ぼすまでのメカニズムについての枠組みが提示される（図2-3）。この枠組みでは，設計者によって意図された人材マネジメントシステムが現場のマネジャーのリーダーシップを通じて実践され，それが従業員の知覚に対して影響を及ぼす。そして，その知覚が従業員の態度と行動へと影響を与える。個人レベルのパフォーマンスは，従業員行動の次元に含まれる。最後に，従業員行動が時間を伴って組織レベルのパフォーマンスへと結びつく。また，こうしたメカニズム全体に対して，作業戦略と組織文化がコンティンジェンシー要因として影響を及ぼしている。

　ブラックボックスの解明により，SHRM の枠組みにおいて軽視されてきた従業員の存在に光が当てられるようになった。ブラックボックスのなかに従業員の知覚・態度・行動が見出され，それらを媒介して人材マネジメントシステムは組織パフォーマンスへと影響を及ぼすとする枠組みが示されたのである。

　ブラックボックスの解明に取り組んだ研究は，人材マネジメントシステムと

図 2-3　従業員の管理，人材マネジメント，組織的有効性

意図された人材マネジメント実践	実行された人材マネジメント実践	知覚された人材マネジメント実践	従業員態度	従業員行動	組織パフォーマンス
明確な価値観		作業風土	協働意欲	コンピテンシー	
人材マネジメント施策 ● 能力 ● 動機づけ ● 機会	現場の管理者が発揮するリーダーシップ	遂行プロセス 能力 動機づけ	組織コミットメント	裁量行動	（遅れて生じる）組織の有効性
作業構造		職務経験	職務満足	離職 or 残留 欠勤 or 参加	

出所：Purcell and Kinnie（2007），p. 544 に一部加筆・修正。

パフォーマンスの間に新たな媒介変数を見出し，それらの関係性を特定することで一定の貢献を果たした。だが，それらの研究では，そうした変数間の関係がどのようにして生じるのかを十分に説明することはできない。人材マネジメントシステムの成功は，従業員がそれを受容するかどうかにかかっているとされる（岩出，2013，77頁）。しかし，従業員の知覚・態度・行動のみに着目しても，従業員がなぜ・どのように人材マネジメントを受容するのか（あるいは，しないのか）について明らかにすることは困難となる。

　この問題は，これらの研究が前提とする人間観に起因している。これらの研究は，従業員の捉え方において人材マネジメントの人間観を継承している。初期のSHRM研究では，垂直的適合と水平的適合を満たした人材マネジメントシステムによって，期待通りの個人レベルのパフォーマンスがもたらされると仮定された。従業員は成長欲求や社会的欲求をもつと仮定する一方で，従業員のそうした人間性に資源的価値を見出していたのである。また，SHRMの統計的検証では，従業員の存在はほとんど取り上げられることがなかった。しかし，ブラックボックス問題へと研究関心が移行することで，従業員の知覚・態度・行動が取り上げられるようになった。これらの研究に共通するのは，人材マネジメント（インプット）に対して個人・組織レベルのパフォーマンス（アウトプット）をもたらす存在として従業員を位置づけていることである。こうした従業員の捉え方では，従業員の人間性を十分に論じることは困難となる。これらの研究の枠組みでは，従業員がどのような感性をもち，どのような判断をし，それがどのような行動に結びついたのかについて説明することができないためである。

　人材マネジメントシステムが与える影響は，経営的に望ましいパフォーマンスに結びつくものに限定されて検証されてきた。この枠組みに即したままでは，従業員の多様な感性を検証することは困難となる。また，人材マネジメントがもたらすパフォーマンスにおけるあらゆる利益は，従業員の積極的な反応の結果によるものというよりもむしろ，彼らを犠牲にすることで得られたものだとの指摘もある（Guest, 2011, p. 5）。この指摘が正しければ，人材マネジメントシステムがもたらす高い組織パフォーマンスは，従業員の感性を無視することで成り立っているとも言える。いずれにしても，経営的に望ましいパ

フォーマンスに対する影響を検証しようとする限りにおいて，従業員の人間性を捉えることは困難となるだろう。

　人材マネジメント研究がこうした展開を遂げた背景には，既述の通り，管理主義の影響がある。研究における管理主義は，戦略性とその成果を要求する。そのため，人材マネジメント研究は，戦略→人材マネジメントシステム→パフォーマンスという線型的な因果関係，およびそのメカニズムの解明を研究課題としてきたのである。しかし，このような管理主義に立脚したSHRMの枠組みでは，従業員がなぜ・どのように人材マネジメントを受容するのか（あるいは，しないのか）について明らかにすることは困難となる。その原因は，従業員を人材マネジメント（インプット）に対して個人・組織レベルのパフォーマンス（アウトプット）をもたらす存在として位置づけていることにある。管理主義に立脚してパフォーマンスを従属変数として要求する限りにおいて，従業員の人間性を捉えることは困難となるのである。

3.　人材マネジメント研究における批判的視座

　第2節の考察から，管理主義に立脚したSHRMの枠組みでは，従業員の人間性を捉えることが困難となっていることが明らかとなった。こうした問題点に対する批判から，Critical HRM（Critical Human Resource Management：批判的人材マネジメント）と呼ばれる研究群が登場した。Critical HRM研究は，人材マネジメントシステムが従業員の内面に与える影響に研究関心をもち，組織的な管理・統制と従業員のアイデンティティ形成の関係性を分析の対象とする。このような研究関心の背景には，CMS（Critical Management Studies：クリティカル・マネジメント研究）という視座の影響がある。

3.1　Mainstream HRM 研究と Critical HRM 研究の対立
　SHRM研究では，ブラックボックス問題が新たな研究課題となった。この課題に対して，従業員の知覚・態度・行動を手掛かりにその解明を目指した研究は，Mainstream HRM（Mainstream Human Resource Management：主流

派人材マネジメント）研究と呼ばれる（Delbridge and Keenoy, 2010, p. 799）。
この Mainstream HRM 研究の抱える問題に対して，批判的な立場を取るのが
Critical HRM 研究である（櫻井, 2012, 106 頁）。

　Critical HRM 研究は，人材マネジメント研究において従業員の人間性に対
する関心が欠けていることに警鐘を鳴らす（Bolton and Houlihan, 2007, p. 1）。
確かに，Mainstream HRM 研究は従業員の知覚・態度・行動に焦点を当てて
いる。しかし，Mainstream HRM 研究では，従業員は特定の刺激に対する反
応を期待されるだけの存在として描かれている（Keenoy, 2009, p. 465; Legge,
2001, p. 22）。そこで捉えられるのは従業員の数値化可能な側面であり，従業
員の人間性に対して十分な配慮が払われているとは言えない。従業員は，人材
マネジメントとパフォーマンスの因果関係に埋め込まれた存在として捉えられ
ているのである。そのため，Critical HRM 研究は Mainstream HRM 研究とは
異なる視座から従業員を捉えることを試みる。それは，従業員の数値化できな
い内面を捉えることであり，コンテクストとの関係におけるアイデンティティ
や利害を分析対象とすることである。これによって，従業員は状況に対して内
省的になり，その内省に基づいて差異を生み出すために行為する存在として捉
えられる（Janssens and Steyaert, 2009, p. 150）。

　また，Critical HRM 研究は，Mainstream HRM 研究による分析では組織の
複雑性を十分に理解することができないとする（Steffy and Grimes, 1992, p.
187; Alvesson, 2009, p. 56）。さらに，これまでの Mainstream HRM 研究が提
示してきた知見に対しては，実務家から参照されるに至っていないとの指摘も
ある[50]（Rynes et al., 2007, p. 999）。線型的な因果関係を示す SHRM の枠組み
では，想定された因果関係から外れた現象を説明することができないためであ
る。これに対して，Critical HRM 研究では，経営的に望ましいパフォーマン
スに結びつくものに限定せずに，人材マネジメントシステムの影響を捉えるこ
とを試みる。ただし，こうした試みは，人材マネジメントシステムがパフォー
マンスに寄与することを否定するものではない。むしろ，人材マネジメントシ
ステムがもたらす影響の数値化できない側面を捉えることで，パフォーマンス
に対する寄与についても Mainstream HRM 研究とは異なる説明が可能とな
る。逆説的な言い方になるが，パフォーマンスへの寄与を前提としないからこ

そ，パフォーマンスへの寄与についても，これまでとは異なる解釈を導くことができるのである[51]。

　以上のような Mainstream HRM 研究に対する批判から，Critical HRM 研究は人材マネジメントシステムが従業員の内面に与える影響に研究関心を寄せることになる。Critical HRM 研究は，2010 年には *The International Journal of Human Resource Management* 誌上で特集号（Vol. 21, No. 6）が組まれるなど，人材マネジメント研究において一定の存在感を示している[52]。これらの研究は，現在では CMS と呼ばれる視座に立脚した研究として位置づけられる（Keenoy, 2009, pp. 465-468; Alvesson, 2009, p. 52; Delbridge and Keenoy, 2010, pp. 800-805）。

3.2　Critical HRM の背景にある CMS の視座

　CMS とは，既存の支配構造とそれがもたらす帰結を捉えて，それらの変容を促そうとする視座である（Alvesson et al., 2009, pp. 9-11）。あるいは，そうした代替的な視座を提供する，経営学の多方面にわたる「知的な運動」として位置づけられる（清宮・Willmott, 2020, 148 頁）。

　Delbridge and Keenoy（2010, pp. 800-805）によれば，CMS に共通するのは管理主義（managerialism）に対して批判的な立場を取ることであるが[53]，とりわけ人材マネジメントの現代的な理解のために適切な CMS のアジェンダに導かれるテーマとして以下の 3 つが示される。第 1 に，社会的政治的コンテクスト（socio-political context）である。CMS では，制度とそれに基づいた管理実践を社会的政治的コンテクストから理解する。第 2 に，管理主義の変性（denaturalization）である。CMS では，管理をパフォーマンスと関連づける視点に対して疑問を呈し，そうした視点を変性しようと試みる。第 3 に，代替的意見（alternative voices）である。CMS では，Mainstream HRM 研究において分析の対象外とされた少数派に属する人々の意見を積極的に提供する。以上のような 3 つのテーマに基づいて，CMS は「どのように管理するのか」ではなく「何が起こっているのか」を理解することを目的とする。

　また，Alvesson（2008, p. 18）は，CMS を以下の 4 つの特徴をもつ視座として定義している。第 1 の特徴は 4 つの I に対する批判的な探求である。4 つ

のⅠとは，イデオロギー（ideologies），制度（institutions），利害（interests），アイデンティティ（identities）であり，これらは支配的か，有害か，疑われているか，の3つの点から評価される。第2の特徴は，否定，脱構築，再有声化，異化を通じて批判的な探求を行うことである。第3の特徴は，解放・反抗・社会的改善を目的とすることである。イデオロギー・制度・アイデンティティは，再生産されたアイデア・意図・実践へと人々を固定化する傾向がある。CMS は，そうしたイデオロギー・制度・アイデンティティからの解放，もしくはそれに対する反抗を目指す。また，多数派の人々だけでなく特権をもたない人々も当然のようにもつと思われているそれぞれの利害の社会的改善も，同様に目的となる。第4の特徴は，人々を取り巻く状況的制約に対して，いくらかの正しい認識をもつことである。例えば，現代の組織ではサービスと財の生産が正当な目的となる。こうした目的が，仕事と生活の両面において制約となり得るのである。

　以上のような CMS について，その目的と分析方法・対象を以下のように整理することができる。まず，目的に関しては，管理主義を変性・脱構築することで少数派に属する人々の立場を改善することを目指している。弱い立場にある人々を解放するために，そうした支配構造の変容を促そうとしているのである。ただし，CMS が目的とする変容や改善とは，社会構造の変革のような大規模なものではなく，経営の言説を異なる意味に上書きすることで職場における民主的な発展を目指すミクロな解放（micro emancipation）を目指すものである（清宮・Willmott, 2020, 163-164 頁）。

　次に，CMS における分析は，Mainstream HRM 研究を含む主流派経営学が前提とするような，研究上の管理主義や価値中立性を退ける。研究上の管理主義は，組織の社会問題や抑圧的パワーの問題を見過ごすだけでなく，分析によって得られた知見を価値中立であるとして，その一般化を志向することにつながる（清宮・Willmott, 2020, 151-152 頁）。CMS は，研究を中立的なものであるとする不誠実な態度を退け，むしろ中立ではあり得ない自らの研究者としての立場を重視する。

　最後に，分析対象としては，4つのⅠとそれを取り巻くコンテクストが取り上げられる。CMS では，従業員の利害やアイデンティティに分析の焦点を置

く。ただし，人のアイデンティティの形成メカニズムに関心をもつ発達心理学
の研究とは異なり，アイデンティティを個人の心理的要素ではなく，社会的に
構成されるものとして捉える。CMS では，組織的な管理・統制と従業員のア
イデンティティ形成の関係性に関心をもつことから，制度やその背後にあるイ
デオロギー，さらにはコンテクストまでもが分析の対象とされる。このような
CMS の特徴は，Critical HRM 研究の枠組みにも継承されている。

3.3　Critical HRM 研究の枠組みとその含意

　Critical HRM 研究の枠組みには，CMS の特徴を受け継いだ3つの位相が存
在する。それは，① 制度，② 制度に基づいた管理実践，③ 従業員のアイデン
ティティ形成，である（図 2-4）。Critical HRM 研究では，これらの3つの位
相を社会的政治的コンテクストから分析する。

　Critical HRM 研究の枠組みの第1の位相は，従業員のアイデンティティ形
成である。これは，CMS の分析対象となる4つの I のうちのアイデンティ
ティ（およびそれに伴って生じる利害）に該当する。Critical HRM 研究の枠
組みにおけるアイデンティティとは，後述するように「個人によって個人誌
（biography）の観点から再帰的に理解された自己」（Giddens, 1991, p. 53）と
して理解することができる。従業員は，組織内外を含めて多様なアイデンティ
ティをもつ。また，アイデンティティは常に変容し続けるものであると同時
に，個人や組織にそのアイデンティティを形成・保持しようとさせる遂行性を
もつ（清宮, 2019, 297-299 頁）。従業員としてのアイデンティティは，組織に
おける自己の位置づけから，再帰的に理解された自己として捉えることが可能
となる。組織における自己の位置づけは，関係性やそれを取り巻くコンテクス
トにおいてのみ捉えることができる。そのために，分析においては，組織や他
者との関係性を規定する制度を手掛かりとし，それをコンテクストから理解す

図 2-4　Critical HRM 研究の枠組み

出所：筆者作成。

ることで，従業員のアイデンティティ形成を認識することが可能になる[54]。

　第2の位相は，制度である。これは，CMS の分析対象となる4つの I のうちの制度（およびその背後にあるイデオロギー）に該当する。すなわち，関係性を規定するものとして，特定の制度を分析の梃子とするのである。この位相では，人材マネジメントに関連する施策をすべて制度として捉える。近年では，従業員に対する管理に関するあらゆる施策が人材マネジメントに関連づけられている。ゆえに，ここでの制度とは，従業員に対する管理に直接関わる施策であれば，どのようなものでも分析の対象とすることが可能となる。

　第3の位相は，制度に基づいた管理実践である。ここでの管理実践とは，特定の制度に基づいて多様に展開される行為を意味している。管理実践は，制度と従業員のアイデンティティ形成を架橋する概念である。制度は，ただ存在するだけで従業員のアイデンティティ形成に影響を及ぼす訳ではない。制度に基づいた多様な管理実践を通じて，従業員のアイデンティティは非線形的かつ複雑に形成されるのである。

　以上のような3つの位相に基づいた分析は，制度による従業員の内面に対する影響を明らかにする。ここで分析の対象となる従業員は，経営的に割り当てられたアイデンティティを享受する単純化された受身の消費者ではない（Alvesson and Willmott, 2002, p. 621）。Critical HRM 研究の分析では，特定の制度のもとで様々な葛藤を通じてアイデンティティを形成していく主体として従業員が描かれる。

　Critical HRM 研究の分析では，人材マネジメントシステムだけでなく，職務評価計画（ヘイ・システム），経営計画と業績評価，チーム作業方式など，多様な制度が分析の対象となる（表2-12）。これらの分析からは，以下のような含意が得られる。

　第1に，経営的に望ましいアイデンティティの形成においても複雑なプロセスが存在することである。例えば，人材マネジメントシステムの分析（Alvesson and Kärreman, 2007）では，従業員が経営的に望ましいアイデンティティを形成していた。しかし，そうしたアイデンティティの形成は，莫大な時間・知力・労力が注ぎ込まれた人材マネジメントシステムや，それに基づく評価とそのフィードバック・メンタリング・教育訓練などの管理実践との関

表 2-12　Critical HRM の代表的な研究

研究と事例	制度	制度に基づいた 管理実践	従業員の アイデンティティ形成
コンサルティング・ファームの人材マネジメントシステム（Alvesson and Kärreman, 2007）	莫大な時間・知力・労力が注ぎ込まれたことで，公平な実力主義を実現するとされる人材マネジメントシステム	評価とそのフィードバック，メンタリング，教育訓練を繰り返すことで，従業員は自らの価値の根拠となる人材マネジメントシステムを信奉し続けるようになる。	従業員は自らを優秀なエクセレンス社員として信奉し続けることで，理念から逸脱した振る舞いを偶然の出来事としか見なさなくなるほど盲信的なアイデンティティが形成される。
州政府における職務評価計画の導入（Quaid, 1993）	ヘイ・コンサルタントによって導入された職務評価計画（ヘイ・システム）	格下げの儀式，記入の儀式，評価のやり直しの儀式を通じて，導入された職務評価計画が，完全な評価を保証する科学的な装置として構成される。	数値化可能な客観性を信奉するアイデンティティが形成され，それによって経営的に望ましい不平等が維持される。
文化施設・歴史資料課における経営計画・業績評価の導入（Townley, 2002）	州政府主導のもとで導入された経営計画と業績評価	経営計画・業績評価の浸透・徹底により，従業員は単純な従順や反抗だけではない，様々な感情が入り混じった複雑な反応を示すようになる。	それまでの専門家として伝統を重んじるアイデンティティが，次第に蝕まれていくようになる。
自動車メーカーにおけるチーム作業方式の導入（Knights and McCabe, 2000）	倒産を免れるための改革として導入されたチーム作業方式	魅了された経験，悩まされた経験，困惑させられた経験が引き起こされ，従業員はそれぞれの経験に応じた様々な反応を示すようになる。	それまでの有能な熟練者としてのアイデンティティが蝕まれていく一方で，経営者との同一化によるアイデンティティを形成する従業員や，変化を拒む反抗者としてのアイデンティティを形成する従業員が現れるようになる。

出所：櫻井（2010），87頁および櫻井（2015），69頁を基に筆者作成。

わりにおいて，自分が価値ある存在であることを信じ込んだ結果として生じたものであった。そのなかでも，特定の制度が従業員の価値を決定づける根拠となり得ることが示されている。

　第2に，制度とそれに伴う管理実践が既存のアイデンティティを蝕む場合もあることである。職務評価計画導入の分析（Quaid, 1993）では，格下げの儀

式，記入の儀式，評価のやり直しの儀式を通じて，既存のアイデンティティを否定することが重要視されていた。また，経営計画・業績評価の分析（Townley, 2002）では，経営計画・業績評価の浸透・徹底によって専門家として伝統を重んじるアイデンティティが蝕まれていた。さらに，チーム作業方式の分析（Knights and McCabe, 2000）では，悩まされた経験を通じて有能な熟練者としてのアイデンティティが蝕まれていた。このように，制度とそれに伴う管理実践は，新たなアイデンティティを形成するだけではなく，既存のアイデンティティを侵食・崩壊させることにも及ぶのである。

　第3に，特定の制度によって複数のアイデンティティが形成され得ることである。チーム作業方式の分析（Knights and McCabe, 2000）では，1つの制度に対して，3つ（あるいはそれ以上）のアイデンティティ形成に対する影響が見出された。このように，同じ状況下にある従業員同士においても，それぞれのアイデンティティ形成に対する影響は異なることが示されている。

　以上のように，Critical HRM 研究は Mainstream HRM 研究の分析によっては示すことができない含意を導くことができる。だが，こうした Critical HRM の分析は，本当の意味で人材マネジメントが従業員の感性に対して与える影響を明らかにするまでには至っていない（Keenoy, 2009, p. 467）。その原因は，人材マネジメントの捉え方にある。

　Critical HRM 研究では，人材マネジメントは固定的な意味をもたない用語として捉えられる[55]。人材マネジメントという用語は，いまや従業員に対する管理を包括する用語として世界的に普及している。その結果，従業員に対する管理に関する考え方はもちろん，様々な施策・実践やそれを体系化した枠組みまで含めて，すべて人材マネジメントとして表現されるのである。Critical HRM 研究の分析は，このような人材マネジメントの曖昧さをも分析の対象とするために，人材マネジメントに関連づけられるあらゆる施策を制度として分析対象にする。その結果，Critical HRM 研究の分析は，特定の人材マネジメント施策と従業員のアイデンティティ形成の関係性に焦点化されることになる。

　しかし，ここで分析対象となっているのはあくまで1つの施策であり，イデオロギーも含めた人材マネジメント・パラダイムではない。Critical HRM 研

究はイデオロギー・制度・利害・アイデンティティからなる4つのIを分析の対象とするものであるが，ここで例示した分析は人材マネジメントのイデオロギーについて十分に考察できていないのである。後述するように，アイデンティティとイデオロギーは同じプロセスの2つの側面であると定義される（Erikson, 1959, p. 157）。ゆえに，イデオロギーを欠いたままでは，アイデンティティの分析は不十分なものとなってしまう。

　第1節で考察したように，人材マネジメントは3つの新たな特質を備えた管理パラダイムとして成立するに至っている。よって，人材マネジメント・パラダイムがもたらす影響を分析するためには，このイデオロギーとしての人材マネジメントの特質をも分析の対象とし，それらをコンテクストから理解する分析が必要になる。

4. 管理を通じた従業員のアイデンティティ形成

　第3節では，Critical HRM 研究の枠組みとその含意や限界について考察した。本書では，こうした Critical HRM 研究の枠組みに基づいて事例を検討していくが，それだけでは現代日本の組織における従業員のアイデンティティ形成を理解するという目的を十分に達成することはできない。Critical HRM 研究の枠組みは，管理のパラダイムも分析対象とした上で従業員の複雑なアイデンティティ形成を理解する，という視点が不十分だからである。こうした視点は，人材マネジメント研究の展開からだけでは補うことは難しい。一方で，既述の CMS の研究者を中心に，組織研究において従業員のアイデンティティへのアプローチが考察されている。そのなかでも特に批判的アプローチでは，多様な言説のもとでの管理と従業員のアイデンティティ形成が論じられている。これらの知見は，CMS に立脚して展開されている Critical HRM 研究との親和性も高いことから，本書ではそうした視点を補いつつ，事例を検討するための枠組みを構築していく。

4.1　アイデンティティの概念

　アイデンティティという概念を初めて使ったのは，Erikson であるとされる（上野，2005, 3 頁）。Erikson（1959, p. 23）によれば，自分がアイデンティティをもつという意識的な感覚は，以下の 2 つの観察に基づいている。第 1 に，自己の斉一性（selfsameness）と連続性（continuity）の直接的な知覚である。第 2 に，他者が自分の斉一性と連続性を認識するという事実の同時的知覚である。この 2 つの知覚は常に一致しているとは限らず，その間に生じるズレが主体に変化を促すようになる[56]。

　上野（2005, 8-9 頁）は，上記の Erikson によるアイデンティティ概念がもたらした含意として，以下の 3 つを挙げる。第 1 に，アイデンティティを変化するものとして捉えたことである。アイデンティティは，静的で固定化されたものではなく，それ自体にダイナミックな変容を含んだ概念である。第 2 に，アイデンティティの変容が「成長」の名のもとに捉えられることである。これにより，アイデンティティの変容は，到達すべきものとして規範性を与えられる。第 3 に，アイデンティティの構築性を前提としていることである。アイデンティティは，同一性という訳語から連想されるような本質主義的なものではなく，自己のダイナミックな構築・再構築のプロセスを示すものである。

　また，Erikson（1959, p. 149）は，自我アイデンティティ[57]（ego identity）と自己アイデンティティ（self identity）を区別する。自我アイデンティティは主体（subject）に，自己アイデンティティは客体（object）に相当する。この 2 つは，G. H. Mead による主我（I）と客我（me）にほぼ対応するものとされる（上野，2005, 6 頁）。

　一方で，Berger and Berger（1972, p. 62; 1975, p. 66）は，客我（me）に対応する側面のみをアイデンティティとして定義している。彼らにとってアイデンティティは「自己の社会化された部分」であり，「（他者による）同一化（identification）と自らによる同一化（self-identification）の相互作用の産物」である（Berger and Berger, 1972, p. 62; 1975, p. 66）。このような形でアイデンティティという概念が用いられる場合には，客体化された自己への同一化のダイナミクスを含んだ概念として定義される。

　アイデンティティは，個人的アイデンティティと社会的アイデンティティに

区分される。個人的アイデンティティとは，個人的な自己記述であり，個人的な対人関係に基づいて形成されるものである。これに対して，社会的アイデンティティとは，集団やカテゴリーに基づいて形成される自己記述である。

従業員のアイデンティティ形成を分析する際には，組織的な管理・統制との関係性に焦点が置かれるために，個人的アイデンティティよりも社会的アイデンティティが重視される。社会的アイデンティティとは，「社会文化的な諸力と個人の社会的行動の型・内容の関係を説明する一連のプロセスと仮定」(Hogg and Abrams, 1988, pp. 13-14) と定義される。社会的アイデンティティは，勢力と地位関係を意味する多様な社会的カテゴリーから成り立っている。社会的カテゴリーは単体では特定の意味をもたず，他のカテゴリーとの対比において意味をもつようになる。社会的アイデンティティは，そうした他のカテゴリーとの対比において特にイデオロギー・価値観・信念などの違いに関心をもち，それらを背景としたコンフリクトに強調点を置くことに特徴をもつ概念である (Hogg and Abrams, 1988, p. 15)。

近年の組織研究では，社会的アイデンティティ（および組織アイデンティティ）の側面に焦点が置かれている。ただし，所与の社会的アイデンティティ（および組織アイデンティティ）への同一化の程度に焦点を当てた分析は，同一化の結果に関して有益な知見を提供する一方で，同一化のプロセスに対する十分な洞察を提供できないでいる。特に，所与のアイデンティティが解釈や修正を通じて再構成され，それが新たなアイデンティティ形成を生じさせるというダイナミックなプロセスを十分に分析することができていない。

こうした問題に対して，近年では，再帰的に構成される連続体としての自己概念が提唱される。それが，Giddens による自己アイデンティティの概念である。Giddens による自己アイデンティティとは，「個人によって個人誌（biography）の観点から再帰的に理解された自己」(Giddens, 1991, p. 53) を指す[58, 59]。

片桐（2005, 82-85 頁）によれば，個人誌とは「ある人の人生における様々な出来事の総和」と定義されるもので，以下の2つの特徴をもつ。第1に，個人誌は現在の視点から再構成されるものである。ここでは，個人誌が事実としての過去の出来事の総和ではないことが重要となる。第2に，個人誌の同一

性が自明視されることである。個人誌の同一性とは，個人が個人誌を1つしかもつことができないことを意味する。個人誌の同一性は，それが事実であるかどうかよりも，それ自体が疑われない前提とされていることが重要となる。この2つの特徴は物語（narrative）の考え方と共通しており，それゆえにGiddensは個人のアイデンティティを「特定の物語を維持する能力のなかにある」（Giddens, 1991, p. 54）とする。

　以上のように，アイデンティティ概念は，それ自体が非常に多義的に用いられるものであり，その区別が見出しにくい概念である。しかし，本書の目的である現代日本の組織における従業員のアイデンティティ形成の理解のためには，物語を通じて構成される自己アイデンティティが分析の対象となる。

4.2　アイデンティティに対する3つのアプローチ

　組織研究におけるアイデンティティへのアプローチは3つに大別できる（Alvesson et al., 2008, pp. 8-10, 12-17）。それが，機能的アプローチ，解釈的アプローチ，批判的アプローチである。

　第1に，機能的アプローチである。機能的アプローチは，アイデンティティ研究において最も支配的なアプローチであり，自然的・社会的条件の統制を達成するための因果関係の知識を開発することを目指す。そのため，このアプローチはアイデンティティおよび同一化が管理的パフォーマンスへと結びつく方法に関心をもつ。

　機能的アプローチは，社会的アイデンティティ理論に着目する。このアプローチは，個人が自らを社会的もしくは組織的存在としてどのように位置づけるのかを明らかにすることを目指す。その反面，このアプローチでは社会的アイデンティティ理論の影響力が強いために，個人的アイデンティティは主として扱われなくなる。このアプローチでは，組織への同一化の程度が組織パフォーマンス（コミットメント，ロイヤリティ，モチベーションなど）を生み出すことが仮定される。また，同一化の程度を比較的安定したものとして捉える。また，従業員が多様なコンテクストや進行中の社会的構築のプロセスなどに適応する能力をもつことも仮定されている。

　機能的アプローチは，アイデンティティ形成のダイナミックなプロセスを十

分に分析できないという問題を抱えている。アイデンティティを対象とした組織研究は，この機能的アプローチに偏りがちであるが，そうした状況ではこの問題に対応することは難しい。

　第2に，解釈的アプローチである。解釈的アプローチは人々の経験を重視する。このアプローチは，人々が意味を生成もしくは変換するためのコミュニケーションの方法に関心をもち，特に，人々が多様なコンテクストにおいて相互作用を通じて自らのアイデンティティをどのように形成するのかに焦点を当てる。

　解釈的アプローチが着目するのは，アイデンティティ・ワーク（identity work）である。アイデンティティ・ワークとは，「自己アイデンティティの再生産・変換に関わる解釈的活動」（Alvesson and Willmott, 2002, p. 627）であり，「個人や組織のアイデンティティを形成したり保持したりする遂行性」（清宮，2019，299頁）として位置づけられるものである。解釈アプローチでは，個人が自己の感覚をどのように形成するのかを明らかにしようとする。複雑で曖昧で矛盾した経験から，「自分（もしくは，我々）は何者か？」との問いが生じ，この問いに答えるために個人は様々な資源を利用して自己の語りを形成する。このアプローチでは，アイデンティティは存在するものではなく，常に生成され続ける不安定なものとして捉えられる。

　解釈的アプローチの抱える問題点は，その分析がそれぞれのケースにおける解釈を示すだけとなり，「個々のアイデンティティ形成はそれぞれに異なる」という自明の結論を導くだけになってしまうことにある。むしろ，管理的な視点から問われるべきは，なぜそのようなアイデンティティ形成（の解釈）が成立するのかを明らかにすることである。そうした課題に，解釈的アプローチは対応することができない。

　第3に，批判的アプローチは権力関係を重視し，抑圧的関係から人々を解放することに関心をもつ。こうした関心は，CMSにも共通するものである。近年では，アイデンティティ形成における矛盾が人々を有能もしくは無能にする機能に関心が寄せられている。

　批判的アプローチは，アイデンティティの規制（identity regulation or control）に着目する。このアプローチでは，アイデンティティが権力の行使

を通じてどのように完成されるのかが問われる。具体的には，人々がどのような物の見方・存在の仕方・やり方を強いられるのか，また人々が規律的権力の行使を通じてどのようにそれらの取り組みに同意もしくは反抗するのか，である。これらの問いからも明らかなように，アイデンティティの規制における中心的な概念は権力（関係）である。

　批判的アプローチは，3つのアプローチのなかでも最も包括的な（ただし，抽象的な）枠組みを提供するものである。批判的アプローチは，他の2つのアプローチが抱える問題に対応することができる。すなわち，アイデンティティ形成のダイナミックなプロセスを分析可能とし，管理主義とは異なる視点からアイデンティティ形成を論じることができる。また，他の2つのアプローチでは，特定の組織の分析に焦点を置くために，幅広い歴史的・文化的・制度的・政治的影響力が無視されてしまう。これらの影響力は，アイデンティティの規制をテーマにすることによって，初めて分析の対象とすることができる。

4.3　アイデンティティへの批判的アプローチの枠組み

　以上のようなアイデンティティへの批判的アプローチの枠組みを示した研究が，Alvesson and Willmott（2002）である。Alvesson and Willmott（2002）は，組織的統制を通じた従業員の自己アイデンティティ形成について論じたものである。

　Alvesson and Willmott（2002）では，従業員のアイデンティティとしてGiddens による自己アイデンティティを措定する。従業員のアイデンティティは，再帰的に構成される語りとして概念化される。そして，その語りは，多様な言説の要素としての言語やシンボル，価値観などによって構成される。開かれたアイデンティティの獲得を特徴とする後期近代において，あらゆる活動はアイデンティティ・ワークに関わるものとなる。人々は絶えず続く緊張感のなかで自己アイデンティティの形成に従事する。

　Alvesson and Willmott（2002）は，組織的統制が自己アイデンティティに及ぼす影響について考察する。ここでの組織的統制とは，「積極的なアイデンティティ・ワークを含む不安定でしばしば競合的なプロセス」（Alvesson and Willmott, 2002, p. 621）であるとされる。この定義にも示されるように，

Alvesson and Willmott（2002）では，組織的統制と自己アイデンティティを媒介するものとして，アイデンティティ・ワークの概念が置かれている。アイデンティティ・ワークは，組織的統制の重要な媒介であり，成果であると考えられている。

　また，Alvesson and Willmott（2002）では，"Identity Regulation as Organizational Control" という論文のタイトルにもあるように，組織的統制としてのアイデンティティの規制に焦点を当てる。アイデンティティの規制は，アイデンティティ・ワークを刺激することで，従業員に対する組織的統制を達成しようとするものである。こうしたアイデンティティの規制は，「直接的な行動のコントロールではなく，言説によるアイデンティティのコントロール」（清宮，2019, 297 頁）として位置づけられる。

　以上のように，Alvesson and Willmott（2002）における主要な概念は，自己アイデンティティ，アイデンティティ・ワーク，アイデンティティの規制の3つである（図2-5）。アイデンティティの規制は，自己アイデンティティに対して直接的な影響を与える一方で，アイデンティティ・ワークを通じて自己アイデンティティが形成される（特徴づけられる）側面が強調される。アイデンティティ・ワークは，選択的に採用する言説と実践を通じてアイデンティティ

図2-5　アイデンティティの規制，アイデンティティ・ワーク，自己アイデンティティ

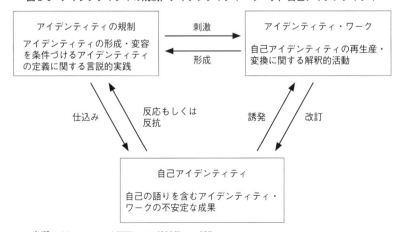

出所：Alvesson and Willmott（2002），p. 627.

の規制を達成する。アイデンティティの規制によって，自己アイデンティティは構造化された叙述として持続する。

　言説的実践としてのアイデンティティの規制は，9つの様式をもって実施される（表2-13）。9つの規制の様式は，規制の焦点別に，① 従業員，② 行為の方向性，③ 社会的関係性，④ 舞台背景の4つに分類される。アイデンティ

表2-13　アイデンティティの規制の標的と9つの様式

規制の焦点	規制の様式	様式の概要
従業員	1. 人を直接的に定義する	明示的な言及が，ある人を他者と区別する特徴を形成する。
	2. 他者を定義することによって人を定義する	人や集団は，特定の他者の特徴に言及することによって，間接的に特定される。
行為の方向性	3. 動機となる特定の語彙を提供する	従業員が自らの仕事の意味を理解するように促される管理によって，特定の解釈枠組みが称賛され，促進される。動機となる特定の語彙を通じて，その人が何をするのが重要で自然なのかを示す一連の言及が確立される。
	4. 道徳と価値観を展開する	強い道徳性を伴って信奉された価値観や物語は，アイデンティティを特定の方向に向けるように作動する。
	5. 知識と技能	知識がそれを知る人を定義するように，知識と技能の構成は，企業のコンテクストにおいてアイデンティティを規制するための重要な資源である。できる（と期待される）ことによって，その人が定義・構成される。
社会的関係性	6. 集団のカテゴリー化と所属	アイデンティティを規制する強力な方法の1つは，個人が帰属する社会的カテゴリーを開発することである。社会的世界を「我々」と「彼ら」に分けることで，社会的区別と境界線が創造・維持される。
	7. 階層的な位置	多くの組織において，異なる集団・個人の社会的地位と相対的な価値観は，繰り返される象徴化によって分割・支持される。重要な他者に関する優位もしくは服従は，自分は何者かとの問いに答えるために重要になる。
舞台背景	8. そのゲームの独特な一連のルールを制定して明確にする	特定のコンテクストにおいて，物事を遂行するのに自然な方法についての確立された考え・規範は，アイデンティティの形成に対して大きな含意をもつ。ルールや標準の自然化は，特定の自己理解の適応を要求する。
	9. コンテクストを定義する	人々が行為するための舞台背景と前提条件を明確にすることを通じて，特定の行為者のアイデンティティが暗黙裡に呼び起こされる。

出所：Alvesson and Willmott (2002), pp. 628-632 を基に筆者作成。

ティの規制は，従業員そのものを対象とする様式だけでなく，行為の方向性や社会的関係性を特徴づける様式，ルールやコンテクストなどの舞台背景に関わる様式など，幅広い様式をもつ。

　これらの9つの様式はすべて，従業員のアイデンティティの定義に関する言説を利用する。しかし，従業員はそれらの言説の影響を受けはするが，だからといって言説に規定される訳ではない。ここでの従業員は，多かれ少なかれ批判的に言説を解釈し，制定（enact）する存在であるとされる（Alvesson and Willmott, 2002, p. 628）。

　以上のように，Alvesson and Willmott（2002）は，組織的統制を通じた自己アイデンティティ形成について重要な枠組みを提供する。また，Alvesson and Willmott（2002）においては，アイデンティティの規制そのものが言説に規制される一方で，言説を資源として利用することが強調される。

　アイデンティティへの批判的アプローチの枠組みを示したもう1つの研究が，Watson（2008）である。Watson（2008）は，これまでの批判的アプローチによる研究が，言説による影響を重視するあまり，従業員の自己の様々な側面の複雑性を単純化してしまう傾向があったことを指摘する（図2-6）。こうした傾向は，ある言説が1つのアイデンティティを生み出すかのような誤解を生じさせてしまう。

　この問題に対応するために，Watson（2008, p. 128）では，多様な言説と自己アイデンティティの関係についての3ステップの枠組みを提示する（図2-7）。この枠組みでは，言説と自己アイデンティティを媒介するものとして社会的アイデンティティの概念が措定される。この枠組みにおける社会的アイデンティティは，人々がアイデンティティ・ワークの際に参照する言説のなかにある焦点の要素として認識するものと捉えられる。

　Watson（2008）が提示する枠組みの強調点は，第1に言説およびその要素としての社会的アイデンティティの多様性にある。1つの言説が1つの社会的

図2-6　言説と自己アイデンティティの関係に対する2ステップの視点

（管理的）言説　　⟹　　（管理的）自己アイデンティティ

出所：Watson（2008），p. 128.

図2-7   言説と自己アイデンティティの関係に対する3ステップの視点

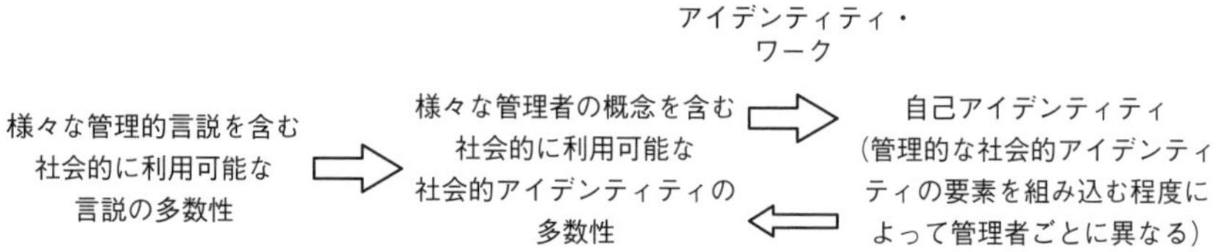

出所：Watson（2008），p. 128.

アイデンティティを生み出す訳ではなく，それぞれの言説において複数の社会的アイデンティティが存在する。また，そうした言説そのものが多様であるために，アイデンティティ・ワークの参照点となる社会的アイデンティティは，ますます多様になる。そうした多様な社会的アイデンティティを踏まえて，アイデンティティ・ワークが生じる。しかし，必ずしも1つのアイデンティティに統合される訳ではなく，矛盾し合う複数のアイデンティティが併存することもありうる。

第2の強調点は，行為主体としての従業員の解釈・修正である。従業員は受動的な存在ではない。彼らは特定の社会的アイデンティティを参照してアイデンティティ・ワークに従事するが，そこには与えられた社会的アイデンティティを解釈・修正するための余地がある。図2-7にある左向きの小さな矢印は，そうした余地を示している。

第3の強調点は，組織的統制の不完全さである。自己アイデンティティは，個人誌の観点から再帰的に構成される自己についての語りである。従業員は個人誌の観点から自己アイデンティティを形成する。そのアイデンティティ・ワークは，所属する1つの組織（の統制）によってのみ影響を受ける訳ではない。参照点となる社会的アイデンティティは多様に存在し，その多様性ゆえに他のアイデンティティとの比較を通じた解釈を生じさせる。そのため，ある特定の組織における統制によって，その組織に望ましいアイデンティティの形成が完全に達成される訳ではない。

以上のようなWatson（2008）の枠組みは，Alvesson and Willmott（2002）における9つの規制の様式のなかでも，「他者を定義することによって人を定義する」方法に焦点を当てたものである（Watson, 2008, p. 127）。

Alvesson and Willmott（2002）および Watson（2008）の枠組みは，従業員を受動的な存在として扱わずに，組織的統制と従業員のアイデンティティ形成の相互の影響を捉えるものとなっている。ただし，Alvesson and Willmott（2002）がアイデンティティの規制の様式を詳細に考察したのに対して，Watson（2008）は組織的統制に影響を及ぼす言説の多様性を強調したものとなっている。これらの言説がもつイデオロギー的側面は，それ自体の遂行性によって以下のような影響を及ぼす（清宮, 2019, 365 頁）。第1に，特定の集団の関心が普遍性をもつかのように表象されることである。第2に，社会における対立をあやふやにすることである。第3に，物象化のプロセスを通じて特定の社会関係を当然のものと思わせることである。以上のような枠組みは，現代日本の組織における従業員のアイデンティティ形成をよりよく理解するために用いることが可能となる。

5.　本書の立場と枠組み

　この章では，人材マネジメント研究の展開を踏まえた上で，現代日本の組織における従業員のアイデンティティ形成を理解するための枠組みについて検討してきた。特に，本書の目的を踏まえれば，Critical HRM 研究の立場を基本としつつ，Alvesson and Willmott（2002）および Watson（2008）の枠組みを利用して，従業員のアイデンティティ形成を理解することが重要となる。次章以降からは事例の検討に入るが，その前に本書の立場を明確にするとともに，本書の対象と方法，および枠組みについて明示する必要がある。

5.1　本書の立場

　本書の基本的な立場は，Critical HRM 研究，およびアイデンティティへの批判的アプローチにある。これらの研究が立脚しているのは CMS の視座であり，それは本書でも共有されている。

　CMS に共通するのは，管理主義に対する批判的な立場である。既述のように，人材マネジメント研究においては，管理主義の志向を強めることによっ

て，従業員に対する管理をどのように分析すべきかが議論されなくなった。そのために，人材マネジメント研究は，以前から管理の対象である従業員の存在を軽視していることが問題視されてきたのである（Bolton and Houlihan, 2007, p. 1）。現代日本の組織における従業員のアイデンティティ形成を理解するという本書の目的に照らせば，研究上の管理主義を退けた上で，改めて管理の対象である従業員を捉え直す必要がある。

　ただし，一口に「従業員を捉え直す」と言っても，その捉え方は多様である。既存の人材マネジメント研究においても，従業員の特定の側面を捉えようとしてきたことは否定できない。であるならば，本書がどのように従業員という存在を捉えようとしているのかについて，改めて説明する必要があるだろう。

　本書において，組織における従業員を捉えるとは，従業員のアイデンティティ形成を捉えることを意味している。むろん，アイデンティティは，それ自体が従業員という存在と同義である訳ではない。しかし，会社人間としての従業員の働きぶりがそうであったように，従業員としての自らの振る舞いの根源となるのは，当人が自らをどのように捉えているのかである。すなわち，アイデンティティ形成は，その従業員の振る舞いに大きく関与する。管理的な意図があろうがなかろうが，従業員のアイデンティティ形成を捉える際には，自己の語りを通じて構成される自己アイデンティティをそれぞれのコンテクストから理解することが重要になる。ただし，本書における従業員のアイデンティティ形成は，主に所属する組織や職場において見出されるものに限られる。事例の検討の際には，WLB言説における生活者としての側面も見出されるものの，そのような側面が職場においてどのようにアイデンティティ・ワークを生じさせるのかに限定して考察していく。

　こうした従業員の捉え方は，既存の人材マネジメント研究において十分に議論されてこなかった点でもある。特に，Miles（1975）において提示された3つの管理の代替的理論（表2-6）において顕著なように，人材マネジメントにおいては，管理主体である管理者が従業員をどのように捉えるのかが議論の中心であった。第1節で考察した①従業員の利害の一元化，②個人としての貢献の要求，③管理主義の強化の3つの新たな人材マネジメントの特質は，い

ずれも管理者や経営者側がもつ前提として見出されたものである。こうした従業員に対する前提は，まさに言説的実践として従業員のアイデンティティを規制するものでもある。しかし，従業員は，そうした前提を押しつけられるだけの受動的な存在ではない。管理者側が言説を資源として利用した管理を実践する一方で，従業員側も同様の／あるいは別の言説を利用して，押しつけられた役割（社会的アイデンティティ）を解釈し，修正するのである（Alvesson and Willmott, 2002; Watson, 2008）。

　また，本書の研究の目的と，CMS のそれに関しても，若干の説明が必要になる。繰り返しになるが，本書の目的は，現代日本の組織における従業員のアイデンティティ形成を理解することにある。特に，その理解のために，解釈的アプローチではなく，（CMS に立脚した）批判的アプローチを採用する点に，本書の特徴があると言える。一方で，CMS は，管理主義を変性・脱構築することで少数派に属する人々の立場を改善することを目指すことを目的としている。CMS に立脚した一部の研究においては，少数派に属する人々を過度に被害者として捉える傾向がある。むろん，本書においても，そうした少数派の人々に対するミクロな解放を目指すという姿勢は共有している。しかし，その際に問題となるのは，誰を少数派とみなすのかについてである。会社人間としてのアイデンティティをもつ従業員が一部のエリート社員に限られていたように，特定のコンテクストにおいて支配的なアイデンティティが存在したとしても，そうしたアイデンティティを形成している従業員はごく少数に限られることも多いためである。また，そうした支配的なアイデンティティを形成している従業員も，決して特権を享受しているだけの存在などではなく，様々な矛盾や葛藤を抱えながら自らのアイデンティティを形成・保持している。だとすれば，CMS の立場にありながら，特定のコンテクストにおいて「有能である」とされる少数の従業員を分析の対象とすることも可能となる。また，アイデンティティへの批判的アプローチに依拠することで，そうした従業員が，特定の言説を利用しながら，積極的に制度を変革しようと試みる様相を捉えることも，同時に可能となる。近年のアイデンティティへの批判的アプローチは，アイデンティティ形成における矛盾が人々を有能もしくは無能にする機能に関心を寄せるとされていることから，本書もこうした関心に基づいて，特に人々を

有能にする機能に着目する。事例の検討の際には，人材マネジメントの言説において人材が有能となる機能の複雑さを理解するとともに，一見するとそれとは相反する WLB の言説の機能の理解を試みる。

5.2　本書の対象と方法

　人材マネジメントと WLB の二重の言説の影響を捉えるために，本書では 2 段構成の事例を検討する（図 2-8）。対象となるのは，日本的経営が人材マネジメントへと移行した時期と，それに加えて WLB が推進されるようになった時期の，それぞれにおける従業員のアイデンティティ形成である。

　第 1 に，日本の組織における人材マネジメントを通じた従業員の人材化の事例である。第 1 章で考察したように，日本企業におけるマネジメントは，日本的経営から人材マネジメントへとマネジメントパラダイムが移行したとされる。こうした人材マネジメントに関連するいくつかの制度の導入事例を検討することで，従業員がいかに人材として自らを捉え直していくのかについて考察する。

　第 2 に，人材マネジメントの文脈における WLB 推進を通じた従業員のアイデンティティ形成の事例である。2007 年に政府によって WLB 憲章が制定されてから，多くの日本企業や官公庁において WLB が推進されるようになって

図 2-8　本書の対象

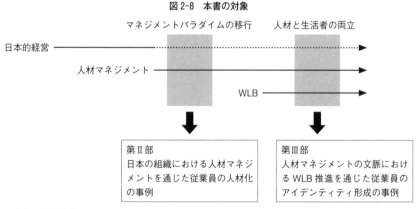

出所：筆者作成。

いる。人材マネジメント化に加えて WLB が推進されることで，管理のあり方は大きく変容することになる。こうした管理の変容に際して，組織における人材としての側面だけでなく，家庭における生活者としての側面ですら管理の対象に含まれるようになる。このような変化をもたらした WLB の推進事例を検討し，人材として自らを捉えていた従業員が生活者としての立場との両立を迫られるようになるなかで，それに応じて職場におけるアイデンティティをどのように形成していくのかについて考察する。

　以上の2段構成の事例として，本書では4つの企業・自治体を対象として，6つの事例を取り上げる。まず，日本の組織における人材マネジメントを通じた従業員の人材化の事例に関しては，住宅メーカー X 社における人事制度改革（第3章），製造業 Y 社における給与計算業務改革（第4章），製造業 Y 社における各種プロジェクト設立（第5章）の3つを検討する。次に，人材マネジメントの文脈における WLB 推進を通じた従業員のアイデンティティ形成の事例に関しては，製造業 α 社における女性従業員の職務・雇用形態と WLB（第6章），Z 市役所においてイクボスとして表彰された管理職の内省（第7章），Z 市役所における男性育児休業取得者による意識の変化（第8章）の3つを検討する。

　以上の事例は，すべてインタビュー調査に基づいて作成されたものである。アイデンティティとアイデンティティ・ワークを分析する際の方法として，インタビューは効果的な方法の1つであるとされる（清宮，2018，119頁）。各調査の概要については各章の冒頭で述べるが，事例を作成する際にはインタビュー調査から得られた情報だけでなく，社内資料や二次資料も参照している。ただし，本書の事例はすべて匿名として扱っていることから，参照した二次資料は参考文献に記載していない。また，インタビュー内容は，公刊前にインタビュー対象者にその内容の確認を求め，必要に応じて発言内容を修正してもらっている。そのため，発言内容には口語ではない形に修正されている箇所が含まれている。

　以上のような方法によって，次章以降から事例の検討を進めていく。ただし，これらの事例の選択には，研究者自身の問題意識が反映されていることに留意されたい。第1に，日本の組織における人材マネジメントを通じた従業員

の人材化の事例に関しては，人材マネジメントの実践において，経営的に望ましいアイデンティティが形成されていく複雑な様相を捉えることが目的となる。ここでの問題意識は，かつての日本的経営におけるものとは異なる「有能さ」の序列が形成されるプロセスにある。第2に，人材マネジメントの文脈におけるWLB推進を通じた従業員のアイデンティティ形成の事例に関しては，すでに人材マネジメントによって「有能な」人材とされている従業員が，一方でWLB言説を利用しながら，職場における自らのアイデンティティを変容させていく様相を捉えていく。ここでの問題意識は，従業員が職場におけるWLB推進を享受するだけでなく，むしろ自ら積極的に生活者としての側面を打ち出していくプロセスにある。以上のような言明は，CMSと同様に，研究上の価値中立性を退けるためのものである。本書の事例で取り上げるのは，「有能さ」を獲得していく少数派の従業員である。そうした周辺化された従業員に目を向ける時点で，本書の事例は価値中立的に記述されたものではあり得ないだろう[60]。次章以降の事例は，研究者自らの拠って立つ価値，そして理論負荷性を自覚的に持ち込んだものであり，客観的に見出された法則性の一般化を目指すのではなく，研究者自身が重要であると認識する組織現象の複雑さを理解することに主眼を置いたものとなる。

5.3　本書の枠組み

　本書において検討する事例の最大の焦点は，当事者自身の語りを通じて構成される自己アイデンティティであり，そうした自己アイデンティティを形成したり保持したりするアイデンティティ・ワークである。こうした自己アイデンティティとそのアイデンティティ・ワークを含む従業員のアイデンティティ形成を捉えるために，事例の検討の際には従業員のアイデンティティを中心とした4つのⅠ（イデオロギー，制度，利害，アイデンティティ）に着目しつつ，それらをそれぞれのコンテクストから理解していく。こうしたCMSならびにCritical HRM研究の基本姿勢は，本書においても共有されている。

　本書の枠組みの基本的な部分は，図2-4で示したCritical HRM研究の枠組みに依拠している（図2-9）。ただし，第3節で考察したCritical HRM研究ではイデオロギー化した管理のパラダイムについての考察が十分とは言えないこ

図2-9　本書の枠組み

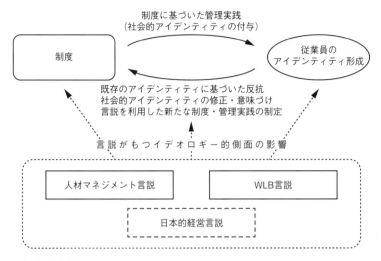

出所：筆者作成。

とから，本書では図2-7で示したWatson（2008）の枠組みに依拠して人材マ
ネジメント言説およびWLB言説のイデオロギー的側面の影響を積極的に捉え
た上で，従業員のアイデンティティ形成の理解を試みる。本書の事例で検討す
る，日本的経営，人材マネジメント，WLBの３つの言説は，それぞれ異なる
形で企業側の利害を表象し，それを自明のこととしている。例えば，日本的経
営言説のもとで，従業員は典型的会社人間を範として働くことが要請される。
人材マネジメント言説のもとでは，従業員は組織に貢献することを望む人材で
あることが当然であるとみなされる。WLB言説のもとでは，人材としての働
き方を妨げる要因の排除によって，より人材であることが徹底して要請され
る。以上のような言説の影響を捉えながら，次章以降の事例を理解していく。
　事例の理解の際には，アイデンティティは他者との関係性において形成され
るものであることから，まずはその関係性を規定する制度を理解の際の梃子と
する必要がある。その上で，その制度に基づいた管理実践や，そうした管理実
践を受けて形成される従業員のアイデンティティを捉えていく。また，
Critical HRM研究の枠組みでは，制度によって従業員のアイデンティティが

規定されてしまう側面が強調されるが，本書ではむしろ従業員によるアイデンティティ・ワークによって生じる反抗や，付与された社会的アイデンティティの修正や意味づけ，さらには新たな制度や管理実践の制定までをも積極的に捉えていく。

　以上のような枠組みに基づいて，次章以降では具体的な事例の検討を試みる。繰り返しになるが，ここで検討する事例は，あくまでも各事例における理解を得るためのものであり，結果として得られた知見の一般化を目指すものではない。とは言え，本書で得られた理解や考察は，他の現代日本の組織における従業員のアイデンティティ形成を理解するための手掛かりにもなり得るだろう。

注

20　この比較は，あくまでも人事労務管理と人材マネジメントの特性に関するステレオタイプ（紋切型）な見解を論じたものである。しかし，画一化されたそれぞれのイメージを比較することで，両者の違いはより一層鮮明となる。

21　このように考えると，Guest（1987）と Storey（1992）における「中央集権的（あるいは中央集権主義）」の位置づけの違いが理解できる。Guest（1987）は，多元的な利害をもつ労働者集団を管理する人事労務管理においては，それぞれの利害が表出しないような中央集権的な構造が必要であると考えている。これに対して，Storey（1992）は，後述するように経営者と同じ利害をもつ従業員を前提にする人材マネジメントにおいては，中央集権的な労使関係が成立すると考えている。

22　例えば，伊藤（1992, 117 頁）は，人材マネジメントと人事労務管理の決定的な相違点として「人間を成長し発展する潜在能力をもつものとみなす人間観」を指摘している。

23　例えば，岩出（2002, 57 頁）では，人事労務管理における人間観の1つとして，労働者を「コスト，労働力としての生産要素」と捉える考え方が示されている。また，宮坂（2010, 72 頁）では，人事労務管理において労働者は「指示以外の，余計なことを考えない，機械人（マシンマン machine-man）」として把握されてきたとされる。

24　ここで取り上げる先行研究の選択は，三戸（2004）を参考にした。

25　1951 年に公刊された邦訳（本多元吉・遠藤正介共訳）では，industrial relations を事業管理，manpower management を労務管理と訳出している。本書では，表記を統一するために，現在の一般的な訳を用いることにする。また，personnel management については，本書よりも狭義の捉え方をしていることから，人事管理と訳出し，本書における人事労務管理とは区別して扱っている。

26　Yoder（1948, p. 3）が労働力管理に注目した背景には，アメリカにおける労使関係が大企業の発展に伴って非人間的（impersonal）な傾向をもつようになったことがある。また，企業経営の管理対象であるヒト・モノ・カネの経営資源のうち，モノ・カネの管理を行うのがヒトである以上，実際には企業における管理の大部分は労働力管理となるとする（Yoder, 1948, p. 9）。

27　このような定義も含め，Yoder（1956）における人的資源は労働力（manpower）とほとんど同義であると指摘される（三戸, 2004, 23 頁）。

28　三戸（2004, 22 頁, 脚注 4）によれば, 既述の Yoder（1948; 1956）は経済学に基づいた人事労務管理の研究である。一方で, Tead and Metcalf（1920）は, 人事労務管理の研究者である Tead と心理学の研究者である Metcalf による研究である。このような学問的背景が, それぞれの研究における人間観の違いにも影響を及ぼしていると考えられる。

29　Tead and Metcalf（1920）は, Personnel Management ではなく Personnel Administration を論じたものである。ただし, 人材マネジメントが普及した現在では, 両者は伝統的な管理として厳密に区別されずに扱われている。そのため, 本書では両者に対して人事労務管理という同一の表記を用いることにする。

30　ただし, Tead and Metcalf（1920）の議論に関しては, パーソナリティー概念を中心に人間性を重視した議論と, 実際に提示された諸制度が上手く結びついていないことが批判される（岩出, 1989, 41 頁, 脚注 30；津田, 1977, 84 頁）。

31　本書では, これまで一貫して Human Resource を人材として訳出している。広辞苑 第 7 版によれば, 人材という用語には「その人を形作っている性格・才能など」といった意味も存在するが, あくまでも「才知ある人物。役に立つ人物」といった人そのものを意味する用法が一般的である。Drucker は, 後述するように人間のもつ側面の 1 つとして Human Resource を定義していることから, 人材という用語の一般的な用法と区別するために, 本書では Drucker による Human Resource 概念のみを「人的資源」として訳出している。

32　こうした理由から, Drucker（1954）は人的資源という用語の初出であるものの, 本書では便宜上, 人事労務管理の研究として扱っている。ただし, Drucker（1954, pp. 287-288）は, 人事労務管理に代わる新たな管理を予見していることにも留意されたい。

33　ただし, 石井（2011, 58-59 頁）は, 全人仮説に基づいた人事労務管理は実現が困難であるとし, 従業員に対する管理の展開として科学化を追求することが現実的であるとの見解を示している。

34　同様の指摘は, 先行研究にもある。例えば, 黒田（2006, 7 頁）では, 人材マネジメントと人事労務管理の間には, 労働者に対する計画・指揮・統制の活動としての基本的性格に変化がないとする。その上で, むしろ人材マネジメントは従業員の人間性に照準を合わせていることから, その性格（管理的志向）を濃くしていると指摘している。また, 岩出（1989, 135 頁）では, 人材マネジメントを「その本質上, 経営の論理が強く滲む労務管理理念と考えることができる」と指摘している。

35　特に, 人材マネジメントのソフト・モデル（従業員の人間性とその開発可能性を強調するモデル）は, 人事労務管理の規範的モデルとほとんど変わりがないとの指摘もある（Legge, 1995, p. 34）。なお, この指摘にある人事労務管理の規範的モデルとは, この章でも取り上げた Pigors and Myers（1947; 1956）などを指しているものと思われる。

36　先行研究において見出された 3 つの「特性」に対して, 本書において見出した 3 つは「特質」と呼んで区別している。

37　また, 人材マネジメントにおいては, 従業員参加活動によって「労働者の忠誠心を組合から企業へと転換させる」（長谷川, 1998, 17 頁）との指摘もある。

38　人材マネジメント研究においては, 実務と同様に管理主義の視座に立脚したがゆえの問題が生じている。実務と同じ視座に立脚して提示された理論は, 必ずしも実務において参照されている訳ではない（櫻井・浦野, 2014, 97 頁）。この問題は「研究と実務の乖離」と呼ばれ, 研究における喫緊の課題とされている（e.g. Rynes et al., 2007）。

39　この章でも取り上げた Guest（1987）や Storey（1992）における比較は, 「人事労務管理の記述的実践と, 人材マネジメントの規範的向上心という暗黙の対比を示す」（Legge, 1995, p. 36）との指摘もある。すなわち, 人事労務管理研究が記述によって分析方法を示そうとしたのに対し, 人材マネジメント研究は管理方法を規範として示そうとしたのである。人事労務管理と人材マネ

ジメントの比較は，それぞれの研究のあり方も明確に対比させていたと言える。

40　既述のように，人材マネジメントでは労使関係に焦点が置かれていない。それにもかかわらず，日本の人材マネジメントの教科書では，1章分を割いて労使関係が論じられていることが多い（e.g. 経営能力開発センター，2009，第9章；澤田ほか，2009，第14章；奥林ほか，2010，第11章；上林ほか，2010，第10章）。また，同様の傾向は海外の教科書にも見られる（e.g. Bratton and Gold, 2007, Ch. 11）。このような事実は，研究者によって「人材マネジメント（あるいは，HRM）」に内包されるものが異なっていることを示している。

41　こうした人材マネジメントの用いられ方について，Keenoy（1999, p. 9）は人材マネジメントという用語が何を意味するのかについて合意を得ることは不可能なままであると指摘する。

42　従業員に対する管理が組織の成功／失敗に直接影響を与えることが認識されるようになった背景には，行動科学の積極的な役割もあったとされる（岩出，1989，134-135頁）。

43　SHRMが登場する背景には，コンティンジェンシー理論（Contingency Theory），競争戦略論（Competitive Strategy Theory），資源ベース理論（Resource-Based View）の影響があるとされる（岩出，2002，41-55頁；松山，2005，27-48頁）。

44　Miles and Snow（1978）による類型化には，防衛型，探索型，分析型の3つに加えて受身型も存在する。しかし，受身型は戦略と構造の適合を欠いた組織とされるため，それぞれの類型における適合関係を示した表2-7には記載されていない。

45　筆者の知る限りでは，SHRMという用語の初出はThicy et al.(1982)である。Thicy et al.(1982)は，論文のタイトルとしてStrategic Human Resource Managementという表現を用いている。

46　これに対し，SHRMが登場する以前の人材マネジメントは，人材マネジメントの個別の施策と従業員レベルでのパフォーマンスに着目したミクロ的アプローチとして位置づけられる。

47　例えば，Pfeffer（1998, pp. 64-65）は，ハイ・コミットメント型の人材マネジメント施策として，①雇用保障，②選択的採用，③自己管理チームと分権的意思決定，④組織成果に応じた高い報酬，⑤従業員に対する広範な教育訓練，⑥地位による賃金格差等の除去，⑦パフォーマンス情報の組織的共有，の7つを取り上げている。

48　回帰分析は，予測のために変数間の相関関係から回帰係数を推定する分析であり，変数間の因果関係を証明するものではない。

49　ただし，HPWSの普遍的な影響力が支持される一方で，SHRMの枠組みはコンティンジェンシー要因にも微弱な影響力を認めている。Kaufman（2010, p. 290）は，そのような枠組みを「弱いコンティンジェンシー（weak contingency）」と呼ぶ。

50　Rynes et al.(2007)は，研究者が重要だと考える3つの知見が実務家向けの雑誌でどのように扱われているのかについて分析を行った。ここでの3つの知見とは，①知性と仕事の成果の強い関係，②従業員の特性と仕事の成果の関係，③目標設定が仕事の成果に与える効果，である。分析結果から，それらの知見は実務家向けの雑誌ではほとんど扱われていないことが明らかになった。

51　例えば，エクセレンス社というコンサルティング・ファームの人材マネジメントシステムの事例を分析したAlvesson and Kärreman（2007）では，人材マネジメントシステムに対して莫大な時間・知力・労力が注ぎ込まれたことで公平な実力主義が可能となることが社内外で信奉され，それによって評価されることで従業員が優秀なエクセレンス社員としてのアイデンティティを形成していく様相を示している。

52　ただし，2020年現在では，Critical HRMに相当する研究は，そのほとんどがCMSの一部として取り組まれているように見受けられる。

53　CMSは，管理主義に対する批判的な立場を共有する。しかし，管理そのものに対する態度は統一されていない。CMSのなかには，より良い管理を目指して実務への介入を目指す研究が存在す

る一方で，管理そのものを拒絶しようとする研究も存在する（Delbridge and Keenoy, 2010, p. 801）。

54　例えば，Townley（1993）では，個人が認識可能になるプロセスに分析の焦点を置く。Townley（1993）は，Michel Foucault による知識（knowledge），権力（power），主体（subject）の枠組みを用いて，従業員を特定の知識とその権力によって認識可能な主体として捉えることを主張している。

55　例えば，Keenoy（2009, p. 457）は，人材マネジメントを流動的もしくは象徴的なシニフィアン（"floating" or "symbolic" signifier）として捉えることで，最もよく理解できると論じている。

56　一方で，他者には認められないアイデンティティにしがみつく人を精神病患者と呼ぶ（Berger and Berger, 1972, p. 63; 1975, p. 67）。

57　Erikson（1959, pp. 22-23）によれば，例えば，歩けるようになった子どもの自尊感情は，社会的リアリティのなかで明確な位置づけをもった自我に発達しているという確信に変化する。この感覚が，自我アイデンティティである。

58　Giddens（1991）の邦訳では，個人誌（biography）が「生活史」と訳されている。この場合の生活史（life history）とは個人の生涯や半生を記したものを意味し，大まかには個人誌と同義であると考えられる。

59　これ以降，特に断りがない場合には，自己アイデンティティの概念を Giddens（1991）の定義に従って用いることにする。

60　河野（2013, 148 頁; 2014, 86 頁）によれば，経験科学において事象認識と価値判断とは明確に区別すべきであるとする「価値自由」論を唱えたヴェーバーでさえ，科学的研究の出発点となる社会的または個人的な価値や願望は排除していないという。そのヴェーバーは，社会科学の研究方法について「研究対象の社会的行為に固有の価値意識（＝生活態度を規定）に着目し，対象の「動機」を「理解（了解）」する方法によることで，社会科学上の客観的な認識が得られると考えた」（河野, 2014, 86 頁）とされる。

第Ⅱ部
日本の組織における人材マネジメントを
通じた従業員の人材化の事例

第3章

成果主義賃金制度導入による
自律型人材生成のための管理実践

　この章では，住宅メーカー X 社における人事制度改革について検討する。X 社はもともと住宅部材メーカーであったが，数十社との大規模な経営統合を行った。その経営統合に伴って，従業員の一体化が課題となったことから，各社で運用されていた人事制度も統合されることになった。その際に，これまでの年功重視型の人事制度が見直され，統合後には成果・実力を重視した人事制度が導入された。新たな人事制度では，多種多様な職務に就いていた従業員の多くを総合職扱いとしている。

　この章の事例は，2011 年 8 月から 10 月にかけて実施した計 2 回のインタビュー調査に基づいている。インタビュー調査の対象者は，人事制度改革を主導した人事部長とその部下の 2 名である。後者には，計 5 時間以上にも及ぶインタビューを実施している。

1. 人事制度改革に至る経緯

　X 社は，グループ連結で 5000 人以上の従業員を擁する創業 50 年ほどの住宅メーカーである。X 社は当初，販売部門を自社でもたない住宅部材メーカーであった。同業他社の多くが直販体制による販売を行っていた一方で，X 社は製造した住宅部材の販売を代理店に任せていた。X 社の販売を担う代理店は，地元工務店との折半出資で設立した直系の代理店と，一般の代理店によって構成されていた。これらの代理店によって，X 社が製造した住宅部材は消費者に提供されていた。会社数は一般の代理店の方が多いものの，X 社が製造した住宅

部材の販売実績の大半は代理店[61]によるものであった。

　X社が代理店に販売を任せていたのは，地元に密着した製品の販売を可能にするためであった。その一環として，X社と代理店は共同で製品を企画し，それを代理店が地元で販売することも試みられていた。そうした共同体制による製造・販売によって，X社は同業他社との差別化を図っていた。しかし，代理店はX社とは独立した企業であるため，X社の意向を徹底させることが難しかった。そのため，X社は従業員を代理店に出向させるなどして，グループ全体の結束を高めていた。それと同時に，代理店間の処遇の格差を極力少なくするために，人事制度の標準化にも取り組んでいた。当時の多くの日本企業が従業員の画一化に危機感を抱いていた一方で，X社は意図的に従業員を画一化して結束を高めようとしていた。

　その後，X社では販売不振によって業績が悪化し，経営を効率化してコストを削減することが急務となった。そこで，X社は代理店，物流会社，サービス会社など数十社との大規模な経営統合を行った。この統合によって，製造・販売・施工・アフターサービスまでが一体化され，X社では顧客の要望に迅速に対応できる直販体制が整えられた。

　また，この経営統合に伴って，X社は多様な職種に就く従業員を抱える企業となった。統合以前は住宅部材の製造が主な業務であったため，管理対象としての従業員の職種も限られていた。しかし，経営統合に伴って，かつてのX社には存在しなかった職種も管理の対象となった。そのため，統合後のX社では，多種多様な業務に従事する従業員の人事制度が一本化されることになった。

2．改革以前の人事制度

　X社が属する住宅業界は国内での販売が主となるため，グローバル競争にさらされた経験がなかった。そうした背景もあってか，改革以前の住宅部材メーカーであったX社には真面目で紳士的な従業員が多かった。従業員の人柄が良く貪欲さに欠けることから，X社は「お坊ちゃんお嬢ちゃんの会社」という

評価を受けることが多かった。

　　うちの会社がお坊ちゃんお嬢ちゃんの会社なんて言われるのはね，
　　まぁ人は良いけども，なんかたくましさに欠けるみたいなことが言わ
　　れていたりとかね。…（中略）…それも別にまったく悪い話とは思っ
　　ていませんが，それはそれで残しつつも，もう少したくましくならな
　　いといけないねと。（人事部長 A 氏）

　当時の X 社の従業員は，与えられた仕事をこなすことには長けていたもの
の，変革には疎いという側面をもっていたと回顧している。

　　当社の社員を一言で言えば，「真面目で人柄が良く紳士的ですが，反
　　面，スピード感に欠けたり，変革に疎い」という面があります。（二
　　次資料より引用）

　製品をつくれば売れるような右肩上がりの成長が前提となる環境下では，こ
のような気質の従業員によって容易に増収・増益を達成できた。このような環
境が長く続いたことから，X 社の従業員は自ら考えて行動することを要求され
なかったのである。こうした従業員に対して，X 社では年功主義の人事制度を
運用していた。勤続年数に応じて生活給としての賃金を支払い，昇進・昇格を
決めていたのである。また，昇進先のポストを確保する狙いもあって，X 社は
階層の多い組織であった。また，X 社では従業員を長期的な雇用を通じて定年
まで育成する方針をもっていた。このように，当時の X 社の人事制度は受身
型の従業員を活用しようとするものであった。
　一方で，X 社と経営統合することになる代理店の従業員は，X 社の従業員と
は正反対の気質をもっていた。代理店では，いわゆるアメとムチによる管理が
徹底され，自分の力で業績を上げようとする一匹狼気質の従業員が多いとされ
ていたのである。

　　（X 社の従業員に対して）こっちは一匹狼で，必死でモノを売ってく

るみたいな人が代理店にいてね。それが一緒の社員になっている訳で
すよ。（人事部長 A 氏）

　こうした従業員に対しては，販売件数に応じたインセンティブとしての賃金
が支払われていた。代理店では，X 社のように長期的な視点から育成するとい
う考え方は弱く，むしろ現場で先輩の背中を見て学ぶことが重視されていた。
代理店では，優秀な従業員が会社に残ることを期待されていたのである。その
ため，代理店の従業員は売上至上主義者となる傾向があった。
　このように，まったく正反対の気質をもった従業員が経営統合によって同じ
組織の一員となる。そのため，統合後の X 社では，双方を納得させる新たな
人事制度を構築する必要があった。

3.　新たな人事制度の導入

　X 社の人事制度改革は，従業員に自律的な行動を要請するものであった。こ
れは，現場の従業員に権限を委譲し，ボトムアップを実現することで環境の変
化に対応するためである。改革の際には，専門的な知識・技能をもつ個人とし
て確立された人材の育成が課題となり，プロフェッショナルとして活躍できる
人材を育成することが基本理念とされた。この基本理念は，従業員が受け入や
すいような配慮をもって提示された。

　　（プロフェッショナルとは）今もっている高い知識とスキル・経験を
　　活かして会社に貢献するプロなんです，と。プロと呼ばれる人っての
　　はプロ野球選手とかね，本当の一流の人っていうイメージを一生懸命
　　植え込もうとしましたね。（人材開発グループ B 氏）

　　我々が一番考えたのは，受け入れられやすいようにしようということ
　　ですね。（人材開発グループ B 氏）

　こうした基本理念に沿って，X社では顧客目線で自律型の人材像が掲げられ，「人は我々の最も価値ある資源である」という信念のもとで人事制度改革が進められていくことになった。

　ただし，規模も文化も違う複数の会社が経営統合することになったため，それらの間にある格差を埋めることも課題となった。その課題を解消するためには，全従業員を一元的に扱う必要があった。また，経営統合の際にはいくつかの工場を閉鎖し，ブルーカラーとして働いていた従業員を営業職に就かせる必要性も生じた。こうした背景から，新たな人事制度のもとでは一部の技能職を除き，大半の従業員が同じ総合職の扱いとなった。統合前に多種多様な職務に就いていた従業員の多くが，総合職として一元化されたのである。ただし，転勤を望まない従業員はエリア限定の総合職とするなど，極力従業員の要望に沿うように対応した。

　統合後のX社に導入されたのは，自己選択型の成果・実力主義の人事制度であった。まず，自己選択型の人事制度として，従業員による主体的なキャリアデザインが重視されるようになった。新たな人事制度では，上司と部下の間で年に2回実施される面接で，将来の目標を達成させるための能力・キャリア開発を計画した。その上で，部下である従業員に対しては，研修費の一部を自己負担とし，有給休暇を取得して選択型研修を受講することを選択させた。こうした取り組みによって，従業員はこれまで受動的に取り組んでいた研修に対して，当事者意識をもって参加するようになった。また，社内資格を認定するとともに，公的資格取得のための費用を会社側が負担するなどした。これらの能力開発に関する取り組みの背景には，エンプロイヤビリティの考え方がある。エンプロイヤビリティとは雇用される能力のことであり，従業員自身が企業に雇用される能力を各自の責任で開発していくという考え方である。改革後のX社の能力開発では，各従業員に個人としての責任が要求されるようになったのである。また，キャリア開発に関しても自己申告制度や社内公募制度などが導入され，従業員が自らの責任によってキャリアを開発していくことが求められるようになった。こうした取り組みは，顧客目線の自律型人材を育成するためのものであった。統合後のX社では，能力・キャリア開発を通じて，従業員を顧客目線の自律型人材として標準化することが目標とされたので

ある。

> 基本はね，会社も個人もやっぱり自律するべきで，もたれあったらダ
> メですよね。自律しあったなかで，会社は会社で個人をサポートす
> る。個人は個人で自分の力を発揮する場所として会社を考えて欲しい
> し。これはクールな関係という訳ではないんですよ。会社は温かいん
> ですけれども，ただ単に自律しないで甘えた関係で会社にいられても
> 困るじゃないですか。そのなかでは成長しないですしね，本人がね。
> （人事部長 A 氏）

　さらに，成果・実力主義の人事制度では，年功的処遇から成果・実力の処遇
が重視されるようになった。新たな人事制度では職能グレード制度が導入さ
れ，成果・実力に基づく昇進・昇格が可能になった。職能グレードとは職能資
格を大括り化したもので，これを職位と連動させることで昇進要件が緩和され
ることになり，力ある若手従業員を積極的に登用することが可能になった。こ
れに伴い，統合後の X 社では組織としての階層が削減された。不要な管理職
のポストが削られ，従業員が現場でプロフェッショナルとして活躍できる体制
が整えられた。また，賃金制度も成果型の処遇へと移行し，業績と連動して賞
与が支払われるようになった。さらに，評価項目がオープン化され，評価結果
が本人にフィードバックされる仕組みも整えた。

> やる気のある人には全員チャンスがあって，そうじゃない人も認める
> けれども，ここまでは自分の責任としてちゃんと仕事をしてね，と。
> （そうじゃない人に対しては）等級も処遇もこんなところになるよ，
> と。でも，責任をもって，ここまでの仕事をしてよ，と。そういう人
> もいますね。一生懸命歯車の 1 つとなって（会社を）動かしている人
> もいるんで。でも，そのなかで，自分はもっとこんなことをしたいと
> いう人がいたら，チャンスはあげるからがんばってやってみたら，と
> いうスタンスだと思うんですけどね。基本はね。（人事部長 A 氏）

　新たに導入された人事制度のもとでは，まず「全員が同じ立場になる」こと
が目標となった。統合前の出身会社によって，同一労働でも賃金格差が生じて
いたためである。そのために，X社では従業員間で差をつけないことを目的と
して成果主義が導入された。一般的に，成果主義賃金制度とは，目標の達成度
合いに応じて賃金が支払われる制度を指す。また，目標の達成度合いを評価す
るために，目標管理制度によって年数回の面接が上司と部下の間で実施され
る。すなわち，目標の達成度合いに応じて従業員間の賃金格差を生じさせる賃
金制度である。しかし，X社の場合は，むしろ賃金格差を縮小するために成果
主義が導入された。というのも，年功主義では評価の割合（例えば，A評価は
何％など）に関する暗黙のルールがあることが多く，それほど能力差のない従
業員間に差をつけなければならない場合もあるためである。また，かつての代
理店では，販売件数に応じて賃金が支払われていたために，販売実績によって
従業員の間に大きな賃金格差が生じていた。こうした格差を是正することを目
的に，X社では成果主義が導入されたのである。統合後のX社に導入された
人事制度では，生活給に相当する基本給部分を残しつつ，業績連動型の賞与に
よって従業員の成果に報いていた。この賃金制度によって，一部の優秀な従業
員には賞与で報いる一方で，その他大勢の従業員に対しては無理やり差をつけ
ないように賃金が支払われるようになった[62]。

　また，こうした差をつけない成果主義は，総合評価に基づく昇進・昇格に
よって補完されていた。統合後のX社では，昇進・昇格の基準として成果は
重視されていなかった。むしろ，昇進・昇格の要件としては能力・人柄・プロ
セスが重視され，顧客目線で自律型の人材であることが要求された。その結
果，成果を上げた従業員に対しては賞与で報い，X社が求める人材に対しては
昇進・昇格で報いることが可能になった。以上のような差をつけない成果主義
は，統合以前と比べて賃金格差を縮小する一方で，X社が求める人材を重要な
ポストへと昇進させる取り組みであったと言える。

4. 人事制度改革の効果

　人事制度改革の効果は，すぐに現れる訳ではない。Ｘ社の人事制度改革も，その効果を評価するには時期尚早であろう。ただし，従業員の資格取得率が高まり，離職率も低下するなど，効果の一部はすでに確認することができる。

　こうした効果に加えて，「全員が同じ立場になる」ことから顧客目線の自律型人材を育成するという目標は，少しずつ達成されつつある。Ｘ社では，規模も文化も違う複数の会社が経営統合することになったため，それぞれの従業員の気質に合わせて人材育成が実施された。例えば，代理店に所属していた一匹狼気質の従業員に対しては，従業員満足・顧客満足の重要性を認識してもらう必要があった。彼らの売上至上主義の考え方を改めさせるために，Ｘ社では顧客目線に立つことの重要性を強調した。こうして，一匹狼気質の従業員は「売れれば何でもいい」という考え方を改め，「お客さんの立場に立って考える」ことを重視するようになった。また，住宅部材メーカーであったかつてのＸ社に所属していた従業員は，人柄が良いけれども貪欲さに欠けていた。特に，ホワイトカラーの従業員はデスクワークが中心であったために，内向き志向が強くなっていた。そこで，統合後のＸ社では，顧客目線で自ら考えられる人材となるために，彼らに現場へ赴いて顧客との接点をもつことを要求した。現場に赴くことになったかつてのＸ社員は，次第に考えるよりも行動を起こすマインドを身に付けるようになった。

　さらに，統合後に入社した新入社員に対しては，本当のＸ社員になることが要求された。統合前から在籍している従業員のなかには，かつて所属していた会社の文化・気質が抜けきらない人も多い。そうした従業員と比べれば，統合後の新入社員は顧客目線の自律型人材として育成しやすい。そのため，Ｘ社は彼らこそが本当のＸ社員になれるというメッセージを強調し，彼らを囲い込むようになった。そうした新入社員に対しては，資格取得とそれに対する報酬を設定したり，能力開発のためのチェックリストなどを作成したりして，明確な目標を示した。この目標に対して自律的に努力させることを通じて，Ｘ社

では若手の従業員を顧客目線の自律型人材へと育成している。

　ただし，すべてのX社員が掲げられた人材像に近づける訳ではない。X社では，能力開発に対する意欲に欠ける従業員に対しては，配置転換によってモチベーションの向上を促していた。得意な仕事を見つけてあげることで，彼らを極力自律的な人材として扱えるようにするためである。また，メンター制度などのケアも充実させることで，メンタルヘルス対策も行っていた。しかし，こうした取り組みにもかかわらず，それでも「健全なマインド」をもつことができない従業員に対しては，退職して新たなキャリアを歩むことを勧める場合もあった。

5.　事例に対する理解

　この章の事例は，人事制度改革を担った対象者2名に対するインタビュー調査に基づいて作成したものである。その点で，X社の従業員が顧客目線の自律型人材としてのアイデンティティを形成していたのかどうかを，この章の事例から理解することはできない。むしろ，この章の事例から理解できるのは，そうした自律型人材への志向を高めようとするX社における一連の管理実践である。

　業績の悪化を受けて，X社は代理店，物流会社，サービス会社など数十社との大規模な経営統合を行った。この経営統合に伴って，かつてのX社には存在しなかった職種も管理の対象となった。統合後のX社では，多様な業務に従事する従業員を総合職へと一元化し，人事制度も一本化した。新たに導入されたのは，自己選択型の成果・実力主義の人事制度であった。

　X社では，かつての受身型の従業員や一匹狼気質の従業員に対して，顧客目線で自律型の人材としてのアイデンティティを形成しようと働きかけていた。そうした働きかけを可能にしたのが，自己選択型の成果・実力主義の人事制度である。統合後には従業員を総合職へと一元化しつつ，差をつけない成果主義を運用することで，まずは従業員を一元的な存在として扱うことに注力した。その上で，自らの責任によってキャリアを開発していくことを従業員に対して

要請し，それを可能にするために職能グレード制度も導入した。これは，自律型人材を志向する意欲に応じて，一旦は一元化した従業員を新たな序列に組み込もうとする働きかけだと理解できる。実際に，昇進・昇格の際には，成果よりも，顧客目線で自律型の人材であることが要求されている。また，自律型人材志向を高めるために，それぞれの従業員の気質に合わせた人材育成が実施されている。こうした一連の働きかけが一定の成功を収めた一方で，自律型人材への志向を共有できない一部の従業員に対しては，新たなキャリアを勧める場合もあった。

注

61　以下，資本参加のない一般の代理店は登場しないため，直系の代理店を単に「代理店」として表記する。

62　ただし，従業員全員が同じ立場になることが実現し，同一労働による賃金格差が解消してからは，成果に応じた賃金の支払いが推奨されるようになった。

第4章
ERP パッケージ導入による質の高い
仕事を担う人材の生成

　この章では，製造業 Y 社における給与計算業務改革について検討する。今日，多くの企業で，ERP（Enterprise Resource Planning）パッケージの導入を通じた業務改革が行われている。ERP パッケージとは，全社的な経営資源の計画・管理を行うためのソフトウェアをパッケージ化したものである。この章で取り上げる製造業 Y 社でも，給与計算業務改革のために ERP パッケージが導入され，その導入のプロセスは，複数のメディアで取り上げられるほどの成功を収めている。

　この章の事例は，2009 年から 4 年間にわたって実施された定期的なインタビュー調査に基づいている。インタビューの主な対象者[63]は，地方工場の給与計算担当者，地方工場の給与計算センター・リーダー，東京本社の給与計算センター・リーダー，地方工場の労務グループ・リーダーの 4 名である。

1. 給与計算業務改革に至る経緯

　Y 社は，創業 80 年弱の鋼板製造を中心とした企業であり，グループ連結で 2,000 人以上の従業員を擁している。Y 社の事業所は，東京にある本社と地方都市にある大規模な工場を中心に構成されており，従業員の多くはその 2 つのどちらかに勤務している。本社に勤務している従業員は，管理部門のスタッフや営業職の従業員が大半を占める。これに対して，地方工場に勤める従業員は，少数の管理部門のスタッフと，大多数の技術職の従業員（いわゆる，ブルーカラーを含む）によって構成されている。

　Y 社の本社は東京に置かれているが，従業員にとっては東京本社よりも地方
工場の方が「存在感が大きい」組織であるとされる。東京本社は，大規模な営
業所に管理部門を付属させたようなものであり，必ずしも全社的な管理を担う
本社機能を果たしている訳ではなかった。Y 社の管理部門の多くは，本社だけ
でなく地方工場にも設置されていた。東京にある本社は，近年になってようや
く本社機能をもつようになっている。

　Y 社は，数十年にわたって安定した経営状態を保ってきた。Y 社の主要な取
引先は親会社であり，安定した取引が保障されていた。そのため，Y 社の業績
は景気に左右されることも少なく，健全な経営を維持していた。

　しかし，Y 社の業績は長年にわたって少しずつ減少を続けており，それが社
内で問題視されるようになった。この状況を打開するために，Y 社は各業務の
合理化および経費削減に取り組むようになった。その一環として，30 年以上
にわたって本社と地方工場で稼働していたそれぞれの給与管理システムを統合
し，業務を効率化していくことが課題となった。

2.　改革以前の給与計算業務

　Y 社では，給与計算業務に多くの労力が費やされ，他の人事業務が圧迫され
ていた。人事情報は膨大な量の文書で管理されており，業務の進め方について
の標準化されたマニュアルも存在しなかった。人事情報を得ようと思えば
2,000 枚以上におよぶ台帳を 1 ページずつめくって探すしかなかった。また，
異動や昇進の際には，本社と地方工場で別々に保管された台帳を手作業で整理
していた。給与の支払いの際にも，2,000 人以上の従業員の台帳に記された勤
怠データを手作業で入力して給与計算を行っていた。これらの膨大な作業は，
担当者にとって大きな負担となっていた。

　給与計算の時期になると，まずは人事グループが各職場から勤怠管理表を回
収した。回収された勤怠データは，情報システムグループのパンチャー担当者
の手に渡り，手作業でインプットされた。インプットが終わると，人事グルー
プの従業員がそのデータをお互いに読み合わせてチェックを行った。そこで間

違いが確認されなければ，ようやくそのデータを用いて給与計算が行われた。以上の一連の作業を経て，支給日の営業 3 日前には銀行へ振込伝送処理を行う，というスケジュールで Y 社では給与が支払われていた。当時の給与支払いは，毎月 20 日締め（夜勤もあるため，実質的には 21 日の午前 8 時締め）で，27 日に支給されていた。その期間に祝日などを挟む場合には，21 日のうちに給与計算をすべて終えなければならないこともあった。人事グループは，給与計算以外にも，社会保険に関する業務や教育・採用などの業務も抱えており，それぞれに担当者が配置されていた。しかし，毎月 21 日だけは人事グループの全従業員が給与計算業務に総動員されていた。給与計算業務は，人事グループ全体にとって大きな負担となっていたのである。

　　（給与計算業務を担う部門は）傍から見ても大変な職場だったんですよ。…（中略）…深夜まで残って仕事をするところってそんなにないじゃないですか。…（中略）…（実際に給与計算業務に携わってみて）もう死ぬかと思った。（地方工場の給与計算担当者 A 氏 [64]）

　給与計算業務には，勤務状況や社内制度・法改正などを正確に把握し，それを給与へと反映させることが必要になる。そのため，本社と地方工場のそれぞれには，給与計算に関する仕組みの全体像を把握して各担当者の業務を監督するベテランの担当者がいた。給与管理システムは，社内制度や法律が改正される度に追加的な対処がなされていたが，老朽化が進んでいた。だが，ベテラン担当者は，自身の経験や能力でシステムの老朽化を補い，滞りなく給与計算業務を遂行させていた。また，給与計算を行う際には，想定通りの結果が正確に出るように常に給与管理システムをメンテナンスする必要があった。地方工場のベテラン担当者はプログラミングにも精通していたことから，給与計算業務だけでなくシステムのメンテナンスも担当していた [65]。給与に関わる情報が情報システムグループなどの外部の人の目に触れることがないように，自らシステムのメンテナンスを行っていたのである。

　　自分でこう考えて，直しに掛かって，プログラム更新とかもやって，

給与計算の結果も自分でチェックして。（地方工場の給与計算セン
ター・リーダーB氏）

　その後，ベテラン担当者が管理職へと昇進し，給与計算以外の業務にも携わ
るようになった。そのため，給与管理システムのプログラム修正については情
報システムグループの担当者に業務を依頼するようになった。だが，その依頼
の際にも修正箇所を見出すのはベテラン担当者であり，情報システムグループ
の担当者はその修正を請け負う立場にあった。当時のY社の給与計算の仕組
みは，ベテラン担当者の裁量によって変更することが可能であった。
　以上のように，改革前のY社の給与計算業務はベテラン担当者への依存度
合が高かった。ベテラン担当者がいなければ，Y社では毎月の給与の支払いさ
え困難な状況にあった。そのため，ベテラン担当者の部下には優秀な若手の幹
部候補生が配置され，彼らが給与計算業務を支えていた。給与計算業務を監督
することは，Y社の重要な役割として認識されていた。

　　当時の給与計算っていうのは，大卒の総合職がやるもので，まぁ，そ
　　のベテランの20〜30年クラスの人たちは大卒じゃなかったですけど，
　　その人たちのもとで働いていたのは大卒の総合職。若手の登竜門じゃ
　　ないですけど，そういう人たちが入社5年目とか7〜8年目ぐらいの
　　私みたいな人間とかが，その超ベテランの下ですごい勢いで（給与計
　　算業務を）やってた訳ですよ。（東京本社の給与計算センター・リー
　　ダーC氏）

　C氏は，将来的には給与計算業務が一般職として働く女性担当者の仕事にな
ると考えていた。しかし，彼女たちはそれが実現するとは考えていなかった。

　　そんなことは考えられないと。給与計算なんていう重要な仕事を一般
　　職に任せるなんてことはありえないって言われたのを今でも覚えてい
　　るんですけどね。（東京本社の給与計算センター・リーダーC氏）

　Y社における給与計算業務は，とりわけ若手従業員の人脈作りや会社の仕組みについて学ぶ勉強の場にもなっていた。そのため，ひとまず有望な若手の幹部候補生が給与計算業務に配属されていた。しかし，彼らは2〜3年の勤務を経てようやく業務を覚え始めた頃に，他の部署に配置転換されることが多かった。結果，長年にわたって給与計算業務を手がけてきたのは，ベテラン担当者1人という状況にあった。このことは，給与計算業務におけるベテラン担当者の個人的な経験や能力の重要性をますます強調させることになった。このような背景もあって，ベテラン担当者は給与計算業務に対して人一倍強い責任感を感じていた。

　　びっくりしたのが，給与計算日には親が死んでも出てこなきゃいけないって言われたんですよ。それで，実際にそのぐらいのことを言っても全然嘘くさくないだけの責任感が，（ベテラン担当者には）すごい漂ってたんですよ。（東京本社の給与計算センター・リーダーC氏）

　以上のように，Y社の本社と地方工場では，老朽化したそれぞれの給与管理システムが稼働していた。しかし，それぞれのベテラン担当者がシステムの老朽化を補うことで，滞りなく給与計算業務が遂行されていた。しかし，給与計算業務は，人事グループの従業員にとって大きな負担になっていた。さらに，Y社の給与管理システムは導入されてから30年ほどが経過しており，社内制度の変更や法改正への対応が次第に困難になっていた。それぞれの給与管理システムには，サポートの期限も迫っていた。さらに，これまで給与管理システムの老朽化を補ってきたベテラン担当者の定年退職も迫っていた。そして，業績の減少を受けて業務合理化の圧力も高まっていた。以上のような理由が重なり，Y社は本社と地方工場の給与計算システムを統合し，その業務をベテラン担当者に頼らずに効率的に進めるための改革を実施することになった。

3. ERP パッケージの導入

　給与管理システムの統合に際して，当初は新たな給与管理システムの自社開発が検討された。しかし，関連会社との連結会計に対応する必要もあったため，結局は ERP パッケージ導入によって給与管理システムが統合されることになった[66]。

　ERP パッケージは，以下の３つの技術特性をもつ。第１に，ERP パッケージには，それまでの導入実績や経験をもとにした最適な業務モデルが組み込まれている（中村，2000，7 頁；市田，2004，26 頁）。予め取り組むべき業務がシステムに組み込まれた ERP パッケージを導入すれば，業務を効率化させるに留まらず，ベテラン担当者への依存体制をも脱することができる。当初は，経費削減の煽りを受けて ICT 化に必要な投資が認められず，新たな給与管理システムの自社開発が試みられていた。しかし，給与管理システムを自社開発してしまえば，今度は開発担当者に依存する状況を生み出してしまう恐れがある。こうした特定の個人への依存体制を回避するためには，ERP パッケージの導入が最適な選択であった。

　第２に，それまで部門ごとに別々のシステムで遂行されていた業務が，ERP パッケージのシステムに統合されることで，全体としての効率化が可能になる（小井沼ほか，1999，406 頁；熊澤，2004，353 頁）。給与管理システムは，本社と地方工場で別々のものが稼働しており，それぞれのシステムに基づいて給与計算を行う必要があった。それに対して，ソフトウェアがパッケージ化された ERP パッケージを導入すれば，本社と地方工場の給与計算システムを一新し，統合することが可能になる。給与管理システムと同時に人事管理システムも同じパッケージとして導入することで，文書で管理されていた人事情報をデータベース化することもできる。給与管理システムと人事管理システムを統合して運用することが可能になるのである。

　第３に，ERP パッケージの導入には，強力なトップダウン方式の導入が必要になる（渡辺，2000，11 頁；平田，2005，346 頁）。ERP パッケージが導入され

ると，従来の業務の進め方を変更し，ERP パッケージに組み込まれた業務モデルに合わせることが必要になる。Y 社においても権限を与えられたプロジェクト組織として，本社に給与計算センターが設立された[67]。給与管理システムの統合が検討された当時の Y 社では大規模な雇用調整が検討されており，人事グループが ERP パッケージ導入に専念することは難しかった。しかし，給与計算センターというプロジェクト組織が設立されることで，新たな給与管理システムの導入が推進されやすくなった。

以上の 3 つの技術特性をもつ ERP パッケージの導入によって，Y 社の給与計算業務にかかる負担は大幅に軽減されることになった。

4. ERP パッケージ導入の効果

Y 社では，ERP パッケージが導入されることで給与管理システムの運用コストが削減した。ERP パッケージの導入を契機に給与体系も見直され，可能な部分は全て統一された。さらに，これまでの業務プロセスも見直され，300種類以上あった帳票の 8 割が廃止された。

ERP パッケージの導入によって，文書によるデータ作成はコンピュータ端末を利用したデータ入力へと変化した。ネットワークを利用することで，他部門との調整も容易になった。

> （ERP パッケージが導入されたことで，給与計算業務は）そんなに大変じゃなくなってきたかな。すべて自分のペースでできるっていうのもあるんですけど，今までは情報システムグループの方と一緒に共同でやってる感じだったので，ご迷惑をお掛けすることもあるし，向こうのタイミングにも合わせたりしないといけないんで，時間がかかったりという面もあったんです。でも，ERP パッケージになってからは，すべて自分でできるんですね。データが 1 件違うからってわざわざ修正の依頼に行って，出来上がるのを待って，それから計算して，とかじゃなくって，もう自分でやり直して，それでその空いてる時間

にこっちやって，とかもう自分で仕事を組み立てられるので，だいぶ時間的には短縮されて。…（中略）…前に比べると全然楽にはなりましたね。（地方工場の給与計算担当者 A 氏）

　また，ERP パッケージが導入されることで，給与計算担当者は，ベテラン担当者に頼ることなく業務を進められるようになった。かつては，老朽化した給与管理システムを補うために，どうしてもベテラン担当者の培ってきた経験や能力が必要であった。一連の業務を覚えるためには，少なくとも 10 年ほどは給与計算業務に特化する必要があった。しかし，女性が給与計算業務を担当している場合には，結婚や出産といったライフイベントで休職・退職することもあるため，10 年も給与計算業務へ特化することが難しかった。したがって，従業員に緊急の事態が発生してしまうと，給与計算業務への対応が極めて困難な状況に陥るという問題を抱えていた。しかし，ERP パッケージが導入されることで，新たな担当者は 2-3 カ月間の勉強だけでそのシステムを扱えるようになったのである。

　さらに，ERP パッケージ導入によって業務運用マニュアルが標準化され，それが一元化されたことで，1 つの関連会社の給与計算業務すべてを 1 人の従業員がこなせるようになった。これによって，各担当者は，担当企業の給与計算の仕組みの全体像を把握できるようになった。その結果，現在では，各担当者にそれぞれ担当企業が割り振られ，その企業の給与計算業務に対する明確な責任が付与されている。

　ERP パッケージを導入したことによって，複数社の給与計算がシステム的には 1 つでできるというのは，これは圧倒的に違いますので。まぁ，その分その 1 つの会社を逆に今度は任されたら，それは自分のなかでこう色々組み立ててできる。それまでは，（担当者は）Y 社という 1 つの給与計算のなかの 1 つの単体業務をやって…（中略）…その 1 つだけをやっていたようなイメージですけど。今はもう 1 人で 2 社ぐらいを自分の都合に合わせてやるという，そういうのはもうずいぶん違うと思いますけどね。…（中略）…色んな会社の色んな制度の

違いであるとか，そういったことも把握するような形には今はなって
いると思いますね。（担当者が給与計算業務に対して）全体感はもて
るかなと思いますね。（地方工場の労務グループ・リーダー D 氏）

やっぱり全体感をもって仕事ができるかどうかってすごいポイントだ
と思うんですよね。私も 1 年目とか 2 年目の時，結局給与計算の全体
像ってわからなくて。…（中略）…ひたすら毎日毎日それぱっかり
チェックしてインプットしてみたいなことをやっていると，給与計算
業務の全体像ってわからないんですよね。（東京本社の給与計算セン
ター・リーダー C 氏）

　また，ERP パッケージ導入により人事情報の集計が容易となったことで，
給与計算センターは他部署からのリクエストに応じてデータの分析も行うよう
になった。給与計算センターには，給与計算業務だけでなく，今や全社的な業
務の全体像を把握し，長期的な視野のもとでの企画・立案することが求められ
るようになった。

結局，各部門に（データを）出したらそれで仕事が終わりかって言っ
たら，それは違うよねっていうのが今まさに求められていることです
ね，うちの部門に。じゃあ，この数字を使ってどういう風に各職場に
求めるっていうか，どういう仕事をしてほしいとか，これってちょっ
とおかしいんじゃないですかとかっていう，そういう（立案をする）
部門になるべきでしょって言われているのがまさに今ですね。（地方
工場の労務グループ・リーダー D 氏）

どんな人に，純粋にただ頑張るだけじゃなくて，どんな頑張り方をさ
せるのか。そのためにどんな人の配置をしなければいけないのかと
か，どんなふうに人をもってきたりするのかということを，まぁ考え
なければいけなくなっているということですね。（地方工場の給与計
算センター・リーダー B 氏）

　かつての担当者たちは，給与計算業務の一旦を担うだけの存在であった。しかし，単に与えられた業務こなすだけの存在であった担当者たちは，各社の給与計算業務の責任を付与されることになった。また，企画・立案などの新たな業務が要請されるようになった。こうした状況に対して，担当者は自らの業務が「質の高い仕事」になったとして歓迎した。

　　（結果的に，業務が増えてしまったことに関して）まぁ，質の高い仕事が増えると考えていますかね。ただただ数字を集めるだけでなくって。（地方工場の労務グループ・リーダーD氏）

　　やりがいはありますよね。…（中略）…1社（分の給与計算を）任されるからですかね。すごい責任感なのかも。以前（この部署に）来る時はすごい嫌だなと思ってて，業種も変わるしどうだろうと思ってたんですけど。慣れるまでは大変でしたけど。今はむしろ楽しいというか，来て良かったなと思いますね。たぶん任せてもらえるっていうやりがいというか。それで，任されたからには間違いを起こしてはいけないと思うし。1カ月で結果が出ると，それはそれで達成感というか。他の職場の人からも頼られたりとかするじゃないですか。そういうのにちゃんと応えられるから，またそれはそれで良かったなと思うし。楽しいです。（地方工場の給与計算担当者A氏）

　こうして，Y社の給与計算業務は，ベテラン担当者への依存体制を脱することになった。本社の給与計算センターは，ERPパッケージ導入が達成されると同時に，地方工場へと統合された。地方工場に統合された給与計算センターは，関連会社を含めた8社の給与計算業務を担うシェアード・サービス部門として機能するようになった。統合後の給与計算センターでは，8社の給与計算をわずか数名の従業員で担当している。

5.　事例に対する理解

　この章の事例からは，給与計算業務の担当者のアイデンティティ形成を理解することができる。Y社における給与計算業務は，ベテラン担当者が業務全体の監督者となり，それを幹部候補生である大卒総合職の従業員がサポートしていた。この2人の指示のもとに，一般職の従業員が業務の分担者として，給与計算業務の一部を担っていた。しかし，業績が少しずつ減少していたY社では，給与管理システムを統合し，業務を効率化していくことが課題となった。当時のY社における給与計算業務は，人事グループ全体にとって大きな負担となっていた。そこで，ERPパッケージの導入によって，給与計算業務の改革が試みられたのである。

　ERPパッケージの導入は，Y社の給与計算業務の性質を大幅に変容させた。かつての分業体制のもとでの重労働のイメージは刷新され，一般職である各担当者が企業全体の給与計算業務を1人で自律的に担うことが可能になった。これにより，属人的な側面が強かった給与計算業務は，意欲さえあれば誰にでも担当可能な業務となった。給与計算業務の担当者は，経験や学歴に左右されることなく，自らの意欲次第でパフォーマンスを向上させることが可能になった。その結果，各担当者は，意欲的にパフォーマンスを向上させようとする利害をもつようになった。

　また，各担当者はそれぞれの担当企業を割り振られることで，担当企業の給与計算業務に対する明確な責任が付与されるようになった。さらに，業務そのものに余裕が生まれ，かつ人事情報の集計が容易になったことで，各担当者には，一般職であるにもかかわらず，戦略的な企画・立案を要求されるようになった。こうした業務の変容を，一般職である各担当者は，「やりがい」のある「質の高い仕事」を担うことになったとして積極的に受け入れている。

事例で計8名である。この8名のうち，特に数人に対しては複数回のインタビューを実施している。また，第4章と第5章において，同一の対象者が異なる肩書で発言していることがあることに留意されたい。

64　インタビュー対象者のなかには，ERPパッケージ導入後に異動や昇進によって役職名が変わっている人も多い。そのため，これ以降はERPパッケージ導入後の役職名に統一して記している。

65　これに対して，東京本社のベテラン担当者は給与管理システムのメンテナンスを行うことはできなかった。そのため，東京本社では若手の担当者がメンテナンスを行い，ベテラン担当者がその結果をチェックしていた。

66　匿名企業の事例であるため，ERPパッケージの製品名は伏せている。なお，Y社のERPパッケージ導入の際には，人事管理システムと給与管理システムのソフトウェアが同時に導入されている。導入後はその2つが1つの統合されたパッケージとして扱われるため，これ以降は特に言及しない限りその2つを区別せずに扱っている。

67　東京本社に設立された給与計算センターは，ERPパッケージ導入だけでなく，関連会社の給与計算業務を一手に担うシェアード・サービス部門の立ち上げも目的としていた。給与計算センターは，それらの遂行に特化したプロジェクト組織であった。そのため，ERPパッケージ導入後に，給与計算業務を引き継ぐシェアード・サービス部門になることを見越して，地方工場にも給与計算センターが併設された。なお，ERPパッケージ導入後に本社の給与計算センターは地方工場へと統合されている。

第5章

プロジェクト組織の導入による
企業 DNA をもつ攻めの人材の生成

　この章では，製造業 Y 社におけるプロジェクト組織の導入について検討する。Y 社では，数十年ぶりの業績赤字を計上した後に，企業 DNA 再構築プロジェクトや人材再構築プロジェクトなどの各種プロジェクトが次々に設立された。これらのプロジェクト設立およびその活動は，Y 社の従業員に対する育成効果をもっていた。

　この章の事例は，第4章の事例の調査と同時並行で 2009 年から4年間にわたって実施された定期的なインタビュー調査に基づいている。インタビューの主な対象者は，人材開発グループ・リーダー，人材再構築プロジェクト・メンバーの2名である。

1. 各種プロジェクト設立に至る経緯

　製造業 Y 社は，既述のように，鋼板製造を中心に事業を手がけており，数十年にわたって安定した経営状態を保ってきた。しかし，Y 社の業績は長年にわたって少しずつ減少を続けており，2005 年にはついに業績が数十年ぶりの赤字を計上した。すると，社内では現状打破のための「革新」がテーマとなり始めた。Y 社における各種プロジェクトの設立は，この革新の一環として着手されたものであった。

　数十年ぶりの業績赤字が計上された翌年から，Y 社では各部門に業績赤字から回復するためのプロジェクト設立が要請された。こうして，いくつかのプロジェクトが設立されたものの，一部の例外を除いて，期待されたほどの成果を

収めることができなかった。安定した経営状態に慣れた従業員は，急に活動のための場を与えられても，どのように動いていいのか分からず戸惑うことが多かった。急遽設立されたプロジェクトをY社の従業員だけで設立・運営していくことには限界があった。これらの反省を踏まえ，Y社では外部機関の助力を得ることで新たなプロジェクトを設立することになった。

2. 初期のプロジェクト

2008年頃に，外部のコンサルタントの力を借りて，「技術のキャッシュ化プロジェクト」が設立された。このプロジェクトは，「技術の価値を棚卸しする」をスローガンとして，Y社の利益の源泉を探ることを目的としたものであった。当時のY社は取引を親会社に依存していたため，自社の製品がなぜ売れるのかについて明確な見解を持ち合わせていなかった。自社の技術の市場価値を，正確に把握できていなかったのである。そこで，数十年ぶりの業績赤字を計上したことへの反省から，まずは自社の強みを把握することが目指された。

このプロジェクトでは，営業職の従業員と技術職の従業員が混成チームを編成した。そして，異なる職種の従業員同士が話し合い，自社の強みについて議論を交わした。その上で，顧客である取引先企業の1つ1つに対して，Y社の製品を購入している理由についてのヒアリングを行った。ヒアリングの結果から明らかとなったのは，顧客から評価されていた強みと，Y社の従業員が認識していた強みが異なるということであった。Y社の顧客は，Y社の従業員が想定していなかった技術を高く評価して製品を購入していたのである。このプロジェクトを通じて，当初は想定されていなかったY社の本当の強みを把握することが可能となった。

「技術のキャッシュ化プロジェクト」は，自社の強みとなる技術を把握するという一定の成果を収めることに成功した。ただし，それが直ちにY社の業績を向上させる訳ではない。そのため，「技術のキャッシュ化プロジェクト」に続いて，業績の向上に直結するプロジェクトの設立が検討されるようになっ

た。こうして設立されたのが，「新規事業開発プロジェクト」である。

　このプロジェクトでは，まず社内公募制を利用し，社内から新規事業のアイデアを募った。そして，提案されたアイデアに基づいて具体的な事業計画を作成し，それを社内で報告した。このプロジェクトの活動は 1 年以上にわたって続いた。そして，プロジェクトの活動が認められ，考案された事業計画の事業化を目的とした新たな部署の設立が検討されるようになった。その後，Y 社では新規事業開発グループが設立され，新規事業の事業化が試みられている。

3. 後期のプロジェクト

　「技術のキャッシュ化プロジェクト」と「新規事業開発プロジェクト」が一定の成果を収めたことを受け，半年後にはまた新たなプロジェクトが設立されることになった。それが，「企業 DNA 再構築プロジェクト」である。

　Y 社は，創業 80 年弱の歴史をもつ企業でありながら，明確な経営理念をもっていなかった。かつては親会社からの依頼で製品を製造することを主な業務としていたこともあり，独自の経営理念を掲げる必要がなかったのである。しかし，Y 社で「革新」がテーマになると，企業としての経営理念を作成することが要請されるようになった。

　このプロジェクトでは，経営理念・行動指針・ビジョンなどの作成の他に，「Y 社の DNA」と名づけられた Y 社の慣行についても見直しが行われた。「Y 社の DNA」とは，Y 社のこれまでの慣行を 100 周年に向けてどのように活かしていくのか／変革していくのかを明文化したもので，例えば以下のようなものがある。

　　業績は事実！会社の経営状況は自分たちがチェックし，行動せよ !!
　　断ち切ろう！『経営は経営者が考えていればいいと思っている』
　　DNA

　　会社が何をしてくれるかではなく，あなたが会社に何ができるかを考

えよ！断ち切ろう！『見て見ぬふりする』DNA

受身の営業・技術サービスから，仕掛ける営業・技術サービスを目指
せ！残して磨こう！『顧客に頼まれたことはきちんとやりきる』
DNA

　これらの「Y社のDNA」は，会社や取引先である親会社への依存体制を改
めるために，従業員の意識を変革させることを狙いとしている。かつてのよう
に受け身で定型的な業務を遂行することを望ましいと考えて働いていた従業員
に対して積極的に当事者意識を芽生えさせ，そのための意欲やバイタリティを
喚起させようとしているのである。
　このプロジェクトを通じて作成された経営理念や「Y社のDNA」は，Y社
の100周年に向けて作成された従業員向けの携帯用小冊子にまとめられ，Y社
の全従業員に配布された。この小冊子は，これまでの企業イメージを脱するた
めにカジュアルな装丁にこだわって仕上げられ，見た目から「革新」を意識さ
せるような作りになっている。
　「企業DNA再構築プロジェクト」は，Y社が求める新たな従業員像を提示
するものであった。ただし，「Y社のDNA」のようなスローガンは，Y社の
全従業員に向けたものであったために，抽象的に表現された具体性に欠けるも
のであった。抽象的なスローガンを掲揚するだけで，求められる従業員が育成
される訳ではない。そこで，次は実際に従業員を育成していくことが課題と
なった。それに伴って，人材育成について議論する場も必要になった。このよ
うな経緯から，「企業DNA再構築プロジェクト」と並行して「人材再構築プ
ロジェクト」が設立された。
　このプロジェクトは，人材育成の大きな方針や枠組みを考案する第1次プロ
ジェクトと，育成方法を考案する第2次プロジェクトの2つの時期に分かれて
活動が行われた。まず，第1次プロジェクトでは，Y社の人材育成の方針や枠
組みを巡る議論を中心として，数カ月間の活動を行った。議論の争点となった
のは，従業員と事業のどちらを起点として方針や枠組みを決定するのかについ
てであった。Y社の従業員を起点として今後の事業を構想するという意見があ

る一方で，今後の事業を起点として従業員を育成していくという意見もあり，この2つの考え方が対立したのである。

> 人を起点としてものを考えるのか，組織を起点としてものを考えるのかって，結構（プロジェクトの）なかでやりあったんですよね。（人材開発グループ・リーダーA氏）

数カ月間に及ぶ議論を経て，プロジェクト内では，事業を起点に発想することで合意が得られることになった。このような合意が得られたことを成果として，第1次プロジェクトは解散した。そして，事業を起点とした人材育成の枠組みを具体化すべく，第1次プロジェクトが解散した1カ月後には第2次プロジェクトが設立された。

第2次プロジェクトの目標は，事業を起点としたY社の人材育成に取り組むことであった。そのために，まずはY社の事業計画を考案することが必要となる。よって，事業計画を考案するために，第2次プロジェクトでは，優良企業の事業分析を行うことになった。第2次プロジェクトは，半年間の活動期間の多くの時間をこの事業分析に費やした。

このプロジェクトでは，いくつかの優良企業を分析対象として選定し，事業計画などの分析を行った。対象となった企業の経営者に対してヒアリング調査なども行った。それらの結果を踏まえて，Y社の100周年に向けた事業計画が作成され，この事業計画に基づいてY社の人材育成が取り組まれることになった。ただし，臨時のプロジェクト組織では長期的な視点からの育成が困難となってしまう。そこで，長期的な視点から従業員を育成していくための専門の部署として，新たに人材開発グループが設立されることになった。

4.　各種プロジェクト設立の効果

初期のプロジェクトは，事業に直接関わるものであった。「技術のキャッシュ化プロジェクト」では，自社の強みとなる技術を把握することに成功し

た。「新規事業開発プロジェクト」では，プロジェクトの活動が認められて新規事業開発グループが設立された。これらのプロジェクトは，Ｙ社の事業そのものに対して，一定の成果を収めたと言えよう。

　これに対して，後期のプロジェクトはＹ社の全従業員の育成を目的としていた。プロジェクトの設立からまだ数年しか経過していないこともあり，実際にＹ社の人材育成に効果が現れるのはもう少し先のことになる。だが，このプロジェクトの活動は，プロジェクトに参加したメンバーに対する育成効果があったことが事後的に回顧されている。

　　その時にプロジェクトにいた連中はですね，それなりに良いものを出
　　して，会社をあっと言わせようというつもりでいたんですけど。
　　まぁ，正直に言って会社はそこまで期待はしてなかったと思うんです
　　よ。でも，そういうものの考え方を（プロジェクトを通して）学べと
　　いうことだったんだなぁと，今は理解できるんです。（人材開発グ
　　ループ・リーダーＡ氏）

　　大した提言はできなかったけど，プロジェクト・メンバーの育成には
　　つながっている訳ですよ。私たち自身の成長にはつながっていると。
　　…（中略）…私たち自身の勉強には随分なったなと思いますね。（人
　　材再構築プロジェクト・メンバーＢ氏）

　こうした育成効果は，当初から意図されていた訳ではなかった。しかし，参加メンバーはプロジェクトでの経験を通じて，次第に自分自身の成長を実感するようになった。Ｙ社では，各種プロジェクト設立およびその活動を通じて，従業員の意識に変化が生じていた。その契機の１つが，人材再構築プロジェクトであった。このプロジェクトに参加したメンバーは，プロジェクトでの経験が自らの成長の機会になったと振り返っている。

　　（プロジェクトによって）そんなに目に見えるものが生まれた訳じゃ
　　ないんだけど，プロジェクトに関わったメンバーの意識が変わったこ

とは評価されていると思いますね。(人材開発グループ・リーダー A
氏)

　Y 社の各種プロジェクトは，プロジェクトの参加メンバーの意識を変化させ
た。彼らは，かつて受け身で定型的な業務を遂行することを望んでいたが，当
事者感覚をもって積極的に新たな業務を担うことを望むようになった。また，
彼らは，自らの能力を試すための場を与えられることでそれに挑むという意識
をもつようになった。このように，各種プロジェクトは参加メンバーに対して
「目線を上げる」という育成効果をもっていた。
　そうした意識の変化から，各種プロジェクトの解散後にプロジェクトの参加
メンバーは新たなステージへと飛び込んでいった。もともと，Y 社は従業員の
配置転換がほとんどない企業であった。Y 社の従業員は，長年の固定化された
上司と部下の関係の下で定型的な業務を遂行することに慣れ，それを望んでい
た。そうしたなかで，積極的に挑戦する姿勢を示すメンバーが集まった各種プ
ロジェクトは Y 社のなかでも特異な存在であった。ただし，プロジェクト組
織は一時的な組織であるため，一定の期間が経過したあとには解散を余儀なく
される。プロジェクトの解散が決定されると，プロジェクトの参加メンバーに
は自らのキャリアに対する内省が促されることになった。彼らは，プロジェク
トの活動を通じて今後の Y 社の事業計画や従業員像を提示していた。そうし
た提示が自らの内省にも影響し，プロジェクトの参加メンバーには「解散後に
何をするのか」が強く問われることになった。Y 社の経営層は，プロジェクト
の参加メンバーに対して，事業計画や従業員像を提案するだけでなく「自ら事
業に飛び込む」ことを要望していた。経営層からの要望もあり，プロジェクト
へ参加したメンバーの多くは自らの意志でかつての所属部門を離れ，新たなス
テージへと飛び込んでいった。メンバーのなかには，管理部門から営業部門へ
異動する従業員や，海外事業部門へ異動する従業員だけでなく，親会社へ出向
する従業員もいた。
　また，一連のプロジェクト活動を通じて，Y 社では経営層とプロジェクト・
メンバーの間に信頼関係が構築された。プロジェクト活動では，経営層の前で
報告が課されることも多かった。その報告を通じて，Y 社の経営層は社内の意

欲的な従業員を把握することができた。また，プロジェクト・メンバー側も，報告の際のやりとりを通じて経営層の考え方を理解することで経営層との間に信頼関係を構築することができた。この相互の信頼関係の構築こそが，各種プロジェクト設立の最大の成果であった。この信頼関係に基づいて，プロジェクト・メンバーは目先の処遇よりも中長期的な事業の発展を目指して行動できるようになった。また，そうした従業員に対して，Ｙ社の経営層もより責任のある仕事を任せるようになった。

　こうした背景から，Ｙ社ではプロジェクト・メンバーへの選抜を通じて，従業員を意欲に基づいて評価する傾向が強まった。Ｙ社で設立された各種プロジェクトに参加したメンバーのなかには，大卒の幹部候補生もいれば，高卒や短大卒の従業員もいた。参加メンバーに対しては，学歴の代わりに強い問題意識と意欲・バイタリティが求められた。そうして設立されたプロジェクトのなかには，その意欲的な姿勢から「野武士集団」と形容されるプロジェクトもあった。ただし，そうしたプロジェクトに選抜されたメンバーは，その後の昇進可能性が約束されていた訳ではなかった。プロジェクトへの選抜は，彼らのその後のキャリアに影響しないものであった。Ｙ社では学歴別の登用が徹底されており，高卒の従業員と大卒の従業員のキャリアは明確に異なっていた。学歴の異なる従業員は，それぞれが求めるキャリアも異なっていると考えられていた。しかし，Ｙ社のなかで各種プロジェクトの重要性が高まっていくと，昇進や昇格の際にも意欲・バイタリティを評価しようとする気運が高まっていった。その結果，ここ数年間の昇進や昇格については学歴が問われることが少なくなってきている。それに代わって，実績のある従業員のなかから特に強い意欲やバイタリティをもつ者が評価されて選抜される傾向が進んでいる。

　　学歴は関係なし，みたいな感じに一気になりましたね。ここ数年で。…（中略）…なんか従業員に求められるものって，着実に大きく変わっていますね。そういう意味じゃ，あんまり学歴とかってことよりは，（重視されるのは）意欲なのかバイタリティなのか，好奇心なのか。（人材再構築プロジェクト・メンバーＢ氏）

やりたい気持ちというか，そこですよね。最後まで自分がやり切るん
だみたいな，そういったところをすごく重視しているんだと思いま
す。(人材開発グループ・リーダー A 氏)

　プロジェクトでの経験を通じて，Y 社では意欲的に成長を望むような従業員
が評価されるようになった。そうした従業員は，Y 社で「攻めの人材」と呼ば
れていた。「攻めの人材」は，長期的なキャリア開発の観点からより責任のあ
る仕事を任せられるようになった。Y 社では，学歴とは無関係に意欲次第で責
任ある仕事を任せてもらえるという公平な昇進管理が実現されつつあった。ま
た，「攻めの人材」は，プロジェクトで一定の成果を収めたことによって，新
たな成果を要請されるようになった。彼らは，プロジェクトの解散を通じて新
たなステージへと積極的に飛び込むことで，自律的に成長を志向するように
なった。
　一方で，そうした「攻めの人材」の活躍は，定型的な業務を遂行する従業員
によって支えられていた。そうした従業員は，Y 社で「守りの人材」と呼ばれ
ていた。Y 社では，昇進や昇格の際にも意欲やバイタリティが評価される傾向
が強まっていった。Y 社では，意欲に基づいた新たな序列が形成されつつあっ
た。しかし，意欲を示しにくい「守りの人材」は，意欲という一元的な基準だ
けが強調されてしまえば，業務に対する正当な評価が受けられなくなってしま
う。

　　一時期 Y 社でも，守りの人材だけじゃだめで，攻めの人材じゃなきゃ
　　だめだ，という言い方もされたんですけど，いつもそういう言い方を
　　されると微妙な空気が流れて。守りの人材で何が悪いんだ，という反
　　応も結構あったりして。今まで通り目の前の日々の仕事をやってくれ
　　る人も必要，みたいな言い方も，併せてしていますね。管理部門も事
　　業に関われと言う一方で，今まで通り言われたことをしっかりやって
　　くれる人も必要ですという言い方を，併せてしています。(人材再構
　　築プロジェクト・メンバー B 氏)

　このように，「守りの人材」はY社を支える人材として自らの存在を確立するための反応を示すようになった。

5.　事例に対する理解

　この章の事例からは，プロジェクト・メンバーのアイデンティティ形成を理解することができる。数十年ぶりの業績赤字を計上したY社では，その翌年からいくつかのプロジェクトが設立された。初期のプロジェクトは，自社の強みを把握するための「技術のキャッシュ化プロジェクト」や，新規事業開発グループの設立へと至った「新規事業開発プロジェクト」など，Y社の事業に直接関わるものであった。しかし，後期のプロジェクトは，企業としての経営理念を作成するための「企業DNA再構築プロジェクト」から，人材開発グループの設立へと至った「人材再構築プロジェクト」へと，人材育成を目的としたものへと移行した。この「企業DNA再構築プロジェクト」から「人材再構築プロジェクト」への展開は，Y社において企業DNAをもつ従業員こそが人材であるとみなす動きとしても理解できる。

　こうした動きの担い手でもあったプロジェクト・メンバーは，自らY社のDNAを身に付け，当事者意識をもつことの重要性を認識していった。このような意識の変化を経験したプロジェクト・メンバーは，プロジェクトの解散後にかつての所属部門を離れ，新たなステージへと飛び込んでいった。プロジェクト・メンバーは，今度は1人のY社員として企業に貢献することが要求されたのである。

　また，Y社ではプロジェクトへの選抜を通じて，昇進や昇格の際にも意欲が評価されるようになった。プロジェクトへの選抜の際には，学歴の代わりに強い問題意識と意欲・バイタリティが要求された。そして，Y社のなかで各種プロジェクトの重要性が高まるにつれて，昇進や昇格の際にも意欲・バイタリティを評価しようとする気運が高まっていった。こうした一連の流れのなかで，Y社では意欲的に成長を望む従業員を「攻めの人材」と呼んで評価するようになった。「攻めの人材」は，当事者意識をもって顧客のために考えて行動

するという Y 社の DNA を体現する存在であった。これに対して，従来通り
に定型的な業務を担う従業員は「守りの人材」と呼ばれるようになった。「守
りの人材」として類型化されるようになった従業員は，「守りの人材で何が悪
いんだ」と，Y 社のなかで自らの存在を確立するための反応を示すようになっ
た。

第Ⅲ部
人材マネジメントの文脈におけるWLB推進を
通じた従業員のアイデンティティ形成の事例

第6章

女性従業員の雇用形態に応じたWLB実践

　この章では，製造業α社の生産計画部署における女性従業員の職務・雇用形態とWLBについて検討する。女性の就業継続およびキャリア形成に向けて法整備が進められ，これを受けて日本企業も様々な施策を導入しているが，女性のキャリア形成においては，担当する職務や雇用形態だけでなく，WLBも重要となる。女性従業員にとって職務・雇用形態とWLBは，一連のキャリアを通じて連続して経験されるものでもある。

　この章の事例は，2017年11月から2018年10月にかけて実施した計3回のインタビュー調査に基づいている。インタビュー対象者は，α社の生産計画部署の責任者であるD氏が選出した女性従業員3名である。それぞれの調査では，D氏同席のもとで，それぞれのインタビュー対象者に対して120分のインタビューを実施した。

1. α社の生産計画部署の概要

　α社は，耐久消費財を製造・販売する大手メーカーである。α社では，女性従業員は一般職もしくは総合職として採用される。一般職に関しては，従来から高卒・短大卒・大卒の女性を採用して補助的業務に従事させてきたが，近年ではその担当業務も判断を伴うものへと少しずつ拡大している。総合職に関しては，女性の採用を1990年代前半から開始している。また，一般職から総合職への職種変更や，派遣社員から正社員への登用等も実施している。

　α社には，商品ラインアップ毎の生産計画を決める生産計画部署がある。生産計画部署は，在籍者のうち女性従業員が約35％を占める。生産計画部署に

は，工場毎の生産能力とオーダーの要望を調整する工場担当と，商品毎のオーダーの細部を調整する商品担当が存在する。商品担当および工場担当は男女の総合職，女性一般職，派遣社員によって構成される。総合職はその大半が生産計画部署を経て他部署へと異動し，キャリアを形成していく。一方で一般職の場合は，そのほとんどが初任配属であり，他部署への異動はまれである。また，総合職が商品担当から工場担当になることが一般的であるのに対して，一般職は商品担当を長く続けることが多い。なお，派遣社員は補助的業務のみを担当している。

　生産計画部署は，タイトなスケジュールのなかで生産に関わる全ての部署・関係会社に影響が及ぶ重大な決定を含む業務を担うことから，社内では「不夜城」と揶揄されるほどに業務量の多い部署でもある。

　この生産計画部署で働く女性従業員のうち，この章で取り上げるのは以下の3名である。1人目のA氏は，一貫して生産計画部署の一般職として勤務しているベテランであり，育児休業を利用せずに2人の子どもの出産・育児を経験している。2人目のB氏は，α社で派遣社員から一般職を経て総合職となり，趣味のバックパッキングを継続しながら，現在では総合職として生産計画部署のチームリーダーを担っている。3人目のC氏は，α社に総合職として入社し，第2子出産時の育児休業取得を経て，現在では生産計画部署の係長級の立場にある。以上の3名は，それぞれ異なるキャリアを経験しており，それぞれの職務・雇用形態やWLB実現のあり方も異なっている。

2.　A氏の事例

　A氏は，高校卒業後に一般職としてα社に入社し，生産計画部署に初任配属されて商品担当となった。入社後に2人の子どもを出産したが，育児休業を利用せずに，産前・産後休暇を経て商品担当に復帰した。そして，現在ではベテラン商品担当として，難しい商品の立ち上げ・異動者の教育・システムの再構築を担当するまでになった。また，本人にその意思はないものの，上司からは毎年総合職への職種変更を打診されている。

　A 氏は，金銭的な理由もあって，第 1 子の出産時から育児休業を取得しなかった。そのため，産前・産後休暇で 3 カ月間は仕事を離れたものの，出産直後からフルタイム勤務で仕事に復帰し，残業することもあった。このような働き方が可能になったのは，家族や職場のサポートがあったためである。特に，出産後の就業継続に関しては，職場の上司によるサポートの影響が大きかった。A 氏が出産した当時は妊娠した女性従業員は退職して家庭に入ることが多かったが，仕事に復帰する意向を示していた A 氏に対して職場の上司がサポートし，人事担当部署とも交渉をして，A 氏は就業を継続することになった。

　　上司は，いや，アメリカではもう女性なんかみんな働いているよ，そ
　　れが当たり前ですよっていう話を多分してくださったんですよね。…
　　（中略）…なので，会社に対する不安はあんまり，仕事に対する不安
　　は私，実はなくて，全然。（A 氏）

　また，すでに年次有給休暇を全て消化した後に，子どもの急な怪我に対応しなければならない状況が生じた際にも，職場の上司が人事部に掛け合い，特例で事前申告なしでの介護休暇の取得が認められたこともある。

　　本当にありがたいぐらいこっちの身になって思いの丈を言ってくれた
　　んです，人事相手に。4 歳の子が足の骨を折ってんだよって，お役所
　　じゃないんだから何とかしてよって言って，そういうのを電話口です
　　ごい熱く言っていただいたので。実はそれはもうそのまま通ってし
　　まったんですけど，本当にありがたかったなと思って。何度思い返し
　　ても，本当にそれがありがたかったです。（A 氏）

　現在も A 氏はやりがいを感じながら仕事を続けている。生産計画部署の顧客のオーダーに応えることを目指す業務には独特の楽しさがあり，勤続して 20 年以上経過した現在でも「仕事は楽しい」と明言できるほどに，A 氏は仕事にやりがいを感じている。また，A 氏は生産計画部署のベテラン一般職と

して，グループ企業からの出向者・異動者や新入社員等に対する教育係を担当
している。業務そのもののやりがいに加えて，近年では教えることのやりがい
も感じるようになった。

　　　自分が学ぶことよりも教えることの大切さの方が，そこはすごく痛感
　　　して，人1人育てることの大変さというのはすごく感じましたね。でも，横でやっぱり見てて，その人がどんどん自分で独り立ちしていくのを見ているとすごくうれしいんですけど。で，やっぱりそういうのを見ていると教えることの意義というか，教えることのやりがいも感じますし。難しいんですけど，教えることにもやりがいはありますね。やっぱり自分が習得すること以上に。（A氏）

　しかし，教育係としてのやりがいを感じる一方で，それ以上のことを望んではいない。既述のように上司からは総合職への職種変更を勧められているが，本人にその意思はない。

　　　普通に総合職の方も教えているんですよ。さっき言ってた出向者もそうですし，大卒の総合職も教えてるもんですから，ゆくゆく昇等級していく人たちに私のような一般職が教えられることっていうのは，基礎的なとこなんですよね。で，そこから本当に指導するまでの力っていうのは，その人のこれから身に付けていく力なので，ベテランの一般職として教えられるべきところは100％力を注いで教えています。…（中略）…なので，そこを徹底的に教え込むところは今の立場でも十分できていると思っているので，私自身はそれ以上上に上がって部下を持ってというところまでは，そこまでのことは考えてないですけど。（A氏）

　A氏は生産計画部署のベテラン・一般職としての仕事に十分なやりがいを感じているが，それと同時に自らの家庭での立場も重視していることから，現時点では総合職に職種変更することは考えていない。

　　仕事はもちろん全然好きなんですけども，仕事だけじゃないと思って
　いるので，私は主人を支える側の立場でもありますし，家を守る立場
　でもあるものですから…（中略）…そこまでは私自身は踏み込みたい
　とは正直思っていないんですよ。ただ，逆に言えば，そこまでしなく
　ても，今ある位置で育てられる部分は育てられる。基礎的なところは
　自分が一番よく分かっているので，一番基礎の部分を教えて育てて，
　そこから自分たちで動いて開花していっていただくっていうところは
　あると思うんですよね。（A氏）

　A氏は一般職としての自らの立ち位置に対して概ね満足しているが，フル
タイム勤務者として，時短勤務者に比べて会社のWLB支援やサポートが少な
いと考えている。こうした状況にあって，A氏はむしろ積極的にセルフ・マ
ネジメントが必要であると考え，それを実践している。

　　いち一般職として，当然フルタイムの正社員ですので時短でもなく。
　当然そういう制度を活用している方たちからしてみるとまた多分意見
　が違うと思うんですよね。例えば時短の方たちであれば，ちゃんと会
　社からもその認知をしてもらって，組織としてしっかり運営できてい
　ますっていう言い方になると思うんですよ。周りのサポートを含めて
　組織として運営できていますっていうことになると思うんですけど，
　私はそういうのがないので。…（中略）…ある程度任されて頼ってい
　ただいている間というのは，そこに貢献すべきだと，会社に貢献すべ
　きだとは思うので，自分で自分をマネジメントして，求められている
　ことに応えるべきと私は思っていますね。（A氏）

　A氏が出産した時には，α社には事業所内保育施設もなく，短時間勤務制
度も選択できなかった。しかし，A氏はα社の支援の不十分さを，セルフ・
マネジメントの機会として積極的に捉えている。一方で，そうした支援に関す
る格差も感じている。例えば，近年導入された在宅勤務に関しても，一般職は
当初適用外とされていた。その後，在宅勤務制度は一般職にも適用されるよう

になったが，復職制度等のように総合職のみに適用される制度が現在も存在する。

　　（在宅勤務も）最初一般職なかったので，何で一般職ないのみたいな
　　ところがあって，組合からもそういう話があったんだと思うんですけ
　　ど。…（中略）…（その後）一般職向けにも在宅の制度が入るように
　　なったので，例えば介護が必要になった人だとか，そういう方たちが
　　きっとすごく有効になるかなとは思っています。そうですね。あと復
　　職制度と言って，例えば配偶者の方が海外出向になった場合について
　　行くケースが多いと思うんですけど，そこで一時的について行って，
　　で，また旦那が戻る時に自分も戻るっていう制度が適用されるのも総
　　合職だけなんですね。で，そこには一般職はいまだにまだないです
　　ね。（A 氏）

また，一般職に対するキャリア支援も不十分だと感じている。

　　キャリアの形成というところからいくと，一般職っていうのがあんま
　　りキャリアというのが，何だろうな，ステップアップしていくもので
　　は，一般職のなかだけ，一般職のこの枠のなかだけでは，そのなかの
　　話なので，ステップアップしていくものではないんですけど。…（中
　　略）…だから，支援というものではちょっとないんですけど。（A 氏）

　A 氏は，いち従業員として順風満帆な生活を送っているように見える一方
で，子どもと接する十分な時間を確保できなかったことへの後ろめたさを感じ
ている。

　　すごく仕事も全然バリバリできる環境ですし，家のことも（家族に）
　　やってもらっているし，何不自由ない生活をしてたんですけど。なん
　　かやっぱり若干自分のなかでも母性というものがあって，そこがなん
　　かちょっと後ろめたさみたいなことがちょっと自分が勝手に感じてま

した。ただ，多分子どもたちからしてみると，多分それは全然なかっ
たと思うんですけどね。私が家にいないことも，生まれてからずっと
なので。…（中略）…だから，本当に自分のなかだけでちょっと葛藤
してた時期はありました。（A 氏）

　教育係を担当することでやりがいを感じる一方で，それに伴って業務時間に
関する裁量が損なわれてしまう側面がある。そのため，家庭において子どもと
の何気ない会話をする機会も限られてしまい，A 氏は結果として家庭におけ
る母親としての役割に葛藤を抱えている。

仕事は変わらずずっとやっていて，それがやっぱりベテランになれば
なるほど任されることも多くなって，それこそ先生役とか任されるこ
とも多くなってくるので，頼られているのはいいことだとは思うんで
すよ。…（中略）…ただ，自分の都合だけじゃなくなってくるという
ところだけがちょっとしんどくて。そうですね，ちょっとそこの間の
葛藤は若干あった気はします。仕事で任されていることもやりたい。
やらなきゃいけない。でも，子どもとろくに会話もできないなっていう
うとこですかね。（A 氏）

先生役にまわって1個しんどいなと思うのは，自分のタイミングで帰
れないじゃないですか。…（中略）…いくら家の都合があって帰りた
くても，その人が仕事が終わんないと帰れないということがあったり
とかするので，先生役をやっている時とやっていない時とでは，そっ
ちの気持ちの問題がかなりありますね。気持ち面でも，帰れる帰れな
いっていうのもありましたね。（A 氏）

家の家事ではなくて，食事，洗濯ではなくて，対子どもに対するフォ
ローが自分が取れる時間がなくて。…（中略）…母親として子どもに
関われないんですよ，毎日。なので，あんまり会話もできないです
し，そこのちょっと不安はあって。（A 氏）

3．B氏の事例

　B氏は，大学を卒業後にα社とは別の大手製造業に総合職として入社した。2年後にその企業を退職し，1年間の留学を経て，帰国後に派遣社員となってα社に派遣された。そして，専門職派遣としてα社で働いた後に，正社員への登用制度を利用してα社の社員となった。B氏は生産計画部署に商品担当の一般職として初任配属され，5年後に職種変更して総合職となった。総合職となってからも生産計画部署で商品担当を続け，新人の教育も担当した。現在では，5人の商品担当を束ねるチームリーダーを担っている。

　B氏は，正社員への登用を通じて自らの視点が変化した経験を持つ。派遣社員の時には自分の仕事をきちんとこなすことに集中しながら日々の仕事に取り組んでいた。しかし，正社員となってからは，目の前にある自分の仕事だけでなく，その先にある顧客の存在を意識するようになった。こうした視点の変化は，自らの立場の変化に伴ったものであるが，それと同時に上司による影響も大きいと言う。

　　今まで生産しか知らなかった人間で，何でこういう判断したんだろうっていうことをやっぱり上司とかに聞いていくと，待っているお客さんいるよねとか，納期という意味では長さがあるよねとか，不公平さ感があるよねという，色んな切り口でお客様のことを理解して勉強されているというのをこちらで学ぶことができたというのは大きいなと思いますし，それだけ生産でモノをつくって売るっていう，なんか商売の世界からどっちかというと声を広げてそれを反映させるという，もうちょっと目線を上げて広げると貢献の世界に変わるっていうのは，すごい良かったなって。（B氏）

　こうした視点の変化は，B氏が派遣社員から正社員の一般職，そして総合職へとキャリアアップを実現してきたことに起因している。B氏はもともと留学

先から帰国した際に「即戦力」を謳う広告に魅かれて派遣社員になった。その際は，留学先の国でのインターンシップ制度に対する認識から，日本における派遣社員からのキャリアアップをイメージしての就職であった。その後，専門職派遣となってα社の別の部署で働くようになったが，派遣法の適用に大幅な制限がかけられるようになった。これに伴い，派遣社員として担当できる業務が制限されるようになり，実際に「ここまでやらなくていい」，「派遣じゃ話にならないよね」等と言われることもあった。また，派遣社員であるがゆえに，教育の機会も制限された。こうした経験が，B氏を正社員登用へのエントリーへと突き動かすことになった。

　　派遣がやりにくくなるというか，学ぶ場という意味では狭まってくるという危機感が身をもって体感できたので，先ほどの話につながると，社員という選択肢が出てきた時には，目に見えない不安もありましたが，素直にお願いしますという形で来ました。…（中略）…派遣だともうプロジェクト背負っていけないので，そうするともう自ずとやれる仕事というのが狭まってしまうということで…（中略）…単独で動けなくなるっていうのは，やっぱり厳しくなりました。(B氏)

　こうしてB氏は，正社員登用制度を利用してα社の一般職となった。正社員として働くことで，これまで気づかなかった上司の思いや大義や指針の重要性を知ることになった。さらに，正社員として働く同僚・上司たちの貢献意欲の高さにも気づきを得ることになった。

　　本当に社員になってびっくりしました。…（中略）…職場の上司が諦めちゃいけないんだっていうメッセージを送り続けているのはすごくよく分かりました。だんだん歳取って現実見て諦めつつ，なんか騙し騙しっていうところもあるなかで，大義というか指針はやっぱり必要だなっていうのは思うんですね。それが別に変わってもいいと思うんですよ，どっちにしても。これは日本のためでありα社のためだったり社会のためだったり世界のためだったり何でもいいんですけど。そ

こにそういういわゆる引っ張っていただける上司のなかで一緒にやれ
る仕事のうれしさっていうのは，社員になって初めて確かに感じまし
たね。…（中略）…あんまり今まで考えてなかったです，そういうの
は，昔は。（B氏）

　やっぱり社員になって思ったのは，社員の方が大きく違うというの
は，会社に貢献しよう，社会に貢献しようという意識がすごく高いと
いうことを思いました。やっぱり組織に来ているだけあって，個の欲
求よりも社会に対しての貢献だったりというものが自然体で染み付い
ているなというので，ものすごく刺激を受けましたし，人材育成とい
う観点ははっきり言って派遣の時はもちろんなかったですし，自分が
知りたい，知りたい，知りたい，知りたいっていうだけでしたので，
それ以上に周りを見るとか協力してやるとかっていうのは社員になっ
て初めて得た感覚かなっていうふうには思いました。なんか個として
プロジェクトとして成功させたいとかそういうことではなくて，組織
として人を成長していきたいという意味では新しい感覚で勉強になり
ました。（B氏）

　生産計画部署では，一般職であってもアシスタントの域を超えた業務を担当
しており，担当業務に伴う責任も大きなものになる。B氏は，こうした責任あ
る仕事を担当することにやりがいを感じていた。

　社員としては登用されたんですけど，私にとってみれば新しい世界で
勉強させていただくことになりまして。…（中略）…今度は需給とい
う概念って本当に新しくて，そこを勉強させていただく機会に恵まれ
て，大変楽しく勉強させていただきました。（B氏）

　一般職としての業務にやりがいを感じていた一方で，B氏は一般職としての
限界も感じるようになった。一般職として働くなかで，派遣社員と比較すれば
学びの機会は増えていたが，やはり総合職となった方がそうした機会はより得

やすくなるとも感じていた。そのため，B氏はさらなるキャリアアップを目指
し，職種変更制度を利用して総合職として引き続き生産計画部署で働くことに
なった。総合職になるに伴い，今度は出向者や新入社員等に対する教育プログ
ラムの計画立案を担うことになった。その後，チームリーダーとなってから
は，より一層教育担当としての役割が期待されるようになっている。現在のB
氏は「職場力の向上」を自らに課し，メンバーの自立を基本的な方針として
チーム内の人材育成に尽力している。

　　　頼っていただくことはすごく多いんですけど，いつまでもそれじゃ駄
　　　目だよっていうことは言うようにはしてますね。自立をしましょうっ
　　　ていう形で。…（中略）…どう動けばいいかを考えてもらって一緒に
　　　動くっていう方が私自身のやり方としてはそういうふうな動きを心掛
　　　けようとはしています。（B氏）

　総合職として教育に携わることになったことで，B氏はさらに視点の変化を
経験する。チームメンバーに率直に自立を促してもそれが必ずしも成功する訳
ではないことから，相手に寄り添い，相手を気遣う姿勢が必要であることに気
づく。こうして現在のB氏は，相手に寄り添う視点をもって教育に取り組ん
でいる。

　　　やっぱりちょっと目線が色んな人の立ち位置だったり，ライフステー
　　　ジっていうんですかね，うちのメンバーは時短（勤務者）もいれば，
　　　出向して来られる方もメンバーもいますし，若手の総合職の方もいま
　　　すので，それぞれのステージに目線を置いて，その彼らたちの思い
　　　だったりモチベーションだったりっていうところをもうちょっと親身
　　　になりながら，説いていかなきゃいけないなという見方には多少変わ
　　　りました。それぞれ皆さんが抱えているものって違うなとは思いまし
　　　たので。昔は，それはそれ，仕事は仕事っていうふうにすごく冷た
　　　かったかな，自分はって思うんですけど。もうちょっと手を差し伸べ
　　　るなり何なりをしていけたらいいというふうには思います。（B氏）

　B氏は，α社においても珍しいキャリアアップを実現した人物であるが，現状に満足することなく，更なるキャリアアップを展望している。

　　もうちょっとだけ知識欲があるので，もうちょっとだけ，もっともっと勉強したいなという気持ちがあるので，色んな分野をもう少し見て，で，そこの後にどう組織が良くなっていくかっていう，自分のチームを持つなり人材育成なりっていうところを広げていけたらいいなっていう，そういう自分のなかでのキャリアアップ・プランというんですかね，そういったものがあります。(B氏)

　こうしたキャリアを築いてきたB氏にとって，仕事と同等以上に人生の重要な一部となっているのが，学生時代から継続している趣味のバックパッキングである。B氏がα社の正社員となった理由の1つは，バックパッキングの旅費を得やすいことであった。派遣社員の時には，3年分の年次有給休暇をまとめて取得し，2カ月間に渡って海外を歴訪していた。総合職として働く現在も，以前より短期間にはなるものの，B氏は年末に5日連続で年次有給休暇を取得して2週間のバックパッキングを実施している。
　正社員として働きながら，バックパッキングという長期の休暇を要する趣味を継続していくことは，職場によっては非常に困難となる可能性もある。しかし，生産計画部署は，その業務特性上，年間の業務スケジュールを決定しやすい職場であるため，B氏にとって趣味との両立，すなわちWLBを実現しやすい職場であった。加えて，生産計画部署は業務の調整をするための協力体制が整っており，こうした体制が育児や介護のためだけではなく趣味のバックパッキングにも利用できる風土があるという点で，特徴的な職場でもあった。B氏自身も，趣味のバックパッキングと仕事を両立させるために業務情報を共有化する等，職場における協力体制の構築を日頃から心掛けている。

　　やはり協力，職場のなかでですけど，協力体制の構築は心掛けています。もちろん私だけの問題じゃなくて突発で休む人間だったり家庭を持っている人間だったり色々いますので，そこが何かあった時に仕事

が回らないというのは良くないので，それに対しての共有化だったり
は心掛けています。(B 氏)

4．C 氏の事例

　C 氏は大学卒業後，α 社に総合職として入社した。工場の生産管理部署に初
任配属され，その後第 1 子を出産した際には，育児休業を取得せずに短時間勤
務制度を利用して職場に復帰した。1 年後にはフルタイム勤務に復帰すると同
時に生産計画部署へと異動して商品担当となり，その後チームリーダーも務め
た。さらに数年後には係長級に昇格して工場担当となり，同年に第 2 子を出産
した。産後休暇を含めて計 1 年間の育児休業を取得した後には，フルタイムで
工場担当として職場に復帰した。現在は，在宅勤務制度を利用しながら，係長
級として自分の職務に関連するメンバーを牽引する立場で勤務を続けている。
　C 氏にとって，工場勤務時に物流システムの立ち上げ業務とその普及を担っ
たことが，仕事上の大きな転機となった。C 氏は立ち上げ業務の際に標準化に
取り組み，それを全社の報告会で発表した。自らが作り上げた標準が，他の工
場でも導入されて普及していくことは，自らの仕事がもたらす影響の大きさを
実感する契機となった。こうした経験を経て，C 氏は自らの担当業務のなかで
も，特に標準化に対する思いを強く抱き，そうした標準を作り上げ，それを普
及させることにやりがいを感じるようになった。

　　自分のなかですごい転機になっているのは，工場にいた時，ある物流
　の仕組みの立ち上げ業務をしたんですけれども…（中略）…そこで新
　しいものを作り上げること，ゼロから標準を作り上げていくことの喜
　びをすごく感じまして…（中略）…毎年 1 回，大きな大会があるんで
　すけど，そこにも選ばれて発表しました。自分がやったことが各工場
　に展開されて広まっていったっていうのは，自分のなかで 1 つの転機
　というか，自分の仕事の核ができました。(C 氏)

　また，統計的品質管理（Statistical Quality Control）セミナーへの参加も，C氏にとっては転機の1つであった。C氏はもともと留学経験もあり，海外勤務を志望していた。しかし，結婚等の時期と重なり，家庭の事情で海外勤務の志望が叶わなかった。こうした経験から，新たな機会を求めていたなかで転機となったのがセミナーへの参加である。

　　Statistical Quality Control セミナーに参加したいですと上司に言って。…（中略）…そこで問題解決やデータ分析の仕方を2年間ぐらいかけて勉強したんです。それがきっかけで，問題解決の思考やデータ分析の仕方がすごく身に付きました。毎月毎月訓練をしたので。それがきっかけでさっきの大会にもつながりました。この経験が今の仕事のやり方や子供の教育にも影響しています。すごい良い機会だったなと思ってて。（C氏）

　その後，第1子を出産して，育児休業を利用せずに時短勤務者として職場へ復帰した。復帰の際には，育児と仕事の両立を早期に実現するために，上司に掛け合って職場に授乳室を設置してもらった。平日は実母に泊まり込みで対応してもらっていた。当時の勤務状況は，朝10時に実母と一緒に出勤し，昼休みに設置してもらった授乳室を利用して授乳，そして15～16時に退勤する，というものであった。

　そして，第1子の育児に目途が立ったことでフルタイム勤務に戻そうとしているタイミングで，C氏は生産計画部署へと異動することになった。生産計画部署は，社内で「不夜城」と呼ばれるほどに非常に業務量の多い部署であり，この異動はC氏の仕事や家庭に対する認識に大きな影響を与えることになった。

　　子どもが1歳になって，ちょうどフルタイムに戻すタイミングだったんですよ。出産して2カ月で復帰して，最初4時間勤務から始めて5時間，6時間，7時間って，子どもの授乳のタイミングに合わせてちょっとずつ延ばしていって。で，1年経ったしフルタイムに戻そ

うって思っていたタイミングでの異動，しかも大変だと言われる生産
計画部署に異動になったので，本当にやれるのかなっていう不安はめ
ちゃくちゃあって。…（中略）…異動してみると，あまりにも仕事は
多いし，とてもやれないんですよね，自分１人じゃ。先ほどの生産数
確定の日とか，その前の日とかは，遅くまで夜な夜なやらなくちゃい
けない仕事がいっぱいあるんです。てなると，ちょっともう成り立た
ないなって思って。でも，異動してきていきなり結構な商品を上司に
あてがわれたんですよ。…（中略）…ありがたいですけど，はい。子
どもがいるとか関係なく，総合職として，あなたはこういうことをや
るべきだよっていうことであてがってもらって。でも，それを計算す
ると，とても自分１人ではできないなってなっちゃったんで。（C 氏）

　生産計画部署に異動後，C 氏はチームリーダーを担うようになった。その
後，係長級に昇格して工場担当となったが，すぐに第２子を出産し，１年間の
育児休業を取得した。復帰後は，係長級の立場から，年々責任ある業務が付与
されるようになっている。特に，第１子出産時と同様の職場復帰とはいえ，現
在は係長級の立場であることから，職場復帰時に求められる役割や責任の大き
さも異なっている。

　　最近の悩みは，２人目から復帰して，職種も係長級になっているので，
　　会社から求められるレベルも上がるし，当然やるべきことも増えてい
　　くし，時間は限られているなかで，そこの折り合いをどうつけていく
　　のかっていうことですね。これは１人目の時にはなかったプレッ
　　シャーであり，悩みです。すごく難しいなって。（C 氏）

　育児中でありながらも責任ある仕事を担う C 氏は，増大していく仕事上の
責任を全うする一方で，家庭における母親としての役割を最も重要だと考えて
いる。在宅勤務を利用していることもあり，家庭においても仕事のことを考え
る機会は多いものの，家庭で過ごす時間においては子どもと一緒にいることに
集中したいと考えている。

核としては，家族，子どもが一番大事で，あとはそれ以外に，仕事を
いかに効率的にやっていくのかということだと思ってて。（C氏）

家に帰っても仕事のことを考えてはいます。ただ，子どもといる時に
は子どもに集中して全力投球したい，その思いは子どもが生まれてか
らより強くあります。（C氏）

　こうした家庭における役割の重視によって，仕事と家庭の相互作用も生じ
る。特に，家庭が仕事に及ぼす影響として，C氏は育児を通じて得られた教育
経験や，家庭内で限られた時間内に家事等をこなすための標準化の経験等を仕
事に応用することができると考えている。

自分は子育てしながら仕事をしているので，海外出向をしたり，コロ
コロ異動したりはすぐできるとも限らない，ただ，だからこそ自分が
できることがあるのではと思っています。せっかく自分が仕事してい
るので。教育だったり標準化だったり，自分だからできる付加価値が
あると思うんです。なので，普段の仕事だけじゃなくてそういうこと
をやっていきたい思いはあります。（C氏）

　ただし，C氏は責任ある仕事にやりがいを感じながらも，一方で増え続ける
業務をワーキング・マザーである自分1人で対応することも難しいという葛藤
を抱えている。そのため，C氏は自分にとって本質的な業務に優先して取り組
み，他人に任せられる部分は任せるようにする等の工夫をしているものの，そ
うしたバランスを模索している最中でもある。

これからどんどん役割も大きくなっていく時に，より取捨選択という
んですかね，もっと人にお願いしていいこととか自分じゃなくてもい
いことが増えていく，となった時に，どういうふうにその取捨選択を
していくのか…（中略）…模索してますね。どうしたらもっと上手に
人にお願いし，自分がやるべきことを上手くやれるのか。で，人にお

願いするっていうことは，当然その前までに色んなことを情報共有し
ておかなくちゃいけないよねとか。取捨選択，優先順位がより求めら
れている，と感じています。(C 氏)

5. 事例に対する理解

　この章の事例からは，女性従業員 3 名のそれぞれに異なるアイデンティティ
形成を理解することができる。

　一般職である A 氏は，α 社の一般職に対する WLB 支援やキャリア支援が
不十分であると感じている一方で，そうした不十分さをセルフ・マネジメント
の機会として積極的に捉えて働いてきた。また，業務そのもののやりがいに加
えて，近年では教育係としてのやりがいも感じるようになっている。こうした
働きぶりが評価されて，上司からは毎年総合職への職種変更を打診されている
ものの，A 氏はそれを断り続けている。A 氏は仕事に関しては一般職として
順調なキャリアを歩んでいるが，一方で子どもと接する十分な時間を確保でき
なかったことへの後ろめたさも感じている。特に，教育係を担当することでやり
がいを感じる一方で，それに伴って業務時間に関する裁量が損なわれてしま
う側面があることから，A 氏は結果として家庭における母親としての役割に
葛藤を抱えている。

　A 氏は，一般職に対する WLB 支援の不十分さを，自らの能動的な働きかけ
によって解消してきた。例えば，A 氏は妊娠した時に自ら上司に相談し，そ
の上司が人事に掛け合うことで就業を継続することができた。また，子どもの
急な怪我に対応しなければならなかった時には，A 氏は上司を通じて人事に
掛け合い，事前申請なしに介護休暇を取得することができた。このような働き
かけを通じて自らの生活者としての立場を職場においても表明してきたのであ
る。ただし，自らの仕事ぶりが認められて仕事そのものにもやりがいを感じる
ことができる状況が，そうした生活者としての立場を脅かしてきたことも感
じ，両者に折り合いをつけながら葛藤も感じているのである。

　B 氏は，派遣社員から正社員の一般職，そして総合職へとキャリアアップを

実現し，その後はチームリーダーとしてメンバーに対する教育を担うようになった。チームリーダーとなったＢ氏は，メンバーの自立を基本的な方針としてチーム内の人材育成に尽力していた。こうしたキャリアの変化のなかで，Ｂ氏は正社員として働く同僚・上司たちの貢献意欲の高さを知るようになり，相手に寄り添う視点をもって教育に取り組むようになった。

　Ｂ氏にとって，仕事と同等以上に人生の重要な一部となっているのが，学生時代から継続している趣味のバックパッキングであった。Ｂ氏は，WLBを推進しようとする職場風土を活かし，自ら積極的に協力体制を築き上げ，年末年始に連休を取ってバックパッキングを続けていた。こうした趣味の時間の確保を可能にしているのは，Ｂ氏が築き上げた協力体制において，チームメンバーに自立を要求していたことにある。チームメンバーに個人として自立することを促し，その上で業務情報の共有化を進めることで，リーダーがいなくても業務を遂行できる体制を整えているのである。

　総合職であるＣ氏は，育児休業からの復帰後は，在宅勤務制度を利用しながら，係長級として自分の職務に関連するメンバーを牽引する立場で勤務を続けていた。Ｃ氏は自らの担当業務のなかでも，特に標準を作り上げ，それを普及させることにやりがいを感じていた。また，自らの育児を通じて得られた教育経験や，家庭内で限られた時間内に家事等をこなすための標準化の経験等を，仕事に応用することができると考えていた。

　Ｃ氏も，自らのWLB実現のために，職場に対して能動的に働きかけていた。例えば，第1子出産時には，上司に掛け合って職場に授乳室を設置してもらい，実母に授乳室で子守をしてもらいつつ，本人が昼休みに授乳しながら早期復職を果たした。また，子育てとの両立のために，会議可能な時間帯や残業可能日を自発的に職場において情報共有していた。さらに，子どもと過ごす時間を確保するために，仕事中は自分にとって本質的な業務に優先して取り組み，他人に任せられる部分は任せるようにする等の工夫をしていた。

第7章
イクボスとしての内省

　この章では，Ｚ市役所においてイクボスとして表彰された管理職の内省について検討する。Ｚ市役所では，WLB推進の一環として，管理職をイクボスとして育成・表彰する取り組みを実施している。イクボスとなる管理職は，かつての会社人間的な働き方を実践していた職員でもあり，彼らは自らの働き方に対する内省を通じて，部下のWLBを推進している。

　この章の事例は，2018年6月に実施した計3回のインタビュー調査に基づいている。各回の調査では，Ｚ市役所においてイクボス表彰を受けた3名の男性管理職に対して，それぞれ約60〜70分のインタビューを実施した。なお，インタビュー対象者の特定を避けるために，3名の対象者の所属部署や職位，ならびにイクボス表彰の理由となった具体的な取り組み等については明示しないこととする。

1. Ｚ市役所におけるイクボスの育成・表彰の取り組み

　Ｚ市役所は，以前よりWLB推進に積極的な自治体であった。その背景にあるのは，職員からの要望だけでなく，市長による政策の影響や，職場における女性職員比率の高まり等である。これらを背景としてWLBを推進していたＺ市役所は，その活動の一環として，部下や同僚等のWLBに配慮や理解のある管理職であるイクボスの育成に着手した。

　Ｚ市役所のイクボスの育成は，スローガン等を掲げる規範的な取り組みだけではない。最も影響力が強い取り組みとして，管理職の評価項目の1つにイクボスとしての振る舞いを設定していることが挙げられる。その評価項目の結果

は賞与に反映されるため，管理職はイクボスとして振る舞うことが半ば強制されている状況にある。また，管理職研修の際には，イクボスに関する研修を含めて実施しており，管理職に対して部下の WLB 実現のための考え方や具体的な取り組み等を教授している。さらに，イクボスとして優れた成果を残した管理職に対しては，その取り組みを表彰する仕組みを設けている。この表彰制度は，部下からの推薦によって候補者となる管理職を募る形式となっている。

2. イクボスを取り巻く状況

　イクボスとして表彰を受けた管理職も，管理職になる以前は WLB を意識することはなかったと言う。また，管理職になってからも，WLB やイクボスの表彰に関して，多くの職員たちの認識が急激に変化することはなかった。

　　あんまりワーク・ライフ・バランスを意識したことはなかったです，
　　管理職になる前はですね。(B 氏)

　　いや，結構，Z 市は早かったんじゃないですかね。…（中略）…ただ，
　　そうは言ってもなかなか意識って変わんないですもんね。(C 氏)

　　「イクボスっていうの，ピンとこないよね」みたいな，そんな感じ
　　だったと思いますね。(C 氏)

　Z 市役所における 1 人あたりの業務は，年々増え続けている。お役所仕事のイメージとして就業時刻通りに働いていると思われることもあるが，それを実現するためには，そもそもの業務量に見合うだけの人員がいることが前提となる。人員削減の波は Z 市役所にも確実に押し寄せており，その結果，極めて多忙な毎日を送る職員も多い。そうした多忙を極める職場では，WLB よりも業務を遂行することが優先されてしまうため，いくら効率的に働いたとしても，職員の WLB を実現することが困難になってしまう。

役所って言ったら，8 時 30 分から時間が過ぎて終わるよねみたいな，そういうイメージがどうしてもですね。そんなではないですもんね。20 年前に比べて人が少なくなってるのもあり，追われている感じですね。(C 氏)

職場によりますね。やっぱり忙しいとこに行くと，「ワーク・ライフ・バランスなんて言ってられるか」みたいなところもあるんで。(B 氏)

やっぱり一番は，うちの今の組織でいうと，もうちょっと人を，業務に合った，見合った人を配置してもらうことで，仕事と生活のバランスをつくりやすくなるというとか。ワーク・ライフ・バランスって人それぞれだと思うんですけど，仕事もプライベートもある程度満足した形でやっていけるのかなとは思うんですけどね。なかなか現場の努力だけで本当に「やれ」って言われても，本当に厳しいんですよね。(B 氏)

人員です。はい。…（中略）…人員の確保できる枠が増えればもっと（職員の WLB が）充実すると思いますし。(A 氏)

　一方で，家庭が安定してなければ，集中して仕事に取り組むことは難しくなる。家庭を安定させるための最大の障壁となるのが，時間外労働，いわゆる残業である。業務が多忙であれば，当然ながら残業は生じ得る。しかし，残業そのものは，部下本人あるいはその上司の意識によって，削減可能な部分もある。こうした意識の変革は，管理職として管理するのが最も難しい部分であると言う。

やっぱり，家庭生活，本人の生活がきちっとしてないと，良い仕事はできないですよね。(C 氏)

毎日，例えば 2 時間残るとしたら，家に帰るのが何時になりますかと

いう話になるじゃないですか。そしたら，19時に家に帰れるのが21時になってしまう。そしたら，自分の起きてる間の時間ってあと何時間になりますかと。…（中略）…本当にずっと残らなくちゃいけないのかというのをもう一回考えていかないと。そこの意識が難しいですよ。（C氏）

　仕事以外の生活の部分に関しても，イクボスである管理職が非管理職であった時代とは様変わりしている。例えば，男性職員も育児に積極的に参加するようになったり，介護や地域の活動に従事したり等，職員にとっても仕事以外の生活の比重が大きくなっている。

　　例えば介護をしたりとか，色んなこともある訳ですよね。自分だけのものじゃないので。子育てもあれば。だから，本当は働きたくても働けないんだという状況もある訳ですよ。…（中略）…男性も女性も同じように働いてるから，我々の時と本当に違って，男性も育児にどんどん参加するようになって。うん。だから育児時間とか，「少しでも取れるんだったら取ったら？」とかいう話もします。やっぱりそういったこと言ってやらないとなかなか，まだまだ取りづらいですよ。今から人口はどんどん減っていくなかで，1人ひとりに掛かってくる仕事以外のものが大きいと思うんですよね。地域のことも，活動もしてよとか。（C氏）

3．Z市役所におけるかつての管理方法

　かつてのZ市役所では，現在と比べて労働時間が長い状況が続いていた。現在はイクボスとして表彰を受けた管理職も，非管理職であった当時は，そうした状況が当たり前だと考え，長時間労働に耐えていた。

　　昔のように耐え忍んでですね。我々の若い頃は，みんなそんなんばっ

かしになってたです。（C 氏）

　　勤務の形態は昔のほうが過酷でした。はい。（A 氏）

　ただし，こうした長時間労働は，単に職員にとっての負担となるだけではない。それによって心身に不調を来すことになれば，それが職場の生産性低下を招くことにもつながる。そのため，特に現在の管理職にとっては，長時間労働を是正し，一所懸命に働く部下の健康を管理することが必須となっている。

　　ただ，一所懸命やって，そういった時につぶれないようにしていかな
　　いといけない。（C 氏）

　　それは単に時間外を減らすということだけではなくて，本人の健康面
　　にやっぱ配慮して。（C 氏）

　また，部下の管理にも，新たな方法が要求されている。現在では，昔ながらの管理・指導の方法を用いることができないのである。かつての長時間労働が当たり前の状況であれば，既述のように部下である職員が我慢する場面も多かった。しかし，現在では，管理する側が我慢をする場面が多くなっていると言う。

　　もう今，駄目です。必死に，教えるほうが我慢してます。教えるほう
　　が一生懸命，工夫して。私から見たらもう，至れり尽くせりだなあ，
　　今の若いやつって。俺の時は違ったけどなって。言って分からなかっ
　　たらみたいな話ですよね。今は至れり尽くせり，こうするんだ，ああ
　　するんだと言って，手取り足取りして。（A 氏）

　その背景にあるのは，育成や指導に関する世代間のギャップに対する認識である。現在の管理職世代は，特に年齢が高くなるほど，教員や上司から厳しい指導を受けて育成されてきたと言う。一方で，次第に教育現場や職場における

各種のハラスメントがメディアで報道されるようになったこともあり，あくまで相対的な問題ではあるが，現在の部下たちは上司の世代ほどには厳しい育成・指導に慣れてはいないと考えられている。

> こんな言い方したら悪いんですけど，何となく打たれ弱いような気がします。…（中略）…何か言ったらすぐ辞めたりしますね。それとあんまり変わんないと私は思ってます。（A氏）

> 親にも先生にもたたかれてないような子が，今，全部ですね。ほとんどですよね。自分たちは親からたたかれる，先生からたたかれるような。ちょっとでもこんなことしたらもうそれで終わりですもんね。それでもう，辞めてしまうから。ああ，そうかそうか，親からも先生からもたたかれたことない子たちが，今からどんどんどんどん増えている訳です。（A氏）

　こうした世代間のギャップに対する認識を背景に，イクボスである管理職は，自らが部下だった時の働き方を反省し，当時の自分たちの働き方と正反対の働き方を部下に要求するようになる。また，自らが非管理職であった時の上司の管理方法を反面教師として，自らはそれとは異なる管理を実践する。

> 私がしてきたことと，反対をすれば。イクボスも，反対のことをしてるだけで，別に私は何も飛び抜けたことをしてる訳ではないんで。（C氏）

> モデルにしてる人は1人もいません。逆のモデルはいますけど，たくさん。はい。反面教師っていうんですかね。あんなことにはなるまいと。（A氏）

4.　イクボス表彰の理由とイクボスとしての自分

　イクボス表彰者である管理職は，そもそもイクボスとは何で，そして自分が
なぜそのイクボスとして表彰されたのかについて正確に把握していないと言
う。もちろん，Ｚ市役所では市としてイクボスの育成・表彰に取り組んでおり，
イクボス表彰者である管理職はその概要について十分に認識している。それで
もなお，実際に表彰を受けた管理職は，自らのどのような取り組みがなぜイク
ボスとして表彰に値したのかについて，正確な理由を把握できていないと言
う。

　　これ，部下が推薦してくれてたんですよね。(Ｃ氏)

　　何かよく分かんない。(Ｃ氏)

　　Ｚ市は子どもが生まれた人にアンケートして，自分の所属長がどうか
　　ということで。それで，なぜか。…（中略）…「なぜ僕が」っていう
　　ことですね。(Ａ氏)

　そのため，自らの表彰を誇らしく思うよりも，恥ずかしさや疑問を先に感じ
ると言う。Ｚ市役所のイクボスの表彰に関しては，部下からの推薦により，イ
クボス表彰の担当部署が中心となって表彰者を決定している。そのため，自ら
の取り組みを部下から認められなければ，推薦はされない仕組みになってい
る。しかし，特別なことをしている自覚のないイクボス表彰者にとっては，表
彰そのものが素直には受け入れにくいものとなっている。

　　（表彰は自分に）そぐわないです。思ってました。…（中略）…いや，
　　恥ずかしかったですね。(Ａ氏)

みんなやってます。私だけじゃないです。全ての現場の管理職は，私のように，多分これ見て，その通り，全く自分も同じようにやってると。…（中略）…これぐらいは，自分たちもやってるよみたいな話ですよ。（A氏）

自分，まだそこまで，ボスまでいってないし，推薦してくれたのはありがたいけど。正直なところ，そんなことやってないもんね。表彰されるのもありがたいけど，何かこそばゆいよね。（C氏）

　部下からの推薦がなければ表彰されない仕組みであるからこそ，イクボス表彰者である管理職は，表彰後に自らの管理方法を見直すことになる。自らの管理方法のどういった部分を部下が評価し，推薦してくれたのか。自問自答を繰り返す過程で，部下の気持ちを解釈していく。

（部下の分まで自分が働いていたので）だからこんなことをしてくれるんじゃないですかね。推薦してくれたんじゃないですかね。そんなところを推薦してくれたんじゃないかと思います，私は。ちょっと今までのあれと違うなって。（A氏）

　また，そうした解釈の過程を経て，イクボス表彰者である管理職は，推薦してくれた部下たちに対する感謝の念を抱いている。

だからそんなことを含めてイクボスに，僕は全然関係ないのに入れたんじゃないかなとは思うんですけどね。言ってみたら，それが本当だったら，本当に私，ありがたいなと思ってます。それが，私が思ってる通りだったら，本当にありがたいなと。ええ，と思ってますけどね。違うかもしれませんけど。そうですね。本当にそう思いますね。多分違うと思いますけど。（A氏）

だから表彰された時は，そういう意味じゃ，部下に感謝しました。っ

て勝手に解釈して，違うかもしれませんけどね。そういうふうに解釈
して，自分が。多分違うと思うけど，自分なりにそういうふうに思う
ようにしてます。で，「ありがとう」って言いました。「余計なことし
やがって」と思いつつ。（A 氏）

いや，ありがたいですよね。推薦をしてくれることは，ありがたいな
と思って，本当に。（C 氏）

　イクボスとしての表彰は，自らの管理方法を見直す契機となる。しかし，だ
からといってその後の管理方法に変化が生じる訳ではない。むしろ，イクボス
としての表彰は，自らのかつての働き方とは正反対の働き方を部下に要求する
という管理方法を正当化する根拠となり，むしろこれまで通りの管理を続ける
ことを促進することにつながる。

表彰されたってすること変わんないから。（C 氏）

イクボスとして表彰はされたけど，自分自身，全然そんな人間でもな
いし。自分なりには普通でいいんじゃないかなと。自分のなかでは。
（C 氏）

　一方で，管理職がイクボスとして表彰を受けることで，付随して業務が増え
ている側面もある。イクボス表彰者は，イクボスの育成・表彰それ自体の重要
性は認めているものの，それによって管理職に課される業務が増え，結果とし
て効率的な働き方に逆行している側面もあることを指摘する。

研修を受けさせられて，何か色々書いたりして。仕事改革もそうです
し，毎回毎回，「何作ってるんだ，俺」って…（中略）…増えるんで
すよね，どんどんどんどん。何なんだと思いますよね。…（中略）…
これが仕事改革と逆の方になってないかと。（A 氏）

5. イクボスとしての振る舞い

　イクボスとして表彰された管理職に共通するのは，部下に年次有給休暇の取得を推進していることである。時間外労働を減らし，各自に与えられている年次有給休暇をきちんと消化するように，事あるごとに発言している。

　　　特に私自身もそうですけど，みんなにお願いしてるのは，年休を消化しましょうねと。…（中略）…とにかく上が休まないと。休みづらいですって。（C 氏）

　　　（時間外を）減らせるんであれば，本当に減らしていきたいなと。「休みもしっかり取ろうね」ということは，会議の時とかは言ってますけどね。（B 氏）

　また，部下に対する余計な発言や指示を極力減らすことで，部下が効率的に働きやすいように配慮している。

　　　そうですね。あんまり余計なことは言わないようにしてましたので。話が脱線しないようにはしてました。（B 氏）

　　　極力何も言わないと。自分からはもう，一言も言わない。仕事の指示はしない。何かやりたかったら自分がするようにしてます。私が仕事の指示しなくても，やることはもう決まってますので。（A 氏）

　こうした振る舞いを通じて，イクボスとして表彰された管理職は，そもそも管理職がイクボスであることは当然のことであると認識している。また，自らをイクボスであると認めることには抵抗があるとする一方で，イクボス表彰者として自ら実践してきたことを役立てたいとも考えている。

管理職としては当然だからですね。そもそも管理職って何なのという
ところを考えた時に，当然，このイクボスの考え方が含まれてるよ
ねっていう。昔とは違うからですね。イクボスが特別のもののように
なるのはおかしくないかなって思ってますけどね。（C氏）

少しでもみんなに，少しでも何かお役に立てればと思って。今回のイ
ンタビューもそうだし。（C氏）

　さらに，管理職としての自分の役割として，広義の「部下を守る」ことが期
待されていると認識している。ここでの「部下を守る」とは，相談しやすい風
通しの良い職場をつくることに加えて，具体的な部下のメンタルヘルス対策に
まで及んでいる。

職場からはやっぱりあれでしょうね。もうしっかり業務全体のマネジ
メントをしてもらいたいと。…（中略）…あと，風通しの良い職場づ
くりっていうのが一番ですかね。相談しやすいというか。何かあった
時にカバーするとか，守ってもらえるようなところは期待されてるん
ではないかなとは思いますね。（B氏）

（部下のメンタルヘルスへの対応について）これだなと思ったですね，
今からの管理職は。…（中略）…今から増えていくと思います。こう
いう職員。今からそっちですよね。増えると思います，確実に。（A
氏）

6.　イクボスの育成・表彰の職場への影響

　以上のように，Z市役所では職員のWLBを推進し，その一環としてイクボ
スの育成・表彰に取り組むようになった。その結果，Z市役所では職場におけ
るイクボスの認知度は上がってきている。

今はもうあれから3年，4年目を迎えて，やっぱ認知度は違いますか
ね。上がってきましたよね。そうですね。イクボスって言えば誰でも
分かりますしね。(C氏)

　また，WLBに関しても，職場環境はガラッと変わった。かつてのZ市役所
では，多くの部署で残業をすることが当たり前であったが，今では残業をす
ることの理由が問われるようになっている。

全てがそう変わってきたと，私は感じております。だから良いことだ
とは思いますけどね。職場環境はものすごく変わりました。(A氏)

昔は本当に，それこそ20年前とかは「早く帰るよ」って言ったら，
「もう帰るのか」みたいなね。そんなんあったけど，今は反対に「ま
だ残ってるのか」ですから。(C氏)

　Z市役所では，こうした職員の意識の変化によって，無駄な残業は出来る限
り減らして，効率的に働くことが要求されるようになっている。職場において
も，WLBに関する情報に触れる機会が多くなり，職員がWLBを意識する場
面も増えている。また，早く帰ることがその職場で当たり前だと考えられるよ
うになれば，そうした働き方を当たり前だと考える職員が将来的に管理職とな
り，ますます効率的な働き方が実現されやすくなる。

いかに効率よく働くか，職場全体で考えていく時代に来てるからです
ね。(C氏)

本当に時代も変わってきましたし，それこそワーク・ライフ・バラン
スだけど，バランスよく考えるようなものが情報としても提供されて
きたというのが大きいかなと思いますよね。(C氏)

そういう雰囲気を職場につくってやらないと，やっぱりまた同じよう

な人が育ってくる訳ですよ。拡大再生産されてくるんで。(C 氏)

7. イクボス自身の私生活への影響

イクボス表彰者である管理職は，かつては非管理職として長時間労働を経験
している。そのため，自らの WLB について意識する機会はほとんどなかった
と言う。

> ワーク・ライフ・バランスという言葉が出てくる前は，本当に，あん
> まり仕事と生活のバランスなんか気にしたことなかった。(B 氏)

その後，Z 市役所における WLB の推進やイクボスの育成・表彰に関与して
いくことで，彼らは管理職として部下の WLB について意識するようになっ
た。しかし，自分自身の WLB 実現に対する認識は，三者三様である。あるイ
クボス表彰者は，自分自身の WLB 実現に対して，まったく関心がないと言う。

> 何もないです。何もない，全くないです。見直しとかしたこともない
> し。もうずっとこのままです。別に構わないです，はい。自分自身の
> ワーク・ライフ・バランスを見直そうと思ったこともないですね。た
> だ，私の信条としては，ライフを優先したことはないですね。ワーク
> があって，始めてライフがあるかなと。ワークがあって，初めてライ
> フが楽しめるかなというふうに思ってますので。ライフのためにワー
> クを犠牲にすることは絶対ないです。ワークのためにライフを犠牲に
> したことは，今まで多分，何度もあります。じゃあ，ワーク・ライ
> フ・バランスを実践して，イクボスを実践して，自分を変えなきゃと
> 思ったことは1回もないです。自分が変えなきゃいけないと思ったこ
> とはないですね。(A 氏)

これに対して，別のイクボス表彰者は，非管理職であった時に，自らの働く

意味を自問し，がむしゃらに働くことを見直すことを経験していた。そのため，イクボスとして表彰を受ける以前から，自身の WLB が実現できていたと言う。

　　　自分は誰のために仕事してるんだろうみたいなところがやっぱり出て
　　　きたんで。…（中略）…あれだけ仕事に精出して何になるんだろうみ
　　　たいなことを漠然と考えたことありましたね。たぶん，そっからじゃ
　　　ないですかね。プライベートで，色々，私生活の方も色々変わってい
　　　くんで，それもあったかと思いますね。（B 氏）

　　　（自らの WLB への影響について）それはあんまりないですね。もと
　　　もと自分自身，仕事もプライベートもある程度満足できてたんで。も
　　　ともと仕事ありきというタイプではないんですね。そこは，何か見
　　　直したかと言われると，別に，特にはないなというところですね。（B
　　　氏）

　また，さらに別のイクボス表彰者は，自らの父親としての役割について回顧し，かつての性別役割分業観に基づき，家庭のことは妻に任せていた部分があることを認める。そうした経験から，自らをイクボスとして捉えることに抵抗があることを認めつつ，私生活においてもイクボスとして振る舞っていくことが今後の課題であると考えている。

　　　決して良い父親ではないので。…（中略）…そういうバランスを，本
　　　当にバランスを取るなんてやっぱ難しいなと思う。だから，さっきも
　　　言ったように，自分がイクボスというのは果たしていいのかっていう
　　　のは常にある訳で。そんな威張って「私はイクボスだ」みたいなこと
　　　なんか言えないよね。（C 氏）

　　　やってなかったことをする。家でもね。家のなかでも何もやってな
　　　かったことを少しでも，遅いけど，振り返ってやっていく。その時代

だからですね。(C 氏)

自分自身がライフのなかでどこまでやってるのかなと思う部分はあり
ますよね。今からですね。(C 氏)

8.　事例に対する理解

　この章の事例からは，イクボスとなった管理職のアイデンティティ形成を理
解することができる。イクボスとなった管理職は，かつて会社人間的な働き方
を要求されていた経験をもつ。また，管理職になるに従って，評価の際にイクボ
スの項目が設けられ，イクボスに関する研修を受けさせられるなど，イクボ
スとして振る舞うことを半ば強制されてきた。そうした経験を踏まえ，管理職
となった今では，当時の自分たちの働き方とは正反対の働き方を部下に要求し
ている。これは，自らの上司たちの管理方法を反面教師としていることにもよ
る。
　こうした管理方法が評価されてイクボス表彰を受けたものの，本人たちに
とって特別なことをしている自覚はなく，戸惑いながらも推薦してくれた部下
に対して感謝の念を抱いている。また，イクボスとしての表彰は，「自分たち
がやってきたことの反対のことを部下にする」という管理方法を正当化する根
拠となっている。イクボス表彰者は，そもそも管理職がイクボスであることは
当然のことであると認識し，自ら実践してきたことを役立てたいとも考えてい
る。
　一方で，イクボス表彰者は，表彰後の自らの WLB に関して，仕事や部下に
対する管理ほどには関心を寄せていない。というのも，表彰以前からの自らの
WLB にそれぞれが満足しており，それを積極的に改善したいとは考えていな
いためである。ただし，職場においてイクボスとして振る舞うためにも，私生
活においてもイクボスとなることが今後の課題であるとも考えている。

第 8 章

育児休業取得後の男性職員における変化

　この章では，Z市役所において育児休業を取得した男性職員による意識の変化について検討する。Z市役所は，第7章でも取り上げた通り，WLB推進に積極的で，男性の育児休業取得を推進している自治体としても知られている。

　この章の事例は，2018年6月から7月にかけて実施した計5回のインタビュー調査に基づいている。各回の調査では，Z市役所において育児休業を取得した5名の男性職員に対して，それぞれ約60分のインタビューを実施した。5名の調査対象者の育児休業取得時点の概要は，次の通りである（表8-1）。

表 8-1　調査対象者の概要

	担当業務	業務・職場の特性	育児休業取得時の状況
A氏	市の消防職員	3日に1回24時間の勤務サイクル	2人目の出産後に，休暇と休日を含めて約1カ月の育児休業を，当時勤務していた消防署で男性として初めて取得
B氏	情報システムの管理業務の担当者	緊急対応が多く，常に緊急呼出用の携帯電話を持っている	所属する課のなかで初めて男性として2週間の育児休業を取得
C氏	市内の祭りやイベント等の企画の担当者	日々のルーティン業務が少なく，年間の繁閑が明確なため比較的スケジュール調整をしやすい	4人目の出産後に3週間の育児休業を取得
D氏	観光関連業務の担当者	業務量が多く，残業や出張も多い	1人目の出産の際に，他の休暇を含めて3週間の育児休業を取得
E氏	生涯学習に関する業務の担当者	職場内で唯一の男性職員	1カ月間の長期の育児休業を取得

出所：筆者作成。

1. Z市役所における男性による育児休業取得の背景

　Z市役所は，第7章でも検討したように，イクボスの育成・表彰に力を入れており，女性職員だけでなく男性職員も育児休業を取得しやすい環境を整えている。この章の調査対象者にも，管理職からの勧めに応じて育児休業を取得した男性職員がいる。こうした取り組みによって，Z市役所における男性職員の育児休業取得率は調査時点で全国平均の約3倍となっている。

　Z市は，多くの人口を抱える地方自治体である。そのため，Z市役所は，多業種にわたる大きな組織となっている。市の職員が担当する業務内容は非常に広範にわたり，行政職員だけでなく，教員や消防職員，医療従事者等の多様な職種が存在する。この章の調査対象者5名のなかにも，行政職員だけでなく，消防職員が含まれている。こうした多岐にわたる業務が存在するにもかかわらず，Z市役所ではどのような職種でも男性が育児休業を取得しやすいような環境を整備している。また，近年では若年層を中心に女性職員の比率が非常に高まっていることもあり，男性職員の育児休業取得に対する周囲の理解を得やすい状況となっている。

2. 育児休業取得のための準備

　男性職員が育児休業を取得する際には，職場の状況に配慮して取得期間を決定している。今回の調査対象者5名について言えば，取得期間は2週間から1カ月の間となっている。ただし，実際には，より長期の育児休業を取得したかったという声もある。職場全体で育児休業取得を推進してくれるからこそ，そうした職場に迷惑を掛けたくないという意識が芽生えているとも言える。

　　いや，本当はもう少し長く取れるんなら取ってみたかったですけど，
　　…（中略）…あまり迷惑を掛けれないなっていう気持ちもあって，一

応１カ月以内，３週間ぐらい。（D氏）

男性の育休で半年も３カ月も取るのは，自分のなかでもちょっとハードルがありましたし，…（中略）…取りあえずお願いできるのが１カ月ぐらいかなと。…（中略）…皆さんに迷惑掛けないぐらいかなという感じで，１カ月にしましたね。（E氏）

　また，男性職員が育児休業を取得することが決まった際に，まず取り組むべきことの１つとして，休業期間に入る際の業務の引継ぎがある。Ｚ市役所では，およそ３年ごとに異動を繰り返すジョブローテーションが実施されているため，引継ぎそのものは特に珍しいことではない。しかし，育児休業は取得後に自らがその担当業務に復帰することや，既述の「迷惑を掛けたくない」という意識から，普段の引継ぎ以上に「事跡を残す」ことを意識した引継ぎとなる。これは，これまで自身が取り組んでいた業務を見える化し，それを引継ぎ事項として共有化することで，属人的な業務を減らすことにもつながる。

業務のなかでも，なるべく，何ていうんですか，事跡っていうんですか，こういうことをやりましたよっていうのをきちんと残すことで，次に業務が代わった方も，そういう事跡というか，こういう回答をしたんですよっていう，何でこういう回答をしたかっていう，根拠となるような，そういった書類を，そういった事跡をきちんと残しておかないと，次に担当が代わった方が，何でこんな回答なんだっていう，色々また書類を調べないといけなくなるので，そういったことはちょっと気をつけるようにしてます。なるべく，そういった書類をきちんと保管するというか，きちんとそれと一緒にとじ込んでおくことで，後で見返したときに，資料をまた探すことなく。（E氏）

3.　育児休業取得中の心境

　育児休業期間に入って，男性職員が直面するのは，育児の大変さへの気づきである。男性職員は，育児休業期間中に初めて仕事にまったく関与せずに育児だけに向き合うという状況を経験することになる。すると，想像以上の育児の大変さを実感するとともに，相対的に定められた勤務時間に仕事に従事していたことが楽だったと感じるようになることもある。

　　　正直仕事してた方が楽だったと思うんですけど，2 週間。(B 氏)

　想像以上に大変な育児と向き合う期間を経験することで，普段の生活において育児者として物事を捉える傾向が生じる。これによって，ベビールームの場所や子ども関連のイベントの広報など，これまでには気づくことが少なかった対象に目が向くようになる。

　　　何か，ふと買い物とか出掛けたりすると，何ていうんですか，小っ
　　ちゃい頃とかは，母乳の子，何ていうんですか，でっかい商業施設と
　　か行くと，何階に赤ちゃんベビールームがありますよとかあるじゃな
　　いですか。全フロアになくて，多分 10 階建てだったら，どっかに 3
　　カ所ぐらいか 2 カ所ぐらいあると思うんですけど，そういうのを見て
　　気にしてしまうというか「ここにこうあるから，何かあったら 5 階だ
　　ね」とか「6 階だね」とかっていう，そういう意識がありますし，何
　　か市政だより，Z 市から発行してる市政だよりとか，そういう広報紙
　　に，子ども関係のイベントだとかが目につくというか。「こんなこと
　　毎年やってたんだね」とか，そういうのは改めて気づかされてという
　　か。今まで全く意識してなかったところから，多分そういう子どもが
　　生まれたことによって，そういう意識，視点が変わったんだろうなっ
　　ていう，子ども中心っていうか，子どもに関する。(E 氏)

　こうした経験から，育児休業期間を経て，意識や感覚の違いを実感するように
なる。これまでの仕事中心の考え方から育児者としての考え方への変化を経
験し，そうした考え方で休業期間の日々を過ごすことで，新たな視点を獲得し
たためである。

　　（育児休業を）取ってみた後は，もう少し取っても良かったかなとは
　　思いました。終わった時はですね。終わる前は，3週間も空けて大丈
　　夫かしらと思いましたけどね。終わった後と取る前とでは，感覚は随
　　分変わりましたね。（C 氏）

　　この時期を経験することによって，すごい多分意識とかも変わってく
　　ると思うんで。僕はすごい研修と思ってたぐらいなんですよね。短期
　　の育児休業は，研修ぐらいって。研修に行ってるんだぐらいの気持ち
　　で。ただ休んでた訳じゃないよっていう。実際きつかったですし。む
　　しろ仕事行ってるよりきついぐらい。体力的には本当にきつかったで
　　す。精神的には仕事のことは考えないで良かったんで，良かったです
　　けど。（D 氏）

　しかし，こうした意識や感覚の違いは，同時に職場復帰に対する不安を生じ
させる。育児者としての生活から，再びこれまでの仕事中心の考え方に戻るこ
とが必要だと考えるようになり，そうした切り替えが上手くできるかどうかの
葛藤を抱えることになる。

　　流れに乗れるかなっていう感じですね。ちょっと世間から離れたよう
　　な感覚はありましたね。置いてかれてるような感覚がありました。
　　（A 氏）

　　全部引き継ぎはさせていただいて。緊急なやつだけ処理していただい
　　てたっていうところで。まあなかなかつらいものはありましたね，復
　　帰した時。（B 氏）

4.　職場復帰後の行動の変化

　実際に職場に復帰し，再び Z 市の職員としての日々に戻ると，男性職員には育児休業を取得したことによる行動の変化が生じるようになる。休業期間に入る前の引継ぎ事項の共有化を経験したことや，育児期間中に計画的な行動を経験したことを，職場においても活用していく。そうすることで，男性職員は，期限を意識して日々の業務を計画的に遂行するようになる。

　　育児休暇を取る前の数カ月間の段取りをして計画してやった仕事が
　　あって，もう早く終わらせられるっていう感覚があるので，それを間
　　延びするのが何か逆に気持ちが悪いので，ばこっと終わらせて，その
　　余暇で自分のプラスに。(A 氏)

　また，男性職員は，育児休業取得前まで，その日のうちにできる限り仕事を終えようとする働き方を実践していた。しかし，育児休業取得後には，勤務時間内で業務を切り上げようとする傾向をもつようになる。こうした傾向は，帰宅後の育児の時間を確保するという目的があってのことではあるが，決められた時間内に仕事を終えるという意識が育児経験によって醸成されたことにもよる。

　　時間内に仕事を終わらせるってことですね。終わらなかったら基本的
　　には持って帰らなくていいんですけど，性格的にちょっとこう，持っ
　　て帰って全部終わらせて，したいっていうのがあるんで。持って帰っ
　　てしまうんですよね。なので時間内に終わらせて，家に帰って仕事し
　　なくていいようにって考えてますね。(A 氏)

　　基本的に翌日でいい仕事は翌日するっていうぐらいですかね。あんま
　　り当日に全部片づけようとしない。全部しようとしたら，結構ずるず

ると遅くなっていってしまうので。（B氏）

　今現在は，できるだけ朝は朝のうちに自分がやれる家事なりをやって，で，仕事はできるだけ定時の時間でやれることをやりきって，もう定時を迎えたらできるだけ早く帰るっていうことに以前より意識するようにはなりました。それが仕事とバランスが取れてるかっていうところなんですけど，仕事面も，子どもが急にけがをして病院に連れていかないといけないとか，そういう風になった時に，どうしても仕事に，職場の方に迷惑を掛けることはあるのは事実なんですけど，その分時間中は集中して意識を高めてやろうっていう意識も前以上には高くはなりましたよね。（B氏）

　さらに，職場において，私生活を含めた自身のスケジュールを積極的に共有するようになる。スケジュールを共有することで，既述のように計画的に業務を遂行しやすくなるだけでなく，私生活における役割を職場において正当化しやすい状況が生まれる。

　なるべく家の用事ってのは仕事上のスケジュールにも表示，みんなに見てもらえる形にするか，非表示にするかは別として，前々にスケジュールを，要はスケジュール表を一本化するかっていうことですね。プライベートなやつも一応入れてって，で，「休み（仮）」とか入れてって，もう早めにですね。（C氏）

　パソコン上で，みんなのスケジュールが，日単位のスケジュールが見えたり，月単位のが出てるので，そういうパソコン上でも情報共有をしたりはしてます。来週課長が出張でいないんだなとか，係長が打ち合わせで，今いないんだなとかっていうのはですね。なるべくそういったスケジュールを入れるようにして，みんなで情報共有するようにはしてます。（E氏）

　以上のような働き方の変化によって，帰宅時間が早まり，職場に滞在する時間が相対的に少なくなる。これにより，職場において上司・同僚・部下を接する時間が限られ，コミュニケーションが減少する可能性が高くなる[68]。対象者もこうした点に葛藤を感じているが，これを補うように，業務に関する相談相手が配偶者等へとシフトしたケースも存在する[69]。これは，職場においては得難い，第三者の意見を取り込む契機にもなり得る。

　　常に仕事中であれば，あんまり無駄な時間をつくりたくないっていうのがあるんで。雑談とかも色々必要だとは思うんですよね，コミュニケーション取る以上。なるべくそういったのを少なくして，集中して仕事をやって早く終わらせるようにっていうのは意識はしてますね。…（中略）…僕もそんなにアイデアマンじゃないんで，本当は色々話聞いてやっぱりアイデアって出てくるようなものだと思うんですけど，そこは確かに取れてないかなっていうところは少しありますね，やっぱ。だから，何かアイデアとかであれば，例えば帰って家庭でちょっと自分の。嫁さんももともと，（他の地方自治体）の職員だったので。今はちょっとこっちで（別の仕事を）やってるんですけど。役所にいたっていうこともあるんで，嫁さんの意見を聞いたりとかはたまにしてますね。「どう思う」っていう，「こんなことをやってるんだけど」。（D 氏）

5. 職場復帰後の心境の変化

　育児休業を経験した男性職員には，育児を担う父親としての意識が強く芽生える。こうした意識の変化は，私生活以上に仕事を中心に考えていた自らの生活様式を見直し，既述のような働き方の変化を生じさせる契機となる。

　　うちは男の子なんですけど，やっぱり派手に遊ぶのが好きなんで，帰ったら全力で遊んであげるようにしてます。もうその時点で妻はも

うぐったりはしてるんですけど，帰ったらですね。そこは意識して。
（B氏）

家庭ではもうあまり収入面も，妻も育児が落ち着いたらちゃんと復帰
して働くってことでそこまで言われはしないんですけど。やっぱり一
緒に育児をする，何て言ったらいいか難しいんですけど，妻の代わり
はできないんですけど。難しいですね，家庭での役割って言われてみ
たらあまり意識をしてなかった気はしますね。（B氏）

なるべく平日も早く帰って，少しでもお風呂に入れるなり，ちょっと
ご飯作る時に相手してあげたりですね。ちょっと動きだしたんで目が
本当に離せなくなってくるんで，ちょっとその辺はしっかり，けがし
ないように自分が見とかないといけないなとか思ったりですね。（D
氏）

　男性職員は，育児を担う父親としての意識をもつようになることで，育児
者・女性・子どもといった，これまでの自分とは異なる立場から物事を捉える
ようになる。また，こうした視点を無意識に職場に持ち込み，業務そのものを
新たな視点で捉え直すようになる。

3年ごとで役所の業務がころころ変わっていくので，そういう1つ1
つの業務に，そういう子どもの目線というか，そういう子どもの視点
というか，そういう視点で，見るべきとこは見ないといけないのか
なっていうようなところはあったりはしますね。（E氏）

（業務の）やり方を変えよう，今のもう現状に合ってないよねってこ
とで，…（中略）…そういった女性が社会進出してる今の現状に合っ
た，そういう事業をきちんと見直していかないと，今までやってきて
たからっていう理由だけでは，もう多分対応し切れないところが，
多々色んな事業であると思うんで，プラスそれ見直しつつ，そういう

男性の育児目線の視点を，こう入れ込んでいくとか，そういうところ
を気をつけていかないと。(E氏)

　育児者としての意識は，当初は無意識的に職場へと持ち込まれたものであっ
た。しかし，Z市役所においてイクボスの育成・表彰が取り組まれていくなか
で，そうした意識が職場において積極的に発露されるようになる。将来の管理
職候補者として，自らの（数日間ではない）長期の育児休業経験を積極的に職
場で公開し，それを正当化するのである。そして，将来的に部下や後輩となる
男性職員が育児休業を取得しやすい環境をつくり出すために，育児者である自
らが職場におけるロールモデルとなることを望むようになる。

　　　男性の育児休暇を，私もう（中間管理職）ですけども，そういう中間
　　　管理職も含めてですね，という人たちが取っていくってのは私の上司
　　　としてはいなかったですけども，いれば今後広がるきっかけになるの
　　　かなという気がしてます。私が取ることで，私の部下は「こんな人も
　　　いるんだ」と多分思ったはずでしょうから。(C氏)

　　　説得力も違うと思うんですよね，…（中略）…本人が「俺も取ったか
　　　ら」って言ったら，「本当に取ったんだ」って言って「その人が言う
　　　んだからまあいいか」ってなるかもしれないし，そういう風にしてい
　　　きたいなとは思いますけど。(C氏)

　　　そうですね。多分，育休が2〜3日と5日の人とかは，育休を取って
　　　るんじゃなくて休み，多分普通の休みをもらってるっていう感覚にな
　　　るんじゃないかなと思いますね。形上は，多分育休にはなってると思
　　　いますけど，性質的には多分。(E氏)

　こうして職場においても育児者としての意識を積極的に発露するようになっ
た男性職員は，一方で葛藤を抱えてもいる。Z市役所における男性の育児休業
取得者は，年齢的に中堅に差し掛かる年齢で育児休業を取得する人が多い。そ

のため，育児休業を取得する時期は，職場において昇進等のキャリアアップを期待される時期と重なる。男性職員は，育児を中心とした私生活への意識が高まるのと同時に，仕事におけるキャリアアップを期待されることで，ジレンマを抱えるようになる。

　　本当は中堅って35以上ぐらいの方々だと思うんですけど，僕まだ28なのに「ちょっとまだそこはハードルが高いです」っていうのはすごい言ってたんですけどね，課長に。「すいません，ちょっと厳しいです」って。(D氏)

　　多分，みんなに言ってるとは思うんですけど。自分が同じぐらいの年代の人とかも，人の，課長さんとかはみんなに多分，言ってると思うんです。「早く，キャリアアップするように勉強しろよ」とか言ってですね。(E氏)

6.　事例に対する理解

　この章の事例からは，育児休業を取得した男性職員のアイデンティティ形成を理解することができる。育児休業を取得する際には，男性職員は相対的に仕事中心の考え方をもっていたこともあり，職場に迷惑を掛けたくないという意識もあった。しかし，想像以上に大変な育児休業期間を経て，復帰後は日常生活だけでなく職場においても育児者として物事を捉えるようになった。こうした育児者としての意識は当初は無意識的に職場へと持ち込まれたものであった。しかし，育児休業を取得した男性職員は，将来的に部下や後輩となる男性職員が育児休業を取得しやすい環境をつくり出すために，次第に育児者である自らが職場におけるロールモデルとなることを望むようになっていた。

　しかし，育児者としての側面は，育児休業を取得した男性職員が葛藤を抱く契機にもなっていた。例えば，育児休業から復帰する際には，これまでの仕事中心の考え方に戻るための切り替えが上手くできるかどうかの葛藤を抱えてい

た。さらに，復帰後も，中堅職員としてのキャリアアップを期待されることで
ジレンマを抱えていた。

注

68　同じZ市役所の管理職を対象とした第7章の事例においても，イクボスである管理職が部下に
　　対して余計な発言や指示を極力減らすという配慮をしていることが示されている。

69　業務に関わる内容を家庭へと持ち込む場合には，この事例の調査対象者が実践しているように，
　　当然ながら法令遵守を徹底する必要がある。

第 9 章
事例に基づく議論

　本書の目的は，現代日本の組織における従業員のアイデンティティ形成を理解することにあった。この目的に沿って，本書では第 3 章から第 8 章にかけて 6 つの事例を取り上げて検討した。本書で示された事例は，あくまで調査対象となった企業と自治体における従業員のアイデンティティ形成を理解するためのものであり，そこで示された内容をもって現代日本の組織における従業員のアイデンティティとして一般化できるものではない。また，本書が依拠する CMS の立場から言えば，そうした一般化を目的とするものでもない。

　しかし，本書で得られた事例に対する理解は，他の現代日本の組織における従業員のアイデンティティ形成を考察する際の手掛かりとして位置づけることも可能だろう。以下では，各章の事例に対する理解に基づきながら，それぞれにおける人材マネジメント言説および WLB 言説の影響を読み取り，各事例における従業員のアイデンティティ形成について考察を試みる。

1. 従業員の人材化

　第 1 章で考察したように，日本的経営の人材マネジメント化によって，日本の組織における従業員は，新たに人材としての働き方を要求されるようになる。これは，経営者と同様の利害をもちつつ，個人としてのパフォーマンスが要求されるようになることを意味している。従業員は，人材として振る舞うことを繰り返していくことで，そうした役割通りのアイデンティティを形成していく。さらに，人材マネジメントは，人材としての従業員を，他の従業員と区別する装置としても機能する。以下では，第Ⅱ部で検討した 3 つの事例につい

て，それぞれにおける日本的経営言説の存在を前提とした人材マネジメント言説の影響について考察する。

1.1 成果主義賃金制度導入の影響

第3章では，住宅メーカーX社における人事制度改革の事例について検討した。この事例では，自律型人材への志向を高めようとするX社における一連の管理実践から，人材マネジメント言説の影響を読み取ることができる。

X社において導入された自己選択型の成果・実力主義の人事制度は，統合前のX社における受身型の従業員や，経営統合の対象となる代理店における一匹狼気質の従業員を，顧客目線で自律型の人材に近づけるためのものであったと言える。

X社では，「全員が同じ立場になる」ことで，従業員を顧客目線の自律型人材として標準化することを試みている。従業員を総合職へと一元化しつつ，差をつけない成果主義を運用することで，まずは従業員を一元的な存在として扱った。また，自律型人材志向を高めるために，それぞれの従業員の気質に合わせた人材育成を実施した。その上で，自らの責任によってキャリアを開発していくことを従業員に対して要請し，それを可能にするために職能グレード制度も導入した。

こうした一連の取り組みは，経営者と同様の利害から自律的に物事を考え，個人の意欲に応じてパフォーマンスを発揮していくことを可能にする，特定の社会的アイデンティティを付与するための管理実践であると言える。これは，既述のように，従業員を意欲に応じた新たな序列に組み込もうとするための働きかけとして理解できる。さらに，これらの管理実践は，自律型人材を志向する従業員を，他の従業員と区別する装置にもなっている。実際に，X社において自律型人材への志向を共有できない一部の従業員に対しては，新たなキャリアを勧める場合もあった。

1.2 ERPパッケージ導入の影響

第4章では，製造業Y社の地方工場におけるERPパッケージ導入の事例について検討した。この事例では，ERPパッケージの導入から，給与計算業務

の一般職の担当者による人材としてのアイデンティティ形成を読み取ることができる。

　一般職の担当者は，もともと給与計算業務の一部を担う分担者であった。しかし，ERPパッケージ導入後は，Y社の給与計算業務の性質が大きく変容し，一般職である各担当者が企業全体の給与計算業務を1人で自律的に担うことが可能になった。また，各担当者には担当企業の給与計算業務に対する明確な責任が付与されるようになり，戦略的な企画・立案も要求されるようになった。

　一般職である各担当者は，こうした要求の変化を積極的に受容している。これは，新たな要求によって「やりがい」のある「質の高い仕事」を担うことになったためであり，かつては経験や学歴が足りずにそうした仕事を担うことができていなかったことを意味している。また，自らの意欲次第で給与計算業務のパフォーマンスを向上させることが可能になったことから，各担当者は，意欲的にパフォーマンスを向上させようとする利害をもつようになった。

　ERPパッケージそのものは，全社的な経営資源の計画・管理を目的としたものであり，従業員に特定のアイデンティティ形成を促すことを意図して導入されたものではない。しかし，EPRパッケージの導入によって業務が標準化されることで，日本的経営における直接的なコミュニケーションを介した分業の調整が相対的に不要となる。その結果，個々の担当者の責任が明確化し，加えて戦略的な企画・立案という経営者目線の新たな社会的アイデンティティの付与につながったことで，ERPパッケージは担当者のアイデンティティ形成にまで影響を及ぼしたのである。また，各担当者は，新たに付与された社会的アイデンティティを，「やりがい」のある「質の高い仕事」として肯定的に意味づけている。

1.3　プロジェクト組織導入の影響

　第5章では，製造業Y社における各種プロジェクト設立の事例について検討した。この事例では，プロジェクト組織の導入から，プロジェクト・メンバーによる人材としてのアイデンティティ形成を読み取ることができる。

　後期のプロジェクトに参加したメンバーにとっての課題は，Y社の従業員の慣行を見直すことであった。従業員に当事者意識をもって意欲的に働いてもら

うために，「Y社のDNA」を制定し，Y社が求める人材像を提示したのである。そうした人材像に基づいて人材を育成することが課題となった。この「企業DNA再構築プロジェクト」から「人材再構築プロジェクト」への展開は，Y社において望ましい人材を提示し，そうした人材を育成するための取り組みとして理解できる。また，こうした一連の取り組みに，経営幹部ではないプロジェクト・メンバーが携わっていたことに，Y社における従業員の人材化の特徴がある。

　従業員の人材化を促進してきたプロジェクト・メンバーに対しては，自らが人材として振る舞うことが要求される。これが顕著に現れたのが，プロジェクトが解散した時である。解散後に，プロジェクト・メンバーはそれぞれが新たなステージへと飛び込み，今度はプロジェクトの一員としてではなく，1人のY社員として会社に貢献していった。

　プロジェクトへの選抜に際しては，意欲やバイタリティが評価された。こうした評価は，昇進や昇格にも影響を与えるようになり，Y社では意欲によって昇進・昇格が可能になった。こうした評価基準の変化は，人材としての従業員を，他の従業員と区別することにつながった。Y社では，Y社のDNAをもつ人材を「攻めの人材」と呼んで評価するようになる一方で，そうでない従業員を「守りの人材」と呼ぶようになった。「守りの人材」として類型化されるようになった従業員は，Y社において自らの立場を正当化するような反応を示すようになった。

　この事例では，後期のプロジェクトそのものが従業員の人材化を担っていた。ただし，そうした人材化の対象となったのは，実は誰よりもプロジェクトを推進していた従業員であったとも言える。従業員を人材化しようとする経営者と同様の利害に加わることで，プロジェクトの解散後には意欲的に個人としてのパフォーマンスを発揮することを志向するようなアイデンティティを形成したのである。しかし，こうした人材化を受容し切れない一部の従業員は，自らの存在意義を問われることになり，既存のアイデンティティに基づいた反抗を示すようになったのである。

1.4　人材化による従業員のアイデンティティ形成

　第3章の住宅メーカーX社における人事制度改革の事例では，従業員に望ましいアイデンティティを形成するための管理実践から，人材マネジメントの影響を読み取ることができた。また，第4章の製造業Y社の地方工場におけるERPパッケージ導入の事例と，第5章の製造業Y社における各種プロジェクト設立の事例からは，従業員による経営的に望ましいアイデンティティの形成を読み取ることができた。これらの事例において，経営的に望ましいアイデンティティとされたのは，集約すれば「自ら組織に貢献しようとする人材」である。すなわち，従業員に対しては，自ら組織に貢献しようとする意欲をもっていることが前提とされるのである。こうした人間観は，従業員の自由意志を尊重するDrucker（1954）のそれよりも，従業員が自ら設定した目標に積極的に貢献することを望むと仮定したMiles（1965; 1975）に近いものだと言える。

　さらに，人材がもつ意欲を評価するための一連の取り組みを，それぞれの事例から読み取ることができる。第3章においては，従業員を一元的な存在として扱った上で，自己責任で自らのキャリア開発を要請していた。第4章では，「やりがい」のある「質の高い仕事」を付与することで，一般職の担当者に意欲的にパフォーマンスを向上させようとする利害を生じさせていた。第5章では，プロジェクトへの選抜の影響により，意欲によって昇進・昇格が可能になった。以上のような取り組みに共通するのは，従業員間の序列のあり方が変容していることである。かつての日本的経営においては，学歴や職種・雇用形態などに応じて従業員間の序列が形成されていた。少数のエリートである典型的会社人間が他の従業員を牽引していた図式は，こうしたかつての序列を象徴するものであった。しかし，人材マネジメントの影響により，かつての学歴・職種・雇用形態に基づいた序列が，意欲に基づいた序列へとそのあり方を変容させているのである。こうした序列のあり方の変容は，経営的にかつ人材マネジメント的に望ましい序列への変容とも理解できる。このような意欲に基づいた序列によって，従業員の人材化が促進されていたのである。

　ただし，こうした意欲に基づく序列による人材化の促進は，すべての従業員に受け入れられる訳ではない。第5章では，人材化を受容し切れない一部の従

業員による，反抗とも理解できるような反応が生じていた。第 3 章では，そうした従業員に対して新たなキャリアを勧める場合もあった。このように，意欲に基づく序列は，従業員による人材化への志向を高める一方で，そうした志向を共有できない従業員を周辺化あるいは排除しようとする傾向をもつと言える。

　以上より，本書の 3 つの事例から見出された日本的経営の人材マネジメント化は，意欲に基づいた序列によって従業員の人材化を促進するものとして理解することができる。

2. 職場における生活者としての自覚

　以上のような人材マネジメント化の文脈のなかで，日本の組織においてはWLB が推進されている。第 1 章で考察したように，日本の組織におけるWLB 推進は，従業員の生活の質の低下を防ぐことだけでなく，むしろ人材としての働き方を妨げる要因を排除することに主眼が置かれている。現代日本の組織における従業員は，人材マネジメントと WLB が絡み合う複雑な管理の影響のもとで，人材化への志向を高めつつも，職場においても生活者としての側面を自覚するようになる。従業員は，そうした 2 つの側面の間でその都度折り合いをつけながら，自らのアイデンティティを形成していく。以下では，第Ⅲ部で検討した 3 つの事例について，それぞれの人材マネジメント言説の存在を前提とした WLB 言説の影響について考察する。

2.1　女性従業員による職場への働きかけ

　第 6 章では，α 社の生産計画部署に所属する女性従業員 3 名の事例について検討した。この事例からは，生産計画部署で働く 3 名の女性従業員による，それぞれに異なる職場における生活者としてのアイデンティティ形成を読み取ることができる。

　調査対象者である 3 名の女性従業員は，それぞれが職場におけるキャリア形成の成功事例であると言える。一般職である A 氏は，総合職への職種変更を

打診されるほどの働きぶりで，近年では出向者・異動者や新入社員等に対する教育係を担当するに至っている。B氏は，派遣社員から正社員の一般職，そして総合職へとキャリアアップを実現し，その後はチームリーダーとしてメンバーに対する教育を担っている。総合職であるC氏は，2人の子どもの育児をしながらも，係長級として自分の職務に関連するメンバーを牽引する立場で勤務を続けている。彼女たちに共通するのは，それぞれが文字通り人材として高い貢献意欲をもっていることである。異なる雇用形態にありながらも，それぞれが担当する業務にやりがいを感じている。その意味では，この章の事例は，それぞれ異なる境遇にある，高い人材化志向をもった女性従業員について取り上げたものだと言える。

　一方で，生活者としての側面に関しては，三者三様である。A氏は，当時の一般職に対するWLB支援の不十分さを解消するために，自ら上司に掛け合い，就業継続や事前申請なしでの介護休暇取得を勝ち取っている。こうした能動的な働きかけにより，自らの生活者としての立場を職場において表明し，当時としては異例のWLBを実現できていた。一方で，子どもと接する十分な時間を確保できなかったことへの後ろめたさも感じている。仕事にやりがいを感じて取り組んできた状況が，自らの生活者，特に母親として時間の確保を困難にしてきたのである。A氏は，こうしたダブルバインドな状況に折り合いをつけながら葛藤も感じていた。

　これに対して，C氏も，上司に掛け合って職場に授乳室を設置してもらっている。さらに，C氏は子どもと過ごす時間を確保するために，他人に任せられる仕事は任せるようにする等の工夫をしていた。こうした働きかけは，職場における生活者としての立場の表明でもあると同時に，むしろ周囲の従業員に対する人材化の促進としても理解できる。同様の働きかけはB氏にも共通して見られ，彼女たちはチームメンバーに対して自立することを求め，自分でできる仕事は自分でするように促した。チームメンバーの人材化を促すことにより，結果として自らの生活者としての時間を確保していたのである。こうした働きかけは，言説を利用した新たな制度・管理実践の制定として理解できる。

　ただし，葛藤を感じていたA氏と，周囲に対する人材化を促進していたB氏・C氏の違いには，雇用形態の違いだけでなく，α社におけるWLB支援の

展開も反映されていることに留意されたい。例えば，A氏の子どもはすでに育児が必要な年齢ではないものの，C氏の子どもは調査時点ではまだ育児が必要な年齢である。また，B氏によるバックパッキングの時間の確保も，調査時点で実行していた働きかけである。α社は年々WLB支援に力を入れていることから，当然ながら利用できるWLB支援策は年を追うごとに選択肢が増えていく。A氏とB氏・C氏によるWLB言説と人材マネジメント言説の利用の仕方の違いは，雇用形態による違いが反映されている部分も少なからずあるものの，それ以上にα社のWLB支援の展開によるものである。これは，近年になってWLB言説の影響力が強まっており，従業員がそれを利用した働きかけをしやすい状況が生じているとも理解できる。

2.2　イクボスとしての管理職の葛藤

　第7章では，Z市役所におけるイクボスの育成・表彰の事例について検討した。この事例からは，イクボス表彰を受けた男性管理職による，部下の生活者としての側面を前提とした上での，イクボスとしてのアイデンティティ形成を読み取ることができる。

　イクボスとして表彰された管理職は，若手であった時期に会社人間的な働き方を要求されていた。かつては，自らの生活者としての側面を，職場において表明することなく働いていたのである。また，その後管理職となった彼らは，管理職としての振る舞いを成果として評価されるなど，人材マネジメント化の影響も受けてきた。さらに，そうした評価を通じて，イクボスとして振る舞うことを強いられてきた。すなわち，イクボスにとっての生活者の側面とは，あくまでも管理対象である部下がもつものであり，自らの生活者としての側面には相対的に関心をもっていないと言える。むしろ，彼らが抱えていた葛藤は，管理職として部下の個人としてのパフォーマンスをマネジメントしつつも，部下のWLBを実現しなければならないことにあった。こうした葛藤から，イクボス表彰を受けた管理職は，かつての生活者としての側面を表明してこなかった自己への内省を通じて，それとは正反対の働き方を部下に要求していた。それは，かつての自分たちとは正反対の働き方を部下に要求するという意味で，かつての自分たちの上司の管理方法とは正反対の管理方法であった。イクボス

表彰を受けた管理職は，自らの管理実践を通じて，管理職という社会的アイデ
ンティティの修正を試みたのである。

　ただし，イクボス表彰を受けた管理職は，こうした振る舞いを実践していた
にもかかわらず，いざ表彰を受けると戸惑いを感じることになった。WLB言
説のもとでＺ市役所全体でイクボスの育成に取り組んでいたこともあって，
イクボスとして振る舞うのは半ば強制的なものであり，本人たちは表彰に値す
るような特別なことをしている自覚がなかったためである。しかし，表彰後に
は推薦してくれた部下に対して感謝の念を抱き，自らが実践していたかつての
上司とは正反対のマネジメントを正当化していくことになる。また，イクボス
表彰者として，自ら実践してきたことを役立てたいとも考えるようになる。一
方で，自らの生活者としての側面を職場において表明する志向は持ち合わせて
おらず，あくまでも管理職として部下の生活者としての側面に配慮することに
徹底していた。

2.3　男性育児休業取得者による育児者志向の高まり

　第８章では，Ｚ市役所における男性職員による育児休業取得の事例について
検討した。この事例からは，育児休業を取得した男性職員による，育児者とし
てのアイデンティティ形成を読み取ることができる。

　育児休業を取得する際には，男性職員は職場に迷惑を掛けたくないという意
識をもっていた。かつての性別役割分業観もあり，男性でありながらあまりに
も長期間の育児休業を取得することに対して，職場に迷惑をかけるとして抵抗
を感じていた部分もあった。しかし，育児休業を取得し，想像以上に大変な育
児を経験することで，無意識に育児者としての視点から物事を捉えるように
なった。こうした視点は，日常生活だけでなく，職場にも持ち込まれた。する
と，育児休業を取得した男性職員は，他の男性職員が育児休業を取得しやすく
なるように，意識的に職場における育児者のロールモデルとなることを志向す
るようになった。こうした視点の変化は，男性職員のアイデンティティの変容
を示すものである。生活者としての側面のうち，特に育児者としてのアイデン
ティティ形成を経て，男性職員は職場においても育児者としての立場を積極的
に表明していくようになる。これは，職場における男性職員かつ人材としての

社会的アイデンティティを修正しようとする試みとして理解できる。

　一方で，人材マネジメント化によってキャリア開発の責任が各自に要請されるようになっていることもあり，中堅職員でもある男性職員は，キャリアアップに対する周囲の期待を感じるようになる。育児休業を取得した男性職員は，キャリアアップへの志向はもちつつも，育児者としての自らの立場との間にジレンマを感じている。しかし，キャリアアップを経て管理職となることで，将来的に部下となる男性職員の育児休業取得を推進したいとの志向ももっている。既述の職場におけるロールモデル志向は，人材マネジメントと WLB の 2 つの言説のもとで，人材としての自分と育児者としての自分を，ともに追求した形で発露されたものであるとも理解できる。

2.4　人材かつ生活者としての従業員のアイデンティティ形成

　第 6 章から第 8 章にかけての事例では，それぞれにおいて人材マネジメント言説の影響が読み取れる。第 6 章の α 社の生産計画部署に所属する女性従業員 3 名の事例では，人材として高い貢献意欲をもつ女性従業員について検討した。第 7 章の Z 市役所におけるイクボスの育成・表彰の事例では，管理職としての振る舞いを成果として評価され，管理職として部下の個人としてのパフォーマンスをマネジメントしつつも，部下の WLB を実現しなければならないイクボス表彰者について検討した。第 8 章の Z 市役所における男性職員による育児休業取得の事例では，中堅社員として自己のキャリア開発の責任を要求される男性育児休業取得者について検討した。これらの事例は職場における WLB の取り組みについてのインタビュー調査によって作成されたものであったが，そうした WLB の取り組みはそれぞれの職場における人材化の促進を前提としたものであったと言える。

　一方で，そうした人材化の促進に対して，WLB 言説に裏付けられた生活者としての自分との間での葛藤を抱えつつも，そうした WLB 言説を上手く利用している例もある。第 6 章では，女性従業員が職場に働きかけて WLB を勝ち取っていただけでなく，周囲の人材化を促すことでも WLB を実現していた。第 8 章では，育児休業を取得した男性職員が，周囲の男性職員の育児休業取得を促すために，キャリアアップを目指す志向をもっていた。このように，

WLB 言説を人材マネジメント言説と組み合わせて利用することで，従業員は自らの人材かつ生活者としてのアイデンティティ形成に折り合いをつけていたと理解できる。

　また，職場における WLB 言説の利用は，従業員自らの生活者としての側面を正当化するものでもある。職場において生活者としての側面を強調することは，従業員が人材としての自分を相対化し，組織に対する自律的な貢献についての自由意志をもつことを強調することとして理解できる。すなわち，第 6 章から第 8 章にかけての事例で示された従業員のアイデンティティは，人的資源として働くことについての自由意志をもつ社会的な存在として人間を捉えた，Drucker（1954）の人間観に近接したものだと言える。

　以上より，本書の 3 つの事例から見出された人材マネジメント化の文脈における WLB 推進によって，従業員は WLB 言説のもとで職場における生活者としての側面を強調しつつ，時には人材マネジメント言説をも巧みに利用して，人材としての自分と生活者としての自分を併せもつアイデンティティを形成していたと理解することができる。

結　章
結論と含意

　本書では，現代日本の組織における従業員のアイデンティティ形成について考察してきた。本書を閉じるに際して，まずは本書において考察してきたことを整理し，本書から導かれる含意について述べる。そして，本書では十分に検討することができなかった課題を示し，今後の展望について論じる。

1. 本書の要約と結論

　本書の目的は，現代日本の組織における従業員のアイデンティティ形成を理解することであった。このような目的を持つに至る背景には，日本的経営研究における会社人間としての従業員についての議論があった。しかし，現代日本の組織における従業員に対する管理が変化している一方で，固有な社会的生活を営む人間としての従業員に対する十分な配慮を欠いたまま展開してきた人材マネジメント研究は，新たな管理と従業員の関係について十分に捉えることができていない。

　そこで，本書では，CMS（Critical Management Studies：クリティカル・マネジメント研究）と呼ばれる視座に依拠して，現代日本の組織における従業員のアイデンティティ形成を理解することを試みた。

　第Ⅰ部では，第1章と第2章のそれぞれにおいて，日本の組織における従業員に対する管理の展開，および人材マネジメント研究の展開に基づく本書の枠組みについて考察した。

　第1章では，日本の組織における従業員に対する管理の展開について考察した。日本的経営に関わるイデオロギー・制度・管理実践は，従業員に対して会

社人間を中心としたいくつかのアイデンティティを形成した。しかし，市場主義の影響，ICT の影響，フレキシビリティの確保の影響により，日本の組織における従業員に対する管理は人材マネジメントへと移行した。こうした変化に伴って，会社人間を成立させていた性別役割分業観が薄れ，男女共に WLB 実現への志向が高まった。日本の組織においても，人材マネジメントへの移行と並行して，WLB が推進された。以上のような実相を踏まえた上で，人材マネジメントへの移行に加えて WLB が推進されることで，従業員は人材としての振る舞いを要求されながらも，自らの生活者としての側面を自覚していくことが考察された。

　第 2 章では，これまでの人材マネジメント研究の展開について検討し，それに基づいて本書の枠組みについて考察した。人材マネジメントの特性に対する批判的考察から，本書では① 従業員の利害の一元化，② 個人としての貢献の要求，③ 管理主義の強化，の 3 つからなる人材マネジメントの新たな特質を見出した。SHRM 研究においては，管理主義に立脚しているがために，従業員がなぜ・どのように人材マネジメントを受容するのか（あるいは，しないのか）について明らかにすることは困難であったことが考察された。こうした問題点に対する批判から，Critical HRM 研究が登場した。Critical HRM 研究は，管理主義に対して批判的な立場を取る CMS に立脚しており，① 制度，② 制度に基づいた管理実践，③ 従業員のアイデンティティ形成，の 3 つの位相を社会的政治的コンテクストから分析するものである。本書では，こうした Critical HRM 研究に加えて，組織研究におけるアイデンティティへの批判的アプローチを援用して枠組みを構築し，① 日本の組織における人材マネジメントを通じた従業員の人材化，および② 人材マネジメントの文脈における WLB の推進を通じた従業員のアイデンティティ形成，の 2 つを検討するとした。

　第 II 部では，日本の組織における人材マネジメント言説の影響について，第 3 章から第 5 章にかけて 3 つの事例を取り上げて検討した。各章では，人材マネジメントに関連するそれぞれの制度の導入事例を検討し，従業員がいかに人材として自らを捉え直していくのかについての理解を試みた。

　第 3 章では，住宅メーカー X 社における人事制度改革の事例を検討した。

この章の事例からは，X 社における自律型人材を生成するための管理実践の理解を試みた。X 社では，経営統合後には従業員を総合職へと一元化しつつ，差をつけない成果主義を運用することで，まずは従業員を一元的に扱った。その上で，自己責任でキャリア開発するように従業員に要請し，それを可能にする職能グレード制度を導入することで，意欲に応じた新たな序列に組み込むように働きかけていた。

　第 4 章では，製造業 Y 社の地方工場における ERP パッケージ導入の事例を検討した。この章の事例からは，一般職である給与計算業務の担当者のアイデンティティ形成の理解を試みた。かつては給与計算業務の一分担者であった一般職の担当者は，ERP パッケージの導入によって給与計算業務の性質が変容すると，企業全体の給与計算業務を 1 人で自律的に担うことが可能になった。さらに，戦略的な企画・立案も担うようになった一般職の担当者は，「やりがい」のある「質の高い仕事」を担うことになったとして積極的に受け入れていた。

　第 5 章では，製造業 Y 社における各種プロジェクト設立の事例を検討した。この章の事例からは，プロジェクト・メンバーのアイデンティティ形成の理解を試みた。プロジェクトを通じて Y 社の DNA を身に付けたメンバーは，プロジェクト解散後にはそれぞれが新たなステージへと飛び込んでいった。Y 社では，プロジェクト・メンバーの選抜の影響により，昇進や昇格の際にも意欲が評価されるようになった。そうしたなかで，プロジェクト・メンバーのように意欲的に成長を望む従業員は「攻めの人材」として評価されるようになる一方で，定型的な業務を担う「守りの人材」は自らの存在を確立するための反応を示すようになった。

　第Ⅲ部では，日本の組織における人材マネジメント言説と WLB 言説の影響について，第 6 章から第 8 章にかけて 3 つの事例を取り上げて検討した。各章では，人材マネジメント化に加えて WLB が推進された事例を検討し，人材として自らを捉えていた従業員が生活者としての立場との両立を迫られるようになることで，それに応じて職場におけるアイデンティティをどのように形成していくのかについて考察した。

　第 6 章では，α 社の生産計画部署に所属する女性従業員 3 名の事例を検討し

た。この章の事例からは，女性従業員3名のそれぞれに異なるアイデンティティ形成の理解を試みた。一般職であるA氏は，仕事にやりがいを感じる一方で，子どもと接する時間を確保できないことに葛藤を抱えていた。また，A氏は職場の上司に掛け合うことで，就業の継続や，事前申請なしの介護休暇を勝ち取っていた。B氏は，派遣社員から一般職，総合職へとキャリアアップを経験し，現在はチームリーダーとしてメンバーに自立を促していた。各自が自立した協力体制を構築することで，B氏は趣味のバックパッキングのための時間を確保していた。総合職であるC氏は，係長級としてメンバーを牽引する立場で働いていた。C氏も，上司に掛け合って授乳室を設置してもらったり，他人に任せられる部分は任せたりといった能動的な働きかけをしていた。

　第7章では，Z市役所におけるイクボスの育成・表彰の事例を検討した。この章の事例からは，イクボスとなった管理職のアイデンティティ形成の理解を試みた。イクボスとなった管理職は，かつて会社人間的な働き方をしており，現在はイクボスとして振る舞うことを半ば強制されていた。しかし，自らの経験を踏まえ，管理職となった今では，かつての自らの働き方とは正反対の働き方を部下に要求していた。こうした管理方法は，イクボス表彰によって正当化された。一方で，表彰後も，自らのWLBに関しては，仕事や部下に対する管理ほどには関心を寄せていなかった。

　第8章では，Z市役所における男性職員による育児休業取得の事例を検討した。この章の事例からは，育児休業を取得した男性職員のアイデンティティ形成の理解を試みた。男性職員は，想像以上に大変な育児休業期間を経て，日常生活だけでなく職場においても育児者として物事を捉えるようになった。さらに，周囲が育児休業を取得しやすくなるように，次第に育児者である自らが職場におけるロールモデルとなることを志向するようになった。ただし，育児休業を取得した男性職員は，育児者として自覚をもちながら中堅社員としてキャリアアップを期待されることで，葛藤も抱えていた。

　第9章では，第3章から第8章にかけて検討してきた6つの事例に対する理解について整理し，各章の事例における従業員のアイデンティティ形成について2段階に分けて考察した。第1に，従業員の人材化である。第3章の事例では，一連の管理実践が従業員を意欲に応じた新たな序列に組み込もうとするた

めの働きかけとして機能していた。第4章の事例では，かつては学歴や経験が
足りずに責任ある仕事を任せられていなかった一般職の担当者が，ERPパッ
ケージの導入によって責任ある戦略的な仕事を担うようになり，そうした変化
を積極的に受容していた。第5章の事例では，Y社の従業員の人材化を担って
いたプロジェクト・メンバーが，実は誰よりも人材化の対象となっていた。以
上の3つの事例において，人材マネジメントの影響によって形成されていたア
イデンティティは，従業員が自ら設定した目標に積極的に貢献することを望む
と仮定したMiles（1965; 1975）の人間観に近いものであった。また，かつて
の学歴や職種・雇用形態などに応じて形成されていた序列が，意欲に基づく序
列へと変容していた。さらに，そうした意欲に基づく序列は，人材化への志向
を共有できない従業員を周辺化あるいは排除しようとする傾向をもっていた。
そのような意欲に基づいた序列によって，従業員の人材化が促進されていたの
である。
　第2に，職場における生活者としての自覚である。第6章の事例では，高い
人材化志向をもつ3名の女性従業員が，生活者として職場に働きかけていた。
そうした働きかけは，職場における生活者としての立場の表明であると同時
に，周囲の従業員に対する人材化の促進でもあった。第7章の事例では，イク
ボスとして表彰された管理職が，生活者としての側面を表明してこなかった自
己への内省を通じて，それとは正反対の働き方を部下に要求していた。第8章
の事例では，育児休業を取得した男性職員が，人材としての自分と育児者とし
ての自分をともに追求した形で，職場におけるロールモデル志向をもってい
た。以上の3つの事例は，それぞれの職場において，人材化の促進を前提とし
てWLBを推進したものであった。また，従業員は人材マネジメントとWLB
の2つの言説を組み合わせて利用することで，自らの人材かつ生活者としての
アイデンティティ形成に折り合いをつけていた。さらに，WLB言説を利用し
た生活者としての側面の正当化は，人的資源として働くことについての自由意
志をもつ社会的な存在として人間を捉えた，Drucker（1954）の人間観への近
接を示すものでもあった。
　以上の考察より，本書で検討した事例から見出せる現代日本の組織における
従業員は，①意欲に基づいた序列によって人材化を促進されながら，その一

方で ② WLB 言説のもとで職場における生活者としての側面を強調しつつ，時には人材マネジメント言説をも巧みに利用して，人材としての自分と生活者としての自分を併せもつアイデンティティを形成していた，と結論づけることができるであろう。

2. 本書の含意

本書では，現代日本の組織における従業員のアイデンティティ形成について考察した。このテーマに関して，本書は日本的経営と会社人間に関する研究，人事労務管理と人材マネジメントの比較研究，SHRM 研究，Critical HRM 研究，組織研究におけるアイデンティティへの批判的アプローチなどの複数の研究を取り上げて検討した。こうした複数領域の研究を結びつけて考察した点に，本書の独自性を見出すことができる。このような独自性をもつ本書における考察からは，以下の4つの含意を導くことができる。

第1に，会社人間以降の従業員のアイデンティティ形成を示したことである。本書では，日本的経営の人材マネジメント化のもとで，意欲に基づいた序列によって人材化が促進されていることを考察した。従業員は，「自ら組織に貢献しようとする人材」となることへの期待を内面化し，意欲に基づいた序列のもとで自らの有能さを獲得していた。これに対して，人材マネジメント化の文脈における WLB 推進によって，従業員は職場においても生活者としての側面を自覚するようになっていた。従業員は，WLB 言説のもとで職場における生活者としての側面を強調しつつ，時には人材マネジメント言説をも巧みに利用して，人材としての自分と生活者としての自分を併せもつアイデンティティを形成していた。以上のような本書での考察は，得られた知見の一般化を目指したものではない。とは言え，本書で得られた理解や考察は，他の現代日本の組織における従業員のアイデンティティ形成を理解するための手掛かりとなり得るだろう。

第2に，現代日本の組織における従業員に対する管理の複雑な状況について検討したことである。日本的経営が変化することで，日本の組織における従業

員に対する管理は人材マネジメントへと移行した。またそれに伴う従業員の意
識の変化に対応して，日本の組織においては従業員の WLB が推進されるよう
になった。すなわち，現代日本の組織における従業員に対する管理は，日本的
経営から人材マネジメントへの移行に加えて，従業員の WLB を推進するとい
う，複雑な状況を呈しているのである。先行研究においては，人材マネジメン
ト施策に関する研究や，WLB 施策に関する研究は存在するものの，そうした
2 つの管理の関係性について考察されることは限られていた。本書において提
示した人材マネジメントの文脈における WLB 推進は，日本の組織における従
業員に対する管理の複層性を示すものとなるだろう。

　第 3 に，人材マネジメントと WLB の 2 つの言説のイデオロギー性を示した
ことである。本書において見出されたように，人材マネジメントの新たな特質
として ① 従業員の利害の一元化，② 個人としての貢献の要求，③ 管理主義の
強化の 3 つを指摘できる。また，こうした人材マネジメントの特質を前提とす
ることで，WLB は従業員の生活の質の低下を防ぐことだけでなく，むしろ人
材としての働き方を妨げる要因を排除するものとして位置づけられる。こうし
た 2 つの言説のイデオロギー性は，管理主義を退ける CMS の視座に立脚した
本書だからこそ提示できるものである。

　第 4 に，新たな管理のもとでの従業員の葛藤や働きかけを示したことであ
る。既存の研究に対しては，従業員に対する管理の変化に関して，個々の行為
者のエージェンシーが見過ごされてきたとされる。すなわち，個々の従業員が
何を経験し，その経験をどのように理解し，それによってどのような行為が生
じたのかについては，十分に検討されてこなかったのである。これに対し，本
書では従業員によるアイデンティティ形成に着目した上で，従業員が抱える矛
盾や葛藤を描き，またそうした矛盾や葛藤を解消しようと自ら職場に働きかけ
る姿を捉えた。管理の対象である従業員のエージェンシーに再び光を当てるこ
とは，特に従業員の存在を軽視してきたとされる人材マネジメント研究におい
て，重要な論点となるだろう。これは，いかなる管理においても，あるいはい
かに管理するのかを問う研究においても，まずはその対象を理解することの重
要性を指摘するものでもある。

　以上より，本書における主たる含意は，人材マネジメントと WLB の 2 つの

言説のもとでの管理と従業員のアイデンティティ形成を捉えたことにあると言える。

3. 残された課題

本書において残された課題は，以下の2点である。

第1に，従業員のより広範な生活領域について検討する必要がある。本書では従業員の生活者としての側面を捉えることを試みた。しかし，本書で検討した事例では，そうした生活者としての側面の大半が育児に関連するものであり，一部を除いてそれ以外の生活者としての側面を見出すことができていない。家族支援を意味するワーク・ファミリーという用語が，家族支援も含めた個人のニーズを包括的に扱うWLBへと置き換わったように，WLBとして論じられるべき生活領域は多様である。育児と比べて終わりが見えにくいとされる介護や，本書でも一部取り上げた個人の生きがいとなる趣味，あるいはプロボノ等を通じた地域社会との関わりなど，様々な「生活」が考えられる。こうした多様な生活領域における生活者としての側面を捉えた場合，本書とは異なる考察が可能となるだろう。

第2に，管理職自身のWLBについて検討する必要がある。部下となる従業員が職場において生活者としての側面を強調することで，管理職は，人材であり生活者である部下を管理するという，これまで以上の管理の困難を抱えることになる。現代日本の組織における管理職には，人材マネジメントとWLBが絡み合う複雑な管理を実践することが，個人のパフォーマンスとして要求されることになるためである。それは，管理職自身の生活者としての側面を脅かすことにもつながるだろう。その意味で，今後は従業員と同等以上に，管理職自身のWLBが課題となる。そのような状況において，管理職が自らの人材かつ生活者としてのアイデンティティ形成にどのように折り合いをつけていくのかを検討することが必要になるだろう。

本書の考察をさらに展開していくためには，これらの課題について検討を重ねる必要がある。

参考文献

日本語文献

赤岡功（2005）「労務管理論と人的資源管理論」赤岡功・日置弘一郎編著『労務管理と人的資源
　　　管理の構図』中央経済社，1-16 頁。

天野正子（1996）「「生活者」とはだれか―自律的市民像の系譜―」中央公論社。

石井脩二（2011）「人的資源管理研究の学問的性格」『桜美林経営研究』第 2 号，51-70 頁。

石田光男・樋口純平（2009）『人事制度の日米比較―成果主義とアメリカの現実―』ミネルヴァ
　　　書房。

市田陽児（2004）「基幹業務情報システムの差別化―ERP 導入と持続的な競争優位―」『情報科
　　　学研究』第 13 号，25-39 頁。

伊藤健市（1991）「戦略的人的資源管理について―ミシガン・グループの見解を中心に―」『大阪
　　　産業大学論集 社会科学編』第 85 号，69-80 頁。

伊藤健市（1992）「人的資源管理論の新展開」稲村毅・仲田正機編著『転換期の経営学』中央経
　　　済社，111-129 頁。

岩田龍子（1977）『日本的経営の編成原理』文眞堂。

岩出博（1989）『アメリカ労務管理論史』三嶺書房。

岩出博（2002）『戦略的人的資源管理論の実相：アメリカ SHRM 論研究ノート』泉文堂。

岩出博（2013）「戦略人材マネジメントの非人間的側面」『経済集志』第 83 巻第 2 号，63-83 頁。

上野千鶴子（2005）「脱アイデンティティの理論」上野千鶴子編『脱アイデンティティ』勁草書
　　　房，1-41 頁。

植村省三（1993）『日本的経営組織』文眞堂。

占部都美（1978）『日本の経営を考える』中央経済社。

江夏幾多郎・柴田好則・櫻井雅充（2012）「シンポジウム 人事管理論における実践的転回」『経
　　　営行動科学』第 25 巻第 1 号，45-76 頁。

NHK 放送文化研究所（2020）『現代日本人の意識構造［第九版］』NHK 出版。

岡田行正（2008）『新版 アメリカ人事管理・人的資源管理史』同文館出版。

奥林康司・上林憲雄・平野光俊編著（2010）『入門 人的資源管理 第 2 版』中央経済社。

奥村昭博（1980）「マトリックス組織と日本の経営」『組織科学』第 14 巻第 3 号，20-30 頁。

尾高邦雄（1984）『日本の経営―その神話と現実―』中央公論社。

片桐雅隆（2005）「第 5 章 物語る私」井上俊・船津衛編『自己と他者の社会学』有斐閣，79-95
　　　頁。

金井篤子（2006）「ワーク・ファミリー・コンフリクトの視点からのワーク・ライフ・バランス
　　　考察」『家計経済研究』第 71 号，29-35 頁。

上林憲雄（2011）「人的資源管理パラダイムと日本型人事システム」『國民経済雑誌』第 203 巻第
　　　2 号，21-30 頁。

上林憲雄（2014）「人的資源管理パラダイムの展開―意義・限界・超克可能性―」『神戸大学経営学研究科 Discussion Paper』第 2014・21 号，全 19 頁。

上林憲雄・厨子直之・森田雅也（2010）『経験から学ぶ 人的資源管理』有斐閣。

木村琢磨（2007）「戦略的人的資源管理論の再検討」『日本労働研究雑誌』第 49 巻第 2・3 号，66-78 頁。

清宮徹（2019）『組織ディスコースとコミュニケーション―組織と経営の新しいアジェンダを求めて―』同文舘出版。

清宮徹・Hugh Willmott（2020）「クリティカル・マネジメント研究と組織理論」高橋正泰監修，高橋正泰・大月博司・清宮徹編『組織のメソドロジー』学文社，147-168 頁。

熊澤壽（2004）「ERP 導入による効果と難易度の実際」『オペレーションズ・リサーチ』第 49 巻第 6 号，352-358 頁。

熊沢誠（1994）「会社人間の形成」内橋克人・奥村宏・佐高信編『会社人間の終焉』岩波書店，37-63 頁。

倉田良樹（1993）「従業員福祉」津田眞澂編著『人事労務管理』ミネルヴァ書房，263-274 頁。

黒田兼一（2006）「人事労務管理の新展開―ヒューマン・リソース・マネジメントをどうみるか―」『立命館経営学』第 44 巻第 5 号，1-17 頁。

黒田兼一（2018）『戦後日本の人事労務管理―終身雇用・年功制から自己責任とフレキシブル化へ―』ミネルヴァ書房。

経営能力開発センター編（2009）『経営学検定試験公式テキスト 人的資源管理 第 4 版』中央経済社。

経済協力開発機構著，労働省訳・編（1972）『OECD 対日労働報告書』日本労働協会。

小井沼博・鹿内正一・高原久幸（1999）「ERP パッケージ導入の考え方と実際」『情報処理』第 40 巻第 4 号，402-407 頁。

河野昭三（2013）「現代経営学とヴェーバー予想」『甲南経営研究』第 54 巻第 1 号，143-161 頁。

河野昭三（2014）「経営学は‘無用’か？―その存在意義を考える―」『経営学論集』第 84 集，81-90 頁。

小林裕（2014）「戦略的人的資源管理論の現状と課題」『東北学院大学教養学部論集』第 167 号，63-75 頁。

坂爪洋美（2007）「管理職の両立支援策への理解が部門に与える影響―「役割受容」を中心に―」『組織科学』第 41 巻第 2 号，5-18 頁。

櫻井雅充（2010）「HRM の作動―HRM 研究における新たなアジェンダ―」『六甲台論集―経営学編―』第 57 巻第 1 号，69-88 頁。

櫻井雅充（2012）「HRM 研究における研究成果の有用性を巡る一考察―プラグマティズムの真理観を手掛かりにして―」『経営学の思想と方法 経営学史学会年報 第 19 輯』文眞堂，104-114 頁。

櫻井雅充（2014）「HRM の特質に関する批判的考察」『経済研究論集』第 37 巻第 3 号，139-154 頁。

櫻井雅充（2015）「SHRM の枠組みにおける従業員の位置付け」『経済研究論集』第 38 巻第 1 号，1-19 頁。

櫻井雅充（2015）「人的資源管理における従業員のアイデンティティ形成」神戸大学大学院経営

学研究科博士論文。

櫻井雅充（2016）「組織的統制を通じた自己アイデンティティの形成―批判的アプローチの枠組みの検討―」『甲南経営研究』第 57 巻第 1 号，173-197 頁。

櫻井雅充・浦野充洋（2012）「製造業 Y 社における給与計算業務改革―ERP パッケージ導入がもたらした仕事と役割の変容―」『広島経済大学ディスカッションペーパー』No.46。

櫻井雅充・浦野充洋（2013）「製造業 Y 社における各種プロジェクトの設立―プロジェクト活動を通じた人材育成―」『広島経済大学ディスカッションペーパー』No.47。

櫻井雅充・浦野充洋（2014）「HRM が構成する現実―ERP パッケージ導入を通じた給与計算業務改革―」『日本情報経営学会誌』第 34 巻第 2 号，97-110 頁。

櫻井雅充・小江茂徳（2020）「育児休業取得を通じた父親としてのアイデンティティ形成と働き方の変化」安藤史江編著（2020）『変わろうとする組織　変わりゆく働く女性たち―学際的アプローチから見据える共幸の未来―』晃洋書房，32-47 頁。

櫻井雅充・渡邉丈洋（2019）「女性従業員の職務・雇用形態とワーク・ライフ・バランス―α 社の生産計画部署の事例―」『中京企業研究』第 41 号，135-152 頁。

佐々木正徳（2011）「ポスト会社人間のメンタリティ」多賀太編著『揺らぐサラリーマン生活：仕事と家庭のはざまで』ミネルヴァ書房，159-185 頁。

佐藤博樹（1999）「日本型雇用システムと企業コミュニティ―国際比較とその行方―」稲上毅・川喜多喬編『講座社会学 6 労働』東京大学出版会，33-73 頁。

佐藤博樹（2011）「ワーク・ライフ・バランスと働き方改革」佐藤博樹・武石恵美子編著『ワーク・ライフ・バランスと働き方改革』勁草書房，1-26 頁。

佐藤博樹・武石恵美子（2008）「企業から見たワーク・ライフ・バランス」佐藤博樹・武石恵美子編『人を活かす企業が伸びる：人事戦略としてのワーク・ライフ・バランス』勁草書房，1-24 頁。

佐藤博樹・武石恵美子（2010）『職場のワーク・ライフ・バランス』日本経済新聞出版社。

澤田幹・平澤克彦・守屋貴司編著（2009）『明日を生きる人的資源管理入門』ミネルヴァ書房。

城繁幸（2004）『内側から見た富士通―「成果主義」の崩壊―』光文社。

清家篤（2003）「市場の時代の人的資源管理」『組織科学』第 36 巻第 4 号，23-33 頁。

田尾雅夫（1998）『会社人間はどこへいく―逆風下の日本的経営のなかで―』中央公論社。

高村静（2017）「ワーク・ライフ・バランス管理職と組織の支援：変化する管理職」佐藤博樹・武石恵美子編『ダイバーシティ経営と人材活用―多様な働き方を支援する企業の取り組み―』東京大学出版会，185-209 頁。

田口典男（1986）「日本的経営における集団主義の形成―日本的経営論批判―」『岡山商大論叢』第 22 巻第 2 号，1-14 頁。

竹内洋（2016）『日本のメリトクラシー［増補版］―構造と心性―』東京大学出版会。

武田晴人（1999）『日本人の経済観念』岩波書店。

田中秀臣（2002）『日本型サラリーマンは復活する』日本放送出版協会。

津田眞澂（1977）『人事労務管理の思想』有斐閣。

内閣府（2006）『平成 17 年度 少子化社会対策に関する先進的取組事例研究 報告書』〈https://www8.cao.go.jp/shoushi/shoushika/research/cyousa17/sensin/index_pdf.html〉（2020 年 11 月 23 日閲覧）。

長井偉訓（2002）「「IT 革命」と労使関係」『労務理論学会誌』第 11 号，61-83 頁。

中村艶子（2017）「ワーク・ライフ・バランスの背景と概念」平澤克彦・中村艶子編著『ワーク・ライフ・バランスと経営学：男女共同参画に向けた人間的な働き方改革』ミネルヴァ書房，1-9 頁。

中村艶子・平澤克彦・熊霈（2017）「ワーク・ライフ・バランスと経営学」平澤克彦・中村艶子編著『ワーク・ライフ・バランスと経営学：男女共同参画に向けた人間的な働き方改革』ミネルヴァ書房，209-226 頁。

中村実（2000）「ERP パッケージが支える基幹業務システムの役割の変容」『システム／制御／情報』第 44 巻第 1 号，2-9 頁。

野村正實（2007）『日本的雇用慣行―全体像構築の試み―』ミネルヴァ書房。

間宏（1996）『経済大国を作り上げた思想―高度経済成長期の労働エートス―』文眞堂。

長谷川廣（1998）「人的資源管理の特質」『産業と経済』第 12 巻第 3・4 号，11-19 頁。

花岡正夫・ダレン マクドナルド（1998）「HRM 概念に関する一考察―PM から HRM への転換―」『経済論集』第 73 号，83-100 頁。

馬場杉夫（1995）「人間資源管理の新機軸―日本的経営の崩壊と存続―」『専修経営学論集』第 61 号，107-133 頁。

濱口恵俊（1982）「日本的集団主義とは何か」濱口恵俊・公文俊平編『日本的集団主義』有斐閣，1-26 頁。

平田明（2005）「ERP パッケージ導入プロジェクトの変化への対応」『プロジェクトマネジメント学会 2005 年度春季研究発表大会予稿集』343-348 頁。

堀本三郎（2002）「失われいく日本型情報処理」『彦根論叢』第 334 号，191-198 頁。

前田信彦（2000）『仕事と家庭生活の調和―日本・オランダ・アメリカの国際比較―』日本労働研究機構。

前田信彦（2010）『仕事と生活―労働社会の変容―』ミネルヴァ書房。

松山一紀（2003）「会社人間の閉塞感―自己実現的人事管理のパラドクス―」『経済論叢』第 171 巻第 2 号，18-40 頁。

松山一紀（2005）『経営戦略と人的資源管理』白桃書房。

松山一紀（2014）『日本人労働者の帰属意識―個人と組織の関係と精神的健康―』ミネルヴァ書房。

三戸公（2004）「人的資源管理論の位相」『立教経済学研究』第 58 巻第 1 号，19-34 頁。

宮坂純一（1994）『日本の経営への招待』晃洋書房。

宮坂純一（2010）「人的資源管理（HRM）と倫理―人的資源管理をビジネス・エシックスの視点から考える―」『産業と経済』第 24 巻第 3・4 号，69-86 頁。

守島基博（2010）「社会科学としての人材マネジメント論へ向けて」『日本労働研究雑誌』第 52 巻第 7 号，69-74 頁。

谷内篤博（2008）『日本的雇用システムの特質と変容』泉文堂。

山岸俊男（2015）『「日本人」という，うそ―武士道精神は日本を復活させるか―』筑摩書房。

山口博幸（1992）『戦略的人間資源管理の組織論的研究』信山社。

吉原英樹・岡部曜子・横田斉司（2003）「情報技術革命と日本的経営の緊張関係―ERP を中心にして―」『神戸大学経済経営研究所 Discussion Paper Series』第 J48 号，全 23 頁。

渡辺和宣 (2000)「ERP 導入と業務改革」『システム／制御／情報』第 44 巻第 1 号，10-15 頁。

外国語文献

Abeggulen, J. C. (1958) *The Japanese Factory: Aspects of Its Social Organization*, Free Press.（山岡洋一訳『日本の経営〈新訳版〉』日本経済新聞社，2004 年。）

Alvesson, M. (2008) "The Future of Critical Management Studies," in Barry, D. and Hansen, H. (eds) *The SAGE Handbook of New Approaches in Management and Organization*, SAGE, pp. 13-26.

Alvesson, M. (2009) "Critical Perspectives on Strategic HRM," in Storey, J., Wright, P. M. and Ulrich, D. (eds) *The Routledge Companion to Strategic Human Resource Management*, Routledge, pp. 52-67.

Alvesson, M., Ashcraft, K. L. and Thomas, R. (2008) "Identity Matters: Reflections on the Construction of Identity Scholarship in Organization Studies," *Organization*, Vol. 15, No. 1, pp. 5-28.

Alvesson, M., Bridgman, T. and Willmott, H. (2009) "Introduction," in Alvesson, M., Bridgman, T. and Willmott, H. (eds) *The Oxford Handbook of Critical Management Studies*, Oxford University Press, pp. 1-26.

Alvesson, M. and Kärreman, D. (2007) "Unraveling HRM: Identity, Ceremony, and Control in a Management Consulting Firm," *Organization Science*, Vol. 18, No. 4, pp. 711-723.

Alvesson, M. and Willmott, H. (2002) "Identity Regulation as Organizational Control: Producing the Appropriate Individual," *Journal of Management Studies*, Vol.39, No.5, pp. 619-644.

Aoki, K., Delbridge, R. and Endo, T. (2014) "'Japanese Human Resource Management' in Post-Bubble Japan," *The International Journal of Human Resource Management*, Vol. 25, No. 18, pp. 2551-2572.

Arthur, J. B. (1994) "Effects of Human Resource Systems on Manufacturing Performance and Turnover," *Academy on Management Journal*, Vol. 37, No. 3, pp. 670-687.

Becker, B. E. and Gerhart, B. (1996) "The Impact of Human Resource Management on Organizational Performance: Progress and Prospects," *Academy of Management Journal*, Vol. 39, No. 4, pp. 779-801.

Beer, M. and Spector, B. (eds) (1985) *Readings in Human Resource Management*, Free Press.

Beer, M., Spector, B., Lawrence, P. R., Mills, D. Q. and Walton, R. E. (1984) *Managing Human Assets*, Free Press.（梅津祐良・水谷榮二訳『ハーバードで教える人材戦略』生産性出版，1990 年。）

Beer, M., Spector, B., Lawrence, P. R., Mills, D. Q. and Walton, R. E. (1985) *Human Resource Management: A General Manager's Perspective: Text and Cases*, Free Press.

Berger, P. L. (1963) *Invitation to Sociology: A Humanistic Perspective*, Anchor Books.（水野節夫・村山研一訳『社会学への招待 普及版』新思索社，2007 年。）

Berger, P. L. and Berger, B. (1972) *Sociology: A Biographical Approach*, Basic Books.

Berger, P. L. and Berger, B. (1975) *Sociology: A Biographical Approach, 2nd, Expanded ed.*,

Basic Books.（安江孝司・鎌田彰仁・樋口祐子訳『バーガー社会学』学習研究社，1979年。）

Berger, P. L. and Luckmann, T. (1966) *The Social Construction of Reality: A Treatise in the Sociology of Knowledge*, Doubleday.（山口節郎訳『現実の社会的構成：知識社会学論考』新曜社，2003年。）

Bolton, S. C. and Houlihan, M. (2007) "Beginning the Search for the H in HRM," in Bolton, S. C. and Houlihan, M. (eds) *Searching for the Human in Human Resource Management: Theory, Practice and Workplace Contexts*, Plgrave Macmillan, pp. 1-17.

Bowen, D. E. and Ostroff, C. (2004) "Understanding HRM-Firm Performance Linkages: The Role of the "Strength" of the HRM System," *Academy of Management Review*, Vol. 29, No. 2, pp. 203-221.

Boxall, P. and Purcell, J. (2003) *Strategy and Human Resource Management*, Palgrave MacMillan.

Bratton, J. and Gold, J. (2007) *Human Resource Management: Theory and Practice*, 4th ed., Palgrave MacMillan.

Clark, R. (1979) *The Japanese Company*, Yale University Press.（端信行訳『ザ・ジャパニーズ・カンパニー』ダイヤモンド社，1981年。）

Davenport, T. H. (1998) "Putting the Enterprise into the Enterprise System," *Harvard Business Review*, Vol. 76, No. 4, pp. 121-131.（長友恵子訳「既製のERPを効果的に活用する法」『Diamond ハーバード・ビジネス・レビュー』第23巻第6号，74-87頁，1998年。）

Delbridge, R. and Keenoy, T. (2010) "Beyond Managerialism?," *International Journal of Human Resource Management*, Vol. 21, No. 6, pp. 799-817.

Delery, J. E. and Doty, D. H. (1996) "Modes of Theorizing in Strategic Human Resource Management: Tests of Universalistic, Contingency, and Configurational, Performance Predictions," *Academy of Management Journal*, Vol. 39, No. 4, pp. 802-835.

Drucker, P. F. (1954) *The Practice of Management,* Harper & Row.（上田惇生訳『現代の経営［上・下］』ダイヤモンド社，2006年。）

Erikson, E. H. (1959) *Identity and the Life Cycle*, International University Press.（小此木啓吾訳編『自我同一性—アイデンティティとライフサイクル—』誠信書房，1973年。）

Fombrun, C. J., Tichy, N. M. and Devanna, M. A. (1984) *Strategic Human Resource Management*, John Wiley & Sons.

Galbraith, J. R. and Nathanson, D. A. (1978) *Strategic Implementation: The Role of Structure and Process,* West Publishing Co.（岸田民樹訳『経営戦略と組織デザイン』白桃書房，1989年。）

Gerth, H. H. and Mills, C. W. (1953) *Character and Social Structure: The Psychology of Social Institutions*, Harcourt, Brace.（古城利明・杉森創吉訳『復刻版 性格と社会構造』青木書店，2005年。）

Giddens, A. (1991) *Modernity and Self-Identity: Self and Society in the Late Modern Age*, Polity Press.（秋吉美都・安藤太郎・筒井淳也訳『モダニティと自己アイデンティ

ティ—後期近代における自己と社会—』ハーベスト社，2005 年。)

Guest, D. E. (1987) "Human Resource Management and Industrial Relations," *Journal of Management Studies*, Vol. 24, No. 5, pp. 503-521.

Guest, D. E. (1997) "Human Resource Management and Performance: A Review and Research Agenda," *The International Journal of Human Resource Management*, Vol. 8, No. 3, pp. 263-276.

Guest, D. E. (2011) "Human Resource Management and Performance: Still Searching for Some Answers," *Human Resource Management Journal*, Vol. 21, No. 1, pp. 3-13.

Hassard, J., McCann, L. and Morris, J. (2009) *Managing in the Modern Corporation: The Intensification of Managerial Work in the USA, UK and Japan*, Cambridge University Press.

Hogg, M. A. and Abrams, D. (1988) *Social Identifications: A Social Psychology of Intergroup Relations and Group Processes*, Routledge. (吉森護・野村泰代訳『社会的アイデンティティ理論—新しい社会心理学体系化のための一般理論—』北大路書房，1995 年。)

Huselid, M. A. (1995) "The Impact of Human Resource Management Practices on Turnover, Productivity, and Corporate Financial Performance," *Academy of Management Journal*, Vol. 38, No. 3, pp. 635-672.

Jacoby, S. M. (2005) *The Embedded Corporation: Corporate Governance and Employment Relations in Japan and the United States*, Princeton University Press. (鈴木良始・伊藤健市・堀龍二訳『日本の人事部・アメリカの人事部—日米企業のコーポレート・ガバナンスと雇用関係—』東洋経済新報社，2005 年。)

Janssens, M. and Steyaert, C. (2009) "HRM and Performance: A Plea for Reflexivity in HRM Studies," *Journal of Management Studies*, Vol. 46, No. 1, pp. 143-155.

Kaufman, B. E. (2007) "The Development of HRM in Historical and International Perspective," in Boxall, P., Purcell, J. and Wright, P. (eds) *The Oxford Handbook of Human Resource Management*, Oxford University Press, pp. 19-47.

Kaufman, B. E. (2010) "SHRM Theory in the Post-Huselid Era: Why It Is Fundamentally Misspecified," *Industrial Relations*, Vol. 49, No. 2, pp. 286-313.

Keenoy, T. (1999) "HRM as Hologram: A Polemic," *Journal of Management Studies*, Vol. 36, No. 1, pp. 1-23.

Keenoy, T. (2009) "Human Resource Management," in M. Alvesson, T. Bridgman and H. Willmott (eds) *The Oxford Handbook of Critical Management Studies*, Oxford University Press, pp. 454-472.

Knights, D. and McCabe, D. (2000) "Bewitched, Bothered and Bewildered: The Meaning and Experience of Teamworking for Employees in an Automobile Company," *Human Relations*, Vol. 53, No. 11, pp. 1481-1517.

Kono, T. and Clegg, S. (2001) *Trends in Japanese Management: Continuing Strengths, Current Problems and Changing Priorities*, Palgrave MacMillan. (吉村典久監訳『日本的経営の変革—持続する強みと問題点』有斐閣，2002 年。)

Legge, K. (1995) "HRM: Rhetoric, Reality and Hidden Agendas," in Storey, J. (ed.) *Human*

Resource Management: A Critical Text, Routledge, pp. 33-59.

Legge, K. (2001) "Silver Bullet or Spent Round? Assessing the Meaning of the 'High Commitment Management'/Performance Relationship," in J. Storey (ed.) *Human Resource Management: A Critical Text, 2nd ed.*, Thomson Learning, pp. 21-36.

MacDuffie, J. P. (1995) "Human Resource Bundles and Manufacturing Performance: Organizational Logic and Flexible Production Systems in the World Auto Industry," *Industrial and Labor Relations Review*, Vol. 48, No. 2, pp. 197-221.

Matanle, P. and Lunsing, W. (2006) "Introduction: Perspectives on Work, Employment, and Society in Japan," in Matanle, P. and Lunsing, W. (eds) *Perspectives on Work, Employment and Society in Japan*, Palgrave Macmillan.

McCann, L., Hassard, J. and Morris J. (2006) "Hard Times for the Salaryman: Corporate Restructuring and Middle Managers' Working Lives," in Matanle, P. and Lunsing, W. (eds) *Perspectives on Work, Employment and Society in Japan*, Palgrave Macmillan.

Miles, R. E. (1965) "Human Relations or Human Resources?," *Harvard Business Review*, Vol. 43, No. 4, pp. 148-163.

Miles, R. E. (1975) *Theories of Management: Implications for Organizational Behavior and Development*, McGraw-Hill.

Miles, R. E. and Snow, C. C. (1978) *Organizational Strategy, Structure, and Process*, McGraw-Hill. (土屋守章・内野崇・中野工訳『戦略型経営―戦略選択の実践シナリオ―』ダイヤモンド社, 1983年。)

Miles, R. E. and Snow, C. C. (1984) "Designing Strategic Human Resources Systems," *Organizational Dynamics*, Vol. 13, No. 1, pp. 36-52.

Ouchi, W. G. (1981) *Theory Z: How American Business Can Meet the Japanese Challenge*, Addison-Wesley. (徳山二郎監訳『セオリーZ：日本に学び, 日本を超える』CBS・ソニー出版, 1981年。)

Paauwe, J. (2009) "HRM and Performance: Achievements, Methodological Issues and Prospects," *Journal of Management Studies*, Vol. 46, No. 1, pp. 129-142.

Pascale, R. T. and Athos, A. G. (1981) *The Art of Japanese Management: Applications for American Executives*, Simon and Schuster. (深田祐介訳『ジャパニーズ・マネジメント―日本的経営に学ぶ―』講談社, 1981年。)

Pfeffer, J. (1998) *The Human Equation: Building Profits by Putting People First*, Harvard Business School Press. (佐藤洋一監訳『人材を生かす企業―経営者はなぜ社員を大事にしないのか？―』トッパン, 1998年。)

Pigors, P. and Myers, C. A. (1947) *Personnel Administration: A Point of View and a Method*, McGraw-Hill.

Pigors, P. and Myers, C. A. (1956) *Personnel Administration: A Point of View and a Method, 3rd ed.*, McGraw-Hill. (武沢信一訳編『人事管理』日本生産性本部, 1960年。)

Purcell, J. and Hutchinson, S. (2007) "Front-Line Managers as Agents in the HRM-Performance Causal Chain: Theory, Analysis and Evidence," *Human Resource Management Journal*, Vol. 17, No. 1, pp. 3-20.

Purcell, J. and Kinnie, N. (2007) "HRM and Business Performance," in P. Boxall, J. Purcell and P. Wright (eds) *The Oxford Handbook of Human Resource Management*, Oxford University Press, pp. 533-551.

Quaid, M. (1993) "Job Evaluation as Institutional Myth," *Journal of Management Studies*, Vol. 30, No. 2, pp. 239-260.

Rynes, S. L., Giluk, T. L. and Brown, K. G. (2007) "The Very Separate Worlds of Academic and Practitioner Periodicals in Human Resource Management: Implications for Evidence-Based Management," *Academy of Management Journal*, Vol. 50, No. 5, pp. 987-1008.

Steffy, B. D. and Grimes, A. J. (1992) "Personnel/Organizational Psychology: A Critique of the Discipline," in Alvesson, M. and Willmott, H. (eds) *Critical Management Studies*, SAGE, pp. 181-201. (杉原信男訳「個人・組織心理学―理論批判―」CMS 研究会訳『経営と社会―批判的経営研究―』同友館，221-241 頁，2001 年。)

Storey, J. (1992) *Developments in the Management of Human Resources*, Blackwell.

Storey, J. (1995) "Human Resource Management: Still Marching on, or Marching out?," in Storey, J. (ed.) *Human Resource Management: A Critical Text*, International Thomson Business Press, pp. 3-32.

Tead, O. and Metcalf, H. C. (1920) *Personnel Administration: Its Principles and Practice*, McGraw-Hill.

Tichy, N. M., Fombrun, C. J. and Devanna, M. A. (1982) "Strategic Human Resource Management," *Sloan Management Review*, Winter, Vol. 23, No. 2, pp. 47-61.

Townley, B. (1993) "Foucault, Power/Knowledge, and Its Relevance for Human Resource Management," *Academy of Management Review*, Vol. 18, No. 3, pp. 518-545.

Townley, B. (2002) "The Role of Competing Rationalities in Institutional Change," *Academy of Management Journal*, Vol. 45, No. 1, pp. 163-179.

Watson, T. J. (2008) "Managing Identity: Identity Work, Personal Predicaments and Structural Circumstances," *Organization*, Vol. 15, No. 1, pp. 121-143.

Wright, P. M., Gardner, T. M. and Moynihan, L. M. (2003) "The Impact of HR Practices on the Performance of Business Units," *Human Resource Management Journal*, Vol. 13, No. 3, pp. 21-36.

Yoder, D. (1948) *Personnel Management and Industrial Relations, 3rd ed.*, Prentice-Hall. (本多元吉・遠藤正介共訳『事業経営と人事管理』石崎書店，1951 年。)

Yoder, D. (1956) *Personnel Management and Industrial Relations, 4th ed.*, Prentice-Hall. (岡本秀昭・細谷泰雄訳『労務管理』日本生産性本部，1967 年。)

初出一覧

　本書における各章は，以下の論文の内容に基づいている。なお，執筆の際には大幅に加筆・修正を行った。

第1章：櫻井雅充（2015）「人的資源管理における従業員のアイデンティティ形成」神戸大学大学院経営学研究科博士論文，第5章。

第2章：櫻井雅充（2014）「HRMの特質に関する批判的考察」『経済研究論集』第37巻第3号，139-154頁。

　　　　櫻井雅充（2015）「SHRMの枠組みにおける従業員の位置付け」『経済研究論集』第38巻第1号，1-19頁。

　　　　櫻井雅充（2015）「人的資源管理における従業員のアイデンティティ形成」神戸大学大学院経営学研究科博士論文，第2-5章。

　　　　櫻井雅充（2016）「組織的統制を通じた自己アイデンティティの形成：批判的アプローチの枠組みの検討」『甲南経営研究』第57巻第1号，173-197頁。

第3章：江夏幾多郎・柴田好則・櫻井雅充（2012）「シンポジウム　人事管理論における実践的転回」『経営行動科学』第25巻第1号，45-76頁。

　　　　櫻井雅充（2015）「人的資源管理における従業員のアイデンティティ形成」神戸大学大学院経営学研究科博士論文，第6章。

第4章：櫻井雅充・浦野充洋（2012）「製造業Y社における給与計算業務改革—ERPパッケージ導入がもたらした仕事と役割の変容—」『広島経済大学ディスカッションペーパー』No.46。

　　　　櫻井雅充（2015）「人的資源管理における従業員のアイデンティティ形成」神戸大学大学院経営学研究科博士論文，第7章。

第5章：櫻井雅充・浦野充洋（2013）「製造業Y社における各種プロジェクトの設立—プロジェクト活動を通じた人材育成—」『広島経済大学ディスカッションペーパー』No.47。

　　　　櫻井雅充（2015）「人的資源管理における従業員のアイデンティティ形成」神戸大学大学院経営学研究科博士論文，第8章。

第6章：櫻井雅充・渡邉丈洋（2019）「女性従業員の職務・雇用形態とワーク・ライ

　　　フ・バランス：α社の生産計画部署の事例」『中京企業研究』第41
　　　号，135-152頁。
第7章：書き下ろし
第8章：櫻井雅充・小江茂徳（2020）「育児休業取得を通じた父親としてのアイデン
　　　ティティ形成と働き方の変化」安藤史江編著（2020）『変わろうと
　　　する組織　変わりゆく働く女性たち：学際的アプローチから見据え
　　　る共幸の未来』晃洋書房，32-47頁。
第9章：書き下ろし

索　引

【数字・アルファベット】

1.57 ショック　25
alternative voices　79
AMO（Ability, Motivation, Opportunity）モデル　74
Behavioral Science　57
black box problem　73
CMS（Critical Management Studies）　5, 79
——における 4 つの I　79
Critical HRM（Critical Human Resource Management）研究　6, 78
denaturalization　79
ERP パッケージ　20, 124
High Performance Work Systems（HPWS）　67
HRM-Performance link　71
Human Capital Theory　57
Human Resource Management（HRM）　1, 36
ICT（Information and Communication Technology）　19
identities　80-81, 86
identity regulation or control　89, 91
identity work　89, 91
ideologies　80, 87
individualized performativity　54
institutions　80, 82
interests　80
Mainstream HRM（Mainstream Human Resource Management）研究　77
managerialism　5, 15, 79
micro emancipation　80
narrative　88
Personnel Management（PM）　1, 35
reservoirs of untapped resources　48
SHRM（Strategic Human Resource Management）　6, 56
socio-political context　79
strategic choice　57
the whole man　47
WLB（Work-Life Balance）　1, 25
——言説　101
——志向　22

【ア行】

アイデンティティ　80-81, 86
——の規制　89, 91
——への批判的アプローチ　6, 89
——・ワーク　89, 91
育児休業　27, 159, 179
——取得率　29, 179
——の取得期間　179
育児者　181, 198
育児の大変さへの気づき　181
イクボス　29, 163
——表彰制度　164
一般職　122, 146
一般労働者　17
イデオロギー　80, 87
意欲に応じた新たな序列　191
意欲に基づいた序列　194
インタビュー調査　99
エージェンシー　33, 207
エンプロイヤビリティ　113

【カ行】

会社人間　2, 16-17
会社への限定的関与の広がり　22
解放　89
学歴・職種・雇用形態に基づいた序列　194
家事関連時間　29
価値中立性　80, 100
葛藤　82, 196-197, 207
管理者の役割　42
管理主義　5, 15, 79
——の強化　53

——の変性　79
管理職自身の WLB　208
企業戦士　16
企業別労働組合　12
キャリアアップ　188
給与計算業務　120
強制された自発性　17
業務情報の共有化　156
業務の計画的な遂行　183
組合つぶし戦略　53
クリティカル・マネジメント研究　5
経営者と同じ利害　53
経営的に望ましいアイデンティティ　82, 194
言説　90
——がもつイデオロギー的側面　95
——的実践　92, 97
——の多様性　95
——の利用　93, 200
権力（関係）　90
行動科学　57
顧客目線の自律型人材　116, 191
個人誌　87
個人主義　13
個人的アイデンティティ　87
個人としての貢献　19
——の要求　53
個人としての遂行性　54
個人としてのパフォーマンス　30
コンティンジェンシー・パースペクティブ　68
コンテクスト　80
コンフィギュレーショナル・パースペクティブ
　　68
コンフリクト　73, 87

【サ行】

在宅勤務　28, 149, 159
残業　165
三種の神器　12
自己アイデンティティ　87, 90
自己責任　54, 194
自己統制　43
仕事と生活の調和（ワーク・ライフ・バラン
　　ス）憲章　26
市場志向の人材マネジメント　3

市場主義　19
時短勤務　158
質の高い仕事　128, 192
社会的アイデンティティ　87, 93
——の解釈・修正　94
社会的政治的コンテクスト　79
社会的欲求　43
自由意志　47
周囲の従業員に対する人材化の促進　196
従業員　5
——同士の直接的なコミュニケーション
　　12, 192
——のアイデンティティ形成　81, 96, 100
——の周辺化あるいは排除　195
——の人材化　98, 193-194
——の知覚　74
——の人間性　44
——の変数化（数値化）　4
——の利害の一元化　53
就業継続　147
終身雇用　12
集団主義　2, 13
——のイデオロギー　13
集団単位の職務・責任の付与　15
集団的経営　16
集団の一員としての評価　15
授乳室の設置　158
主流派人材マネジメント研究　77
準会社人間　18
情報通信技術　19
職員　5
職業人　17
職能グレード制度　114
職場におけるロールモデル　187, 198
職場復帰　159, 182
人材　30, 43, 48
——化志向　196
——化の促進　199
——そのものとしてのアイデンティティ　30
——としての自分と生活者としての自分を併
　　せもつアイデンティティ　200
——マネジメント（人的資源管理）　1, 36
——マネジメント言説　101
——マネジメントサイクル　62

——マネジメント施策の束　67
——マネジメントシステムがパフォーマンスに与える影響　71
——マネジメントとWLBの双方が絡み合う複雑な管理　32
——マネジメントの3つの特性　42
——マネジメントの新たな特質　53
——マネジメントモデル　50
人事　3
——労務管理　1,35
人的資源　46
——＝人材概念　50
——＝人材の開発可能性　52
人的資本理論　57
垂直的適合（外的適合）　65
水平的適合（内的適合）　65
スケジュールの共有　184
西欧的経営　11
成果主義賃金制度　19,115
生活者　31,196
生産計画　145
成長欲求　57
制度　80,82
——に基づいた管理実践　82
正反対のマネジメント　198
性別役割分業観　18,22
ゼネラル・マネジャー　62
攻めの人材　139,193
全人　47
戦略→人材マネジメントシステム→パフォーマンス　65
戦略性　42
戦略的人材マネジメント　6,56
戦略的選択　57
総合職　113,146
相談相手のシフト　185
組織的統制　90
組織への同一化　88

【タ行】

代替的意見　79
脱会社志向　3,22
ダブルバインド　196
多様な利害　45

短時間勤務制度　27
男性従業員（職員）の育児休業取得　29,179
父親としての意識　185
父親としての役割　176
長時間労働　166
適合　65
典型的会社人間　18
当事者意識　134
独立したアイデンティティ　2

【ナ行】

日本的経営　2,11
——言説　101
——組織　12
——の人材マネジメント化　21
日本的雇用システム　12
人間観　41
人間重視の人間観　42
人間尊重の精神　45
年功制賃金　12

【ハ行】

ハーバード・グループ（ハーバード学派）　62
ハイ・コミットメント型の人材マネジメント　68
ハイパフォーマンスをもたらす作業システム　67
派遣社員　146
母親としての役割　151,159
ハラスメント　168
反抗　195
引継ぎ事項の共有化　180
批判的人材マネジメント研究　6,77
ファミリー・フレンドリー施策　25,28
風土の強さ　74
普遍的パースペクティブ　68
ブラックボックス問題　73
フレキシビリティの確保　20
プロジェクト設立　131
プロジェクト組織　20
包括的なアイデンティティ　2
他の従業員と区別する装置　31,191

【マ行】

守りの人材　139, 193
未開発の資源の宝庫　30, 48
ミクロな解放　80
ミシガン・グループ（ミシガン学派）　59
メンタルヘルス対策　173
目標管理制度　115
物語　88

【ヤ行】

有給休暇　27, 156, 172

【ラ行】

リーダーシップ行動　74
利害　80
労使関係の変化　53
労使利益の調和　42
労働力　42

【ワ行】

ワーキング・マザー　160
ワーク・ファミリー　25
　　——・コンフリクト　26
ワーク・ライフ・バランス　1, 25

著者紹介

櫻井　雅充（さくらい・ただみつ）

1983 年　宮城県に生まれる
2006 年　東北大学経済学部経営学科卒業
2012 年　神戸大学大学院経営学研究科博士課程後期課程単位修得退学
2012 年　広島経済大学経済学部経営学科助教
2015 年　博士（経営学）（神戸大学）
2015 年　広島経済大学経済学部経営学科准教授
2016 年　中京大学経営学部准教授
専攻：人的資源管理（人材マネジメント）論，経営組織論
主要著作
「育児休業取得を通じた父親としてのアイデンティティ形成と働き方の変化」
　　（共著）安藤史江編著『変わろうとする組織 変わりゆく働く女性たち：学
　　際的アプローチから見据える共幸の未来』晃洋書房，2020 年。
「HRM が構成する現実：ERP パッケージ導入を通じた給与計算業務改革」（共
　　著）『日本情報経営学会誌』第 34 巻第 2 号，2014 年。
「HRM 研究における研究成果の有用性を巡る一考察：プラグマティズムの真
　　理観を手掛かりにして」『経営学の思想と方法 経営学史学会年報 第 19
　　輯』文眞堂，2012 年。

人材マネジメントとアイデンティティ
―従業員の人材化とワーク・ライフ・バランス―

2021 年 3 月 31 日　第 1 版第 1 刷発行　　　　　　　　　検印省略

著　者　櫻　井　雅　充

発行者　前　野　　　隆

　　　　　　　東京都新宿区早稲田鶴巻町 533
発行所　株式会社　文　眞　堂
　　　　　　　電　話 03（3202）8480
　　　　　　　F A X 03（3203）2638
　　　　　　　http://www.bunshin-do.co.jp
　　　　　　　郵便番号(162-)(0041) 振替00120-2-96437

印刷・モリモト印刷／製本・高地製本所
©2021
定価はカバー裏に表示してあります
ISBN978-4-8309-5114-5 C3034